# 탈, 신화와 역사

# 탈, 신화와 역사

이도열 · 김성호 지음

예나루

## 탈, 신화와 역사

초판발행 _ 2013년 12월 28일
초판 2쇄 _ 2014년 6월 10일

지은이 _ 이도열 · 김성호
펴낸이 _ 한미경
펴낸곳 _ 예나루

등록 _ 2006년 1월 5일 제106-07-84229호
주소 _ 서울특별시 용산구 갈월동 10-3 한성빌딩 별관 202호
전화 _ 02-776-4940
팩시밀리 – 02-776-4948

ⓒ 이도열 · 김성호, 2013

ISBN _ 89-93713-23-7  03900

일원화 공급처 _ (주)북새통 서울시 마포구 서교동 384-12
전화 _ 02-338-0117 팩시밀리 _ 02-338-7160~1

이 책 내용의 일부 또는 전부를 재사용하려면 반드시
저작권자와 출판사의 동의를 얻어야 합니다.

차례

책을 쓰면서 ■ 7

## 첫째 마당 **탈의 신화**

탈이란 무엇인가 ■ 14
광대의 꿈 ■ 21
탈을 물리치는 탈 ■ 29
대마법사의 탈 ■ 37
곰의 탈을 쓴 샤먼 ■ 44
헤라클레스와 사자의 탈 ■ 52
얼굴은 정령이 머무는 곳 ■ 62
그림자를 드러낸 탈 ■ 71
겨울과 봄의 전쟁 ■ 78
고대의 봄 축제 단오굿 ■ 85
탈을 쓰고 추는 춤 ■ 95
탈의 기능과 역할 ■ 110
한국탈의 아름다움 ■ 124
우리 탈의 유래와 성격 ■ 131

## 둘째 마당 탈의 역사

상고 시대 ▪ 152
고구려 시대 ▪ 164
백제 시대 ▪ 172
신라 시대 ▪ 180
고려 시대 ▪ 204
조선 시대 ▪ 217
중국, 일본의 탈과 탈놀이 ▪ 223

## 셋째 마당 탈의 종류

신앙탈 ▪ 232
예능탈 ▪ 246
창작탈 ▪ 249

## 넷째 마당 탈놀이와 탈

1. 서울·경기도 ▪ 262
2. 황해도 ▪ 278
3. 경상남도 ▪ 290
4. 경상북도 ▪ 318
5. 강원도 ▪ 330
6. 함경도 ▪ 336
7. 제주도 ▪ 339

# 책을 쓰면서

 탈에 대해 모르는 사람은 없을 것이다. TV나 영화에 등장하는 영웅들은 하나같이 탈을 쓰고 있다. 배트맨, 스파이더맨, 아이언맨, 가면라이더 등 헤아릴 수 없을 만큼 많은 영웅들이 탈을 쓰고 우리 주변을 지켜 주고 있다. 탈을 쓴 영웅들을 보면서 우리는 여러 궁금증이 들기도 한다.
 왜 이들 영웅들은 하나같이 탈을 쓰고 등장할까? 왜 이들은 탈을 쓰는 순간 강력한 힘을 발휘하는 초능력자가 될까? 이들이 변신하는 것을 우리가 자연스럽게 받아들이는 이유는 무엇일까? 언제부터 그랬을까?
 질문은 끝이 없다. 탈은 수많은 이야기들을 담고 있는 보물상자라고 할 수 있다. 이 보물상자는 그것을 들여다보려고 시도하는 사람에게 한없이 풍성한 선물을 약속한다. 탈을 직접 만들어 보는 어린이에게는 무한한 상상력을 발휘할 수 있는 창의력을 선물한다. 경제적으로 활용하려는 사업가에게는 문화 상품으로, 학자에게는 좋은 연구 소재가 된다. 우리 탈이 가지고 있는 문화적 보편성과 특수성은 국가 이미지까지 한 차원 끌어올릴 수 있는 충분한 가치가 있다.

탈이라는 보물상자를 가장 손쉽게 열어 볼 수 있는 사람은 어린이들이다. 고정관념을 갖지 않은 어린이들의 열린 마음은 보물상자의 문을 손쉽게 열 수 있다. 입시교육 풍토 속에서 억압받는 어린이들의 창의력에 숨 쉴 구멍을 열어 줄 수 있는 것이 바로 탈이라 할 수 있다.

창의력이 중요하다는 것은 누구나 알고 있다. 창의력은 세상을 뒤바꿀 수 있는 엄청난 힘을 내포하고 있으며, 새로운 가능성을 만들어 내는 능력을 갖고 있다. 또한 사람들이 보편적으로 알고 있는 상식을 뛰어넘는 힘을 갖고 있다. 창의력이 있는 사람은 보통 사람들이 생각하지 못한 일을 상상하며, 새로운 세상을 열어 나간다. 그리고 그들은 새로운 시각을 갖고 새로운 질서를 만들어 나간다. 창의력은 타고난 인간의 본성이면서 교육에 의해 형성되는 능력이기도 하다. 이 힘은 어린 아기 때부터 영유아기를 거쳐 성장하는 동안 지속적으로 개발되며 습관으로 굳어져 온 것이다.

창의력과 상상력을 길러 주는 좋은 방법 가운데 하나가 탈에 대해 관심을 갖고, 만드는 일이라 할 수 있다. 탈을 만들면서 종이에 자신이 상상한 것을 표현하고, 손을 이용해 촉감을 느껴 보고, 코를 통해 냄새를 맡아 보는 등 오감을 동원하게 된다. 완성된 탈을 직접 착용할 때에는 이른바 육감을 체험하게 된다. 이 모든 것은 놀이로서 자연스럽게 진행된다.

네덜란드의 문화사학자 호이징아(Johan Huizinger)는 호모 루덴스(Homo Ludens)에서 인간을 '놀이하는 인간'이라고 정의했다. 어린이들을 보고 있으면 이 말이 꼭 들어맞는다는 것을 알 수 있다. 어린이들의 삶은 놀이 그 자체다. 놀이를 통해 경험하고, 생각하고, 표현한다. 놀이는 생각을 자극한다. 상상력과 창의력도 놀이를 통해 발달할 수 밖에 없다. 탈이라는 보물상자가 주는 첫 번째 선물이 바로 이것이다.

두 번째 선물은 경제적 이익이다. 21세기 들어 문화는 경제정책의 키워드로 등장했다. 문화적 가치를 중심 척도로 삼는 시대가 된 것이다. 특히 지자체들은 지역경제 활성화를 위해 문화자원을 활용한 축제, 문화관광산업 육성 등 다양한 지역정책을 펼치고 있다.

문화가 곧 경제라는 데는 이견이 없다. 문화는 인간이 살아가는 모든 영역에서 새로운 가치를 창출하는 핵심 요소가 되었다. 세계은행은 문화재에 1달러를 투자했을 때, 8달러의 경제적 이익을 가져온다고 분석하고 있다.

전통 문화를 상품과 연계하여 시너지를 얻어 내는 도시도 적지 않다. 스웨덴은 자연 소재를 사용한 수작업의 전통이 있는데, 장인들의 작품은 공방에서 팔려 수입이 된다. 디자인과 생활의 결합은 뛰어난 유리공예품과 가구 디자인으로 이어지고 있다. 지역의 문화정책은 주거환경과 도시환경, 생활 속의 디자인, 교육 등 생활의 모든 부분에서 지역민들의 삶을 윤택하게 한다.

일본은 오래 전부터 고유의 자원을 문화적인 관점에서 재평가하는 작업을 시작했다. 아키다 현에는 문화적 가치가 높은 건물과 극장이 남아 있다. 이러한 건축물을 박물관이나 자료관으로 활용하고, 지역의 다른 문화자원과 노하우를 새로운 시각에서 활용하고 있다.

전통 장인의 작업을 문화의 관점에서 재평가하는 시도도 많이 나타나고 있다. 1998년 유럽의 문화 수도였던 스톡홀름에서는 연극공연 등 다양한 모임을 개최했다. 스톡홀름에 있는 인형극 극장은 세계 각지의 인형극에 사용되는 인형을 전시하는 박물관도 갖추고 있는데, 여기서는 일본 분라쿠 인형을 조종하는 기술자까지 초빙하여 인형 제작과 연기에 활용했다. 문화자원을 개발하기 위해서는 문화자원의 상태에 따라 적절한 개발 유형을 선택할 필요가 있다.

우리나라의 경우 급속한 도시화로 인해 지역의 많은 문화토양과 문화콘텐츠가 파괴되어 있는 상태이다. 현재에 와서는 해당 지역 문화자원의 보존 상태나 지역의 문화적 이미지에 따라 적절한 개발 정책을 모색할 필요성이 대두되고 있다.

그런데 이런 작업에 앞서 간과하지 말아야 할 것이 바로 연구 분야이다. 연구와 대중화, 그리고 문화콘텐츠는 서로를 필요로 한다. 전문성 없는 대중화는 부가가치가 높을 수 없다. 문화자원의 핵심 요소를 잘 풀어서 대중성과 결합할 때 성공적인 문화상품이 탄생할 수 있다.

우리 탈과 탈춤의 가치도 또 다른 관점에서 재평가될 필요가 있다. 인간이 안전하고 편안하게 사는데 방해나 장애가 되는 악귀·잡신·고통·번뇌·천변·지변·교통사고·질병, 혹은 욕심으로 생긴 돈탈·명예탈 등 나쁜 탈들을 막는 것을 탈(좋은 탈)이라 한다. 인간은 원시시대부터 탈을 막기 위해 노력해 왔으며, 탈이 없었으면 종교도 발생하지 않았을 것이다. 탈은  민속학·고고학·역사학·종교학·생태학·신화학·문화콘텐츠학 등의 다양한 측면에서 새롭게 이해되어야 할 것이다.

그간 민속학자들에 의해 훌륭한 연구 성과가 나온 것은 사실이지만 문화콘텐츠학이나 신화적 관점에서 분석된 사례는 없다. 문화콘텐츠학에 대한 논의는 다음의 과제로 남겨놓기로 하고, 먼저 신화적 접근을 시도하고

자 한다. 많은 한계점에도 불구하고, 탈에 대한 신화적 논의를 시작했다는 점에 이 책의 의의를 두고 싶다.

신화는 국가와 민족의 정체성을 역사적·정신적으로 확인하는 근원이 되는 것으로, 한 민족에 큰 영향력을 끼친다. 고대인들은 신화가 그들의 근원을 설명해 준다고 믿었다. 미르체아 엘리아데는 "신화를 안다는 것은 사물들의 기원에 대한 비밀을 배우는 것"이며, "신화는 인간 집단과 그 집단의 우주의 모범적 역사를 구성하고 있다"고 설명했다. 엘리아데의 말처럼 신화는 비논리적으로 보일지라도 나름대로의 분명한 논리를 갖고 있으며, 인간이 수만 년의 세월을 헤쳐 나올 수 있었던 지혜를 담고 있다.

신화를 이해한다는 것은 사물의 근원을 이해한다는 것과 같은 의미라는 것을 자연스럽게 이해할 수 있을 것이다. 본질에 대한 이해를 바탕으로 할 때 더 큰 도약을 할 수 있다고 믿는다. 특히 탈의 본질을 살펴보는 데 있어 신화적 측면을 빠뜨리게 되면 근원에 대해 이해할 수 없다. 신화는 지금까지 밝혀지지 않은 우리 탈의 수수께끼를 풀어 줄 수 있는 새로운 실마리가 되어 줄 것으로 믿는다.

저자 이도열·김성호

첫째 마당
# 탈의 신화

# 탈이란 무엇인가

### 탈의 유래

옛날 어떤 사람이 탈을 무척 좋아했다. 그러던 어느 날 그가 살던 마을에 전염병이 돌기 시작했고, 급기야 그의 가족들도 전염병으로 시름시름 앓기 시작했다. 그는 급한 마음에 무당을 불러 전염병을 이길 방법이 없겠냐고 애원했다.

무당이 점괘를 뽑은 뒤 "이 모든 것은 당신이 집에 모셔 둔 탈 때문에 생긴 일"이라고 했다. 과연 그의 집에는 탈이 모셔져 있었다. 그는 무당의 말이 끝나기 무섭게 집에 모셔 둔 탈을 들판에 버렸다. 그랬더니 마을에서 전염병이 사라지고 가족들도 병이 나았다고 한다.

그런데 문제는 여기서 끝나지 않았다. 몇 개월이 지난 후 가족들이 들판을 지나다가 전에 버린 탈 위에 먹음직스럽게 피어난 버섯을 발견했다. 탐스러운 버섯에 눈이 멀어 한 사람이 버섯을 따다 먹었다. 한 송이를 먹자 갑자기 웃으며 일어나 춤을 추었는데, 마치 미치광이처럼 행동했다. 그의 행동이 버섯 때문일 것이라고는 아무도 생각하지 못했다. 하지만 다음에

먹은 사람도 웃으며 일어나 앞사람과 같이 춤을 추었다. 신명나게 춤을 추고 나서 지쳐 쓰러진 이들은 "버섯을 먹자마자 흥이 저절로 솟구쳐서 어쩔 수 없이 그렇게 하였다"고 한다.

이는 15세기 후반 이육(李陸)이 쓴 『청파극담(靑坡劇談)』이란 책에 전해 오는 것으로, 이 이야기에서 탈의 의미를 짐작할 수 있다. 서연호 교수는 『한국전승연희학개론』에서 "이 이야기가 탈의 민간 어원설을 잘 함축하고 있다"고 하였다. 탈은 얼굴에 쓰는 가면, 인체에 생긴 질병, 갑자기 일어난 사고 등의 의미를 지니고 있다는 것이 서 교수의 설명이다. 이 이야기는 질병을 일으키는 요인은 탈이며, 탈(가면)이 탈(질병)을 불러왔다는 것이다.

민간에서는 질병이나 나쁜 잡신을 포함해 자신의 행복, 희망 등을 방해하는 모든 것을 탈이라 불러왔다. 그런데 탈이라는 말은 여기서 그치지 않는다. 탈 난 것을 막으려는 의도로 만들어진 것 역시 탈이라 불렀다. 그래서 옛날에는 사용한 탈은 함부로 버리지 않고 불을 태워 없애거나 땅에 묻었다. 탈에 온갖 좋지 못한 기운이 붙어 있을 수 있다고 믿었기 때문이다.

이와 함께 이 이야기에는 탈이 인간에게 신명을 일으키게 하는 도구라는 생각도 묻어 있다. 썩은 나무탈 위에 돋아난 버섯을 먹고 저절로 흥이 나서 신명나게 춤을 추었다는 것은 탈이 지닌 힘을 상징적으로 보여 준다.

서연호 교수는 탈을 응용해 질병과 사고를 물리치고 해결할 수 있다는 점도 지적한다. 그는 "이 이야기는 탈이 탈을 물리친다는 것을 말해 주고 있다. 이 이야기는 질병이나 불의의 사고를 퇴치하고 방지하기 위해 탈을 신앙의 대상으로 숭배하는 한편, 탈을 응용하여 집단적인 예능을 만들어 전승시켜 온 내력을 설명해 주고 있다"고 하였다.

ⓒ 나무탈(조선 시대, 온양민속박물관)

## 다양한 탈의 이름

앞의 이야기에 나오는 탈은 사람들이 일반적으로 알고 있는 탈의 의미와는 약간 다르다. 탈이라고 하면 대체로 얼굴을 가리는 것이라고 생각하기 때문이다. 학자들은 탈에 대해 어떻게 생각할까? 한자를 배운 양반들은 탈을 '면(面)·면구(面具)·가면(假面)·대면(代面)·가두(假頭)·가수(假首)' 등 다양하게 표현하였으며, 한자를 모르던 일반 백성들은 '광대·초라니·탈·탈박·탈바가지' 등으로 불렀다. 탈이란 말에는 '가면, 사고(재난), 병(病)' 등의 뜻이 있다.

탈을 연구하는 학자들은 이를 더 자세하게 분류한다. 얼굴 앞면을 가리는 면구를 가면이라고 하고, 머리 전체, 즉 뒤통수까지 가리는 것을 가두·가수·투두(套頭)라고 구분지어 말한다. 일반인들이야 그렇게 자세히 알 필요가 없으므로 사전에서 말하는 것 정도만 알면 된다. 즉 '사람이나 동물의 얼굴 모양을 만들어, 주로 얼굴에 써서 분장(扮裝)에 사용하는 것'을 탈이라고 하는 것이다.

탈은 변장의 도구이다. 고대 신(神)에게 올리는 제사에서부터 중세의 바보축제, 미국 헐리웃 영화에 등장하는 영웅에 이르기까지 탈은 사람들이 정체성을 가지고 장난칠 수 있게 해주었다. 농노들은 탈을 쓰고서 먹고 마셨고, 신부들은 주교의 탈을 쓴 뒤 미사 예복을 거꾸로 입고 가짜 교황으로 변장한 자에게 고해 성사를 받았다. 1207년 교황 인노켄티우스가 탈을 금지했지만 별 효과는 없었다. 1400년대에 이르러 교회에서 추방된 탈은 카니발로 활동무대를 옮겼다. 탈은 우리를 범죄자, 연인, 영웅, 혹은 신으로 변신시켜준다. 이집트의 신관들이 탈을 써서 동물머리를 한 신의 역할을 대신한 것도 이런 이유 때문이다.

탈이나 광대 등의 용어는 실제로 그것을 사용한 사람들의 입에서 나온 것이기 때문에 존중할 필요가 있다. 학자들이 많이 알고 있다고 해서 더 정확한 것은 아니다. 오히려 학자들이 잘못 기록하여 본래 이름이 뒤바뀌는 경우도 허다하다.

뒤에서 자세히 다루겠지만 소매탈의 경우 1929년 소무(小巫)라고 잘못 기록하는 바람에 지금껏 소무로 알려져 있다. 그것을 기록한 학자가 자신이 잘못 기록하였으니 바로잡아야 한다고 하소연을 해도 바뀌지 않고 있다. 야류(野遊)로 전해지는 탈놀이도 학자들에 의해 붙여진 이름인데, 현지인들이나 탈꾼들은 들놀음이라 불렀다고 한다. 세월이 많이 흐른 지금에 와서는 현지 탈꾼들조차 야류로 부르고 있지만 말이다.

### 누르 = 탈 = 얼굴

탈이란 말이 얼굴을 의미하는 몽골어에서 유래했다는 주장도 있다. 전경욱 교수는『한국의 가면극』에서 "고대 몽골어에서 탈은 얼굴을 의미한다. 몽골어에서 체면이나 면목(面目)을 누르탈이라고 하는데, 누르도 현대 몽골어에서 얼굴을 의미한다. 누르도 얼굴이고 탈도 얼굴인데, 몽골어에서는 같은 의미의 말을 중복하는 경우가 많다"고 설명한다.

우리 민족은 고조선 때부터 북방 지역과 밀접한 관련을 맺어 왔고, 고려 등을 거치면서 몽골로부터 직접적인 영향을 받아온 것이 사실이다. 우리

말에서 몽골어의 흔적을 찾기가 어렵지 않은 것도 이런 이유에서이다.

그런데 탈이나 탈꾼을 광대라고 부르기도 했던 것으로 전해진다. 안동 하회놀음에서는 예로부터 탈꾼을 광대라고 불렀다. 이 광대라는 명칭은 고려 시대 탈춤을 추는 사람을 지칭했다는 기록도 전한다. 광대라는 말은 고려 초 혹은 그 이전의 삼국 시대부터 사용해 온 것으로 보이며,『고려사』 「전영보전(全永甫傳)」에는 광대에 관한 기록이 전한다. 전영보는 원나라 사람으로 고려에 들어와 아첨과 무략으로 벼슬이 삼사사(三司使)에까지 이른 인물이다. 충숙왕이 원나라에 머물고 있을 때 왕위를 뺏으려는 사건이 일어났는데, 왕은 제상들에게 이렇게 말했다고 한다.

"옛날에 소광대가 대광대를 따라 물을 건너는데 배가 없어서 여러 대광대들에게 말했다. 나는 키가 작아서 물의 깊이를 알기 어렵다. 너희들은 쉽게 알 수 있을 것이다. 이 말을 곧이들은 대광대들이 물속으로 뛰어들었다가 모두 빠져 죽고 말았다. 그런 소광대가 지금 우리나라에 있다. 전영보와 박허중이 그 놈들이다. 그들은 재난의 그물 속에 나를 두고 태연히 앉아서 구경하고 있으니 소광대와 같은 놈들이다. 우리나라 말에 가면을 쓰고 희롱하는 자를 광대라고 한다."

국어사전(이희승 편)에는 광대에 대해 다음과 같이 풀어 놓고 있다.
① 인형극 · 가면극 같은 연극이나, 줄타기 · 땅재주 같은 곡예를 놀리는 사람
② 연극이나 춤을 추려고 낯에 물감을 칠하는 일
③ 탈춤 같은 춤을 출 때에 얼굴에 쓰는 탈

④ 얼굴, 낯의 속어

즉, 탈이란 민간에서는 인체에 생긴 질병이나 재앙 등을 두고 '탈났다'고 해 왔고, 그것을 막거나 신명을 일으키는 도구도 탈이라 불러왔다는 것이다. 탈은 액의 의미와 동시에 액을 쫓는 주술적인 산물에서 출발했으며, 세월이 흐르면서 얼굴을 가림으로써 전혀 다른 존재로 변신하는 도구로 더 많이 알려지게 되었다. 탈을 일컫는 말은 다양한데 민간에서는 탈·탈박·초라니 등으로, 한자로는 탈(頉)·가면(假面)으로 불려졌다. 정리해 보면 탈은 재앙(탈)을 극복하기 위한 도구로, 신령 등 초인간적인 힘을 나타내기 위한 주술과 실체를 감춘 채 다른 형상으로 신성(神聖)과의 교섭에 도달하려는 의지가 낳은 것이라 할 수 있다. 다시 말해 탈이란 산 사람의 세상과 죽은 사람의 세상을 왔다 갔다 하면서 액과 탈을 막아주기 위한 산물임을 알 수 있다. 이 같은 기원에서 출발한 탈과 의례는 점차 예술적, 오락적 성격이 가미되어 오늘날의 탈놀이 문화를 형성하게 되었다고 볼 수 있겠다.

# 광대의 꿈

## 왕 앞에서 소리하는 어전광대

광대는 탈이나 얼굴 등을 의미하기도 하고, 탈을 쓰고 연희를 펼치는 사람을 의미하기도 한다. 민속학자 송석하(宋錫夏)는 "광대는 본시 낯에 환칠을 하는 것을 가리키는 말이던 것이 점차 가면으로 부르게 되었고, 따라서 가면을 쓰고 연극을 하는 사람까지 광대라고 호칭하게 된 것"이라고 하였다. 개성 덕물산의 무속가면, 안동 하회의 서낭가면, 영남의 오광대에서 가면을 광대라고 하는 것을 예로 들고 있다.

 탈과 광대는 떼려야 뗄 수 없는 관계이기도 하다. 광대가 등장하는 장면에서는 으레 탈이 등장한다. 판소리 이론가 신재효(申在孝 1812~1884) 선생이 지은 〈광대가(廣大歌)〉에 보면 "… 광대라 하는 것은 제일은 인물치레, 둘째는 사설(辭說)치레, 그 직차 득음(得音)이요, 그 직차 너름새"라 했다.

 요즘처럼 얼굴 성형이 안 되는 시대였던 만큼 광대는 실력으로 승부해야 했다. 수많은 명창들이 뼈를 깎는 노력으로 사설, 득음, 너름새에 전념

했다는 것이 전설처럼 전해지는 것도 이런 이유 때문이다. '사설'은 풍부하고 운치 있는 대사를 말하고, '득음'은 안 나오는 소리가 없는 목소리를 말한다. 흔히 득음의 경지에 달했다고 하는 것은, 소리에 있어 도를 통했다고 하는 말과 같다. '너름새'는 몸짓인데, 오늘 날로 치면 배우의 연기력을 두고 하는 말이다.

광대들의 꿈은 왕 앞에서 소리하는 어전광대(御殿廣大)가 되는 것이었다고 한다. 어전광대가 되면 국창(國唱)이란 명예와 함께 이름뿐이지만, 벼슬도 받을 수 있었다. 어전광대는 조선 역사를 통틀어도 몇 되지 않는다. 대부분의 광대들은 또랑광대로 살다 죽었다. 또랑광대는 작은 마을 안에서 행세하는 광대라는 말이다. 아이들에게 골목대장 같은 의미나 마찬가지다.

## 전통에서 길어 올린 보물

영화 〈왕의 남자〉에 나오는 배우 공길처럼 왕 앞에서 노는 광대를 '경중우인(京中優人)'이라 한다. 〈왕의 남자〉의 탄생의 이면에는 사진실이란 학자가 있다. 그가 1997년 펴낸 『한국연극사 연구』를 통해 발굴해 낸 역사적 사실과 인물들이 〈왕의 남자〉로 다시 태어나게 된 것이다.

『한국연극사 연구』에는 공길이라는 광대가 늙은 선비를 가장해 임금에게 직언을 하는 기록이 있다. 공길이라는 광대는 연산군 앞에서 장난을 하며 말했다.

"전하는 요순(堯舜)과 같은 임금이고 저는 고요(皐陶)와 같은 신하입니다. 요순은 항상 있지 아니하나 고요는 항상 존재합니다. 『논어』에 말하기를 임금은 임금다워야 하고, 신하는 신하다워야 하고, 아비는 아비다워야 하고, 아들은 아들다워야 한다고 했습니다. 임금이 임금답지 못하고 신하가 신하답지 못하면 곡식이 있더라도 어찌 먹을 수 있겠습니까?"

優人孔吉, 作老儒戲曰:"殿下爲堯舜之君, 我爲皐陶之臣。堯舜不常有, 皐陶常得存。"又誦《論語》曰:"君君臣臣父父子子。君不君臣不臣, 雖有粟, 吾得而食諸?"王以語涉不敬, 杖流遐方。

- 조선왕조실록 연산군 일기(연산군 11년 12월 29일)

조선 시대 최고의 폭군으로 손꼽히는 연산군 앞에서 이런 말을 하고 살아남을 수 있는 사람이 과연 있었을까? 하물며 사대부도 아닌 광대에 불과한 공길이? 광대는 사람 취급도 받지 못하는 백정과도 같은 천민이었음을 감안하면 능지처참을 당하지 않은 것이 다행일 지경이다. 하지만 연산군은 공길을 죽이지 않았다. 연산군은 의외로 곤장을 치고 유배를 보내는 것으로 공길의 죄를 물었다.

공길의 유배행은 아무도 눈여겨보지 않는 사건이었다. 어디로 유배 갔는지 조차 기록되지 않을 정도로 당시에도 관심 밖이었다. 역사 속에 묻힌 단순한 사건이지만 현대의 아이디어맨들의 눈을 피해갈 수는 없었다. 극작가 김태웅은 이 한 대목의 기록을 토대로 광대 공길을 영화로 불러내었고, 장생이란 가상인물과 함께 〈왕의 남자〉에 등장시켰다. 그리고 영화는 1천 만 명이 넘는 관객을 끌어모을 정도로 흥행에 성공했다.

〈왕의 남자〉에 등장하는 놀음들은 탈놀음을 그대로 옮겨 놓은 것들이다. 전통에서 건져 낸 보배들이 아닐 수 없다. 장생과 공길이 노는 장님놀음은 진도 다시래기에서 강준섭이 하는 장님의 연기였다. 공길이 허리를 다 드러내고 엉덩이를 씰룩거리며 걷는 것은 미얄할미며, 장생이 탈이 같은 아들을 뽑아내 어르는 것은 취발이이다. 이준익 감독은 우리 전통문화 콘텐츠를 새로운 시각으로 풀어내 21세기 관객을 사로잡은 것이다. 옛 전통이 오늘날에도 전혀 기죽지 않고 생생하게 살아있는 이유다.

▶ 영화 〈왕의 남자〉는 우리 전통문화 콘텐츠의 저력을 보여 준 작품이라 할 수 있다.

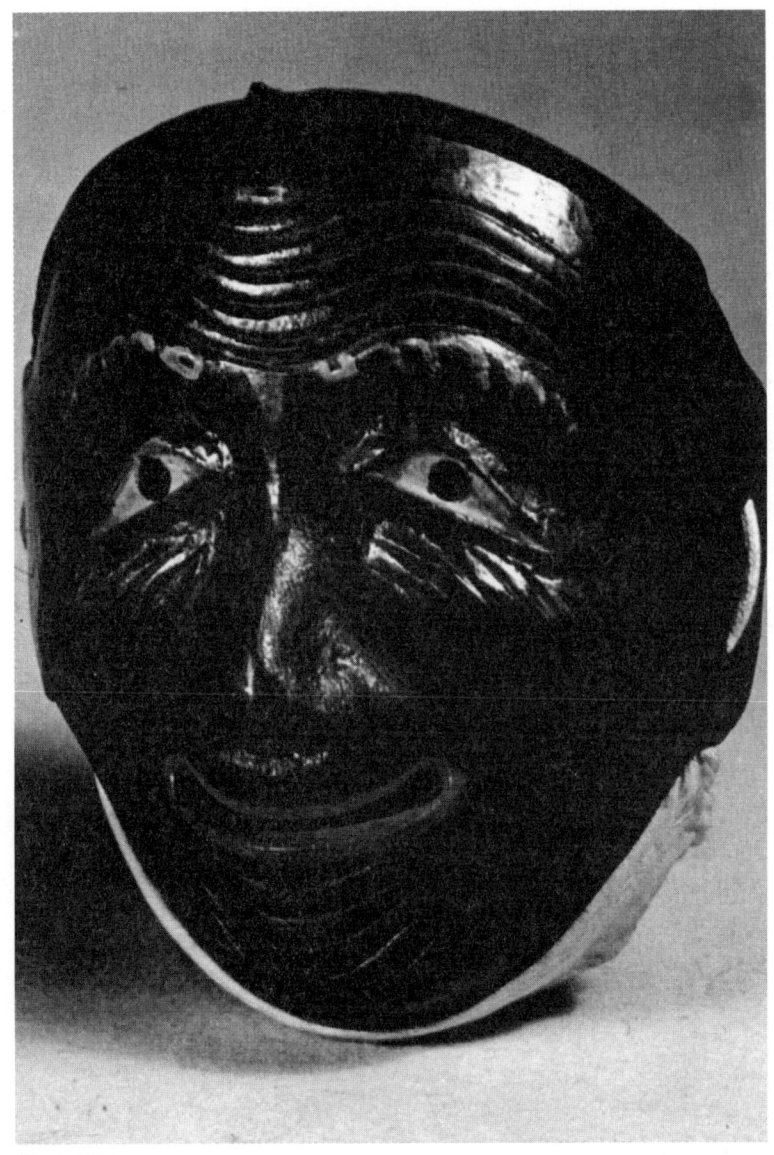

ⓒ 미얄할미

## 광대들의 특권

어릿광대는 동서양을 막론하고 존재했다. 최초의 어릿광대는 당가(Danga)라고 한다. 세계에서 가장 키가 작은 종족인 아프리카 피그미족으로 알려져 있는 당가는 고대 이집트 제5대 왕조 파라오 다드케리 아씨(Dadkeri Assi)의 궁정광대로 활약했다.

당가는 특이한 외모와 기이한 행동으로 당시 사람들에게 높이 평가받았다. 난쟁이라는 신체적 결함에도 불구하고 단순한 웃음뿐만 아니라 신비로운 능력까지 가진 인물로 기록되어 있다. 당가는 이집트 남쪽의 신비로운 나라에서 왔으며, 신의 춤을 배워 왕의 마음을 사로잡았다고 한다. 남쪽 나라는 이집트 사람들이 영혼을 지배하며 뱀들이 말을 하는 어둠의 땅이라고 믿었던 곳이다. 당가가 신의 춤을 배웠다는 것은 그가 신의 대리인으로서 주술적 능력을 가졌고, 제의(祭儀)를 진행했던 것을 의미한다.

고대 중국에서도 기원전 7세기 하(夏) 왕조 시대에 난쟁이 어릿광대들이 활동하고 있었다고 한다. 기록에 따르면 하 나라의 왕은 예의를 버리고 창우, 난쟁이, 광대의 무리를 구하여 기괴하고 사치스러운 놀이를 했다고 한다. 당시 이미 광대나 난쟁이 어릿광대 놀이가 널리 퍼져 있었다는 것을 알 수 있다.

어릿광대들은 고대나 현대에 관계 없이 분명한 역할을 하고 있다. 이들은 환상과 현실 세계 사이에 존재한다. 권력을 신비화하는 동시에 웃음거리로 만들어 비판함으로써, 환상 세계의 가면을 벗겨 버리는 역할을 수행하기도 했다. 이들의 우스꽝스러운 외모와 행동은 일상과는 다른 것을 표현할 수 있도록 했다. 마치 탈을 쓴 것과 같은 효과를 실제 외모에서 얻을 수 있었던 것이다.

궁정에서도 어릿광대는 반드시 필요한 인물들이었다. 터져버릴 듯한 긴장이 지속적으로 이어지는 궁정에서 마음의 여유를 찾을 수 있게 해 주는 존재들이 필요했던 것이다. 이들마저 없었다면 궁정에 있었던 사람들은 정신질환에 빠져들고 말았을 것이다. 사람은 때로 느슨해질 필요도 있다. 팽팽한 긴장의 끈을 놓지 않으면 균형 잡힌 사고를 하기 힘들다. 광대들은 국왕의 긴장을 풀어 주고 정신 건강을 회복시킴으로써, 성숙한 의식을 갖도록 도와주었다.

현대의 광대들이라 할 수 있는 개그맨이나 연예인들 역시 국민들의 정신건강을 위해 반드시 필요한 인물이라 할 수 있다. 단지 과거에는 국왕이나 지배자의 정신건강을 위한 것이었다면, 지금은 일반 국민들로 그 대상이 바뀌었을 뿐이다. 국민을 울고 웃게 만드는 일은 과거의 광대와 같은 개그맨, 연예인들의 특권이라 할 수 있다. 그들이 스타가 되고 최고의 인기를 얻는 것은 당연한 일이다.

### 참고 | 진도 다시래기

다시래기는 중요무형문화재 제81호로, 전남 진도 지방에 전승되는 민속놀이이다. 부모상을 당한 상주와 유족들의 슬픔을 덜어 주고 위로하기 위해 벌이는 놀이로, 상을 당한 사람의 친지와 동네사람들이 상가의 마당에서 밤늦도록 놀이판을 벌인다.

첫 번째는 사당놀이로 시작하는데, 먼저 풍장을 울려 신명을 돋운다. 두 번째는 사재(사자)놀이로, 일종의 촌극이다. 세 번째는 상제놀이로, 꼽추로 분장한 사람이 꼽추춤을 춘다. 네 번째는 봉사놀이이다. 봉사와 봉사 마누라가 등장하는데, 봉사 부부는 장단에 맞추어 우스꽝스러운 춤을 춘다. 장생과 공길의 장님놀음이 바로 여기서 얻은 장면이라 할 수 있다. 마지막 다섯 번째는 상여놀이로, 상여가 나가는 과정을 흉내 내는 것이다.

다시래기는 슬픈 장례의 과정을 흥겨운 축제의 과정으로 만들어 낸 민족 특유의 정서가 살아 있는 놀이라 할 수 있다. 상여가 나가기 전날 밤에 벌어지는 다시래기는 온 동네 사람이 모두 모여 함께하는 마을 안의 축제가 된다. 죽음은 새로운 생명으로 부활한다는 믿음이 있기 때문에 축제로 부활할 수 있는 것이다.

ⓒ 장례의 과정을 흥겨운 축제의 과정으로 만들어 낸 다시래기(진도군청 관광문화과)

# 탈을 물리치는 탈

## 탈의 원형

인류는 왜 탈을 만들어 사용했을까? 이두현 교수는 주술(呪術)적인 목적을 위해 탈을 만들고 사용했다고 보고 있다. 예상하지 못한 사고나 질병 등 탈난 것을 해소하기 위해 탈을 만들었다는 것이다.

질병이나 나쁜 잡신을 포함해 행복을 방해하는 것 등 탈이 난 것을 모두 막아 주는 것이 바로 탈이라는 것이다. 이것이 탈이 가지는 이중성이다. 다시 말해 탈이 난 것을 탈로써 막는다는 생각에서 우리 조상들은 탈을 만들고 사용해 왔던 것이다.

태초의 인류는 매우 위태로운 환경 속에서 살아왔다. 천둥, 번개, 홍수, 화산폭발 등 대자연의 재앙은 인류의 생존을 위협했다. 인간은 험악한 환경 속에서 살아남기 위해 뭔가 위안이 될 만한 것을 찾아냈다. 그것이 주술이다. 인간의 힘으로는 범접할 수 없는 큰 나무나 바위에 신성한 힘이 있다고 믿고 생존을 빌거나, 곰, 호랑이, 멧돼지 등 맹수들의 힘을 빌고자 그들의 행동을 모방하기도 했다. 이런 행동들을 주술적인 행동이라고 한다.

주술의 힘을 키우기 위해 탈을 몸에 지니기도 하고 얼굴에 쓰기도 했다. 탈이 현재의 모습을 갖춘 것은 청동기 시대로 추정된다. 시간이 흐르면서 탈에 색을 칠하고 몸 동작을 하거나, 악기로 인위적인 소리를 만들어 내면서 탈놀이의 원형이 형성되기 시작했다.

최초의 탈은 어떤 모습이었을까? 아마도 신성하다고 여기는 바위나 나무 등에 그린 그림이 아닐까 한다. 지금까지 전해 내려오고 있는 암각화 등이 그런 것으로 추정된다. 고대인들은 재앙(탈)을 막기 위해 다양한 탈(방법)을 강구해야 했는데, 자연현상이나 동물 등을 인간의 모습으로 만들고, 의례를 하는 방법이 그것들이다.

사람 모습으로 만든 나무인형도 탈의 일종이라 할 수 있다. 고대인들은 죽은 조상의 영혼을 그리워함과 동시에 두려워했다. 그래서 살아있는 사람이 사는 마을에서 멀리 떨어진 곳에 조상의 나무인형을 모셨다. 탈(나무인형)을 통해 탈날 것을 막으려 한 것이다.

우리 역사에도 이런 기록이 전하고 있는데, 동옥저에서는 사람이 죽으면 그 모습을 닮은 나무인형을 만들었다고 한다. 『후한서(後漢書)』「동이열전(東夷列傳)」 동옥저(東沃沮) 편에는 다음과 같은 글이 전한다.

그들은 장사를 지낼 때 큰 나무 곽을 만드는데, 길이가 10여 장이나 되며, 한쪽 끝 부분에는 여닫을 수 있는 문을 만든다. 사람이 죽게 되면 시체는 우선 임시로 매장하여 가죽과 살을 모두 썩게 하고, 뒤에 뼈만 추려 곽 속에 안치한다. 온 집안 식구의 유골을 모두 하나의 곽 속에 넣어 두며, 살아 있을 때와 같은 모습으로 목상을 새기는데, 죽은 사람의 숫자대로 한다.

개성의 덕물산(德物山)에 있던 최영(崔瑩) 장군 사당에는 흙으로 빚은 장군의 신상이 모셔져 있었다고 전한다. 덕물산은 개성에서 10여 리 떨어져 있는 산으로, 덕적산이라고도 하는데, 최영 장군의 사당이 있어 더욱 유명한 곳이 되었다. 이 사당은 늙은 사람이 젊은이가 될 수 있도록 빌면 특히 효험이 있다고 해서 많은 사람들이 찾던 곳이라고 전한다.

덕물산 도당굿은 서울 사람들까지 참석했을 정도로 이름난 굿이었는데, 주신(主神)은 최영 장군이다. 굿이 열리게 되면 본당 앞뜰에 모닥불을 피워 놓고 수많은 사람들이 참석하는데, 마치 현대식 무도회를 연상케 할 정도로 성황을 이루었다고 한다.

율곡 이이의 『석담일기(石潭日記)』에 "남녀가 함께 어울려 추한 소리를 내던 송악의 음란한 사당을 불살라버렸다"고 기록하고 있는데, 이 사당을 말하고 있는지는 모르겠다. 사당에는 방이 하나 더 있는데, 신녀(神女)가 된 처녀가 기거하는 곳이다. 처녀가 나이가 들거나 병이 들면 다른 소녀로 바꾸었다. 이 소녀들의 말에 의하면 밤마다 신령이 내려와 성관계를 했다고 한다. 소녀들의 증언들과 율곡의 기록으로 미루어볼 때, 전형적인 통음난무 형식의 축제가 벌어졌음을 짐작해 볼 수 있겠다.

이 굿에서는 돼지를 희생 제물로 올렸다. 살아 있는 돼지의 목을 따 피를 흐르게 한다. 굿에 참석한 사람들은 이 피를 신성하게 여겨 각자 콧등에 바른다. 이런 의식이 끝난 후 돼지고기를 삶아 성대한 잔치를 벌인다. 이때 이 돼지고기를 성계육(成桂肉)이라 불렀다. 이성계의 살이라는 말이다. 속담에 "덕물산 성계육(成桂肉)을 먹어 봐야 고기 맛을 안다"는 말이 있을 정도였다.

이성계를 모욕하는 속담이 전해졌다는 데서 당시 민중들의 저항의식을 읽을 수 있다. 돼지를 죽이는 일은 이성계를 죽이는 일이며, 이 일은 해마다 되풀이되었다. 그렇게 함으로써, 최영 장군의 원혼을 달랠 수 있다고 믿었고, 또한 소망을 이룰 수 있다고 생각했던 것이리라.

## 창부당에 모셔진 탈

이중환의 『택리지(擇里志)』 송도편(松都篇)에는 이 덕물산의 풍속에 대해 기록해 두고 있다. 일제 시대까지도 덕물산 정상에는 산상동(山上洞)이란 무당촌이 있었는데, 이곳에는 최영을 모시는 장군당(3칸 기와집), 장군의 부인을 모시는 부인당, 창부당 등이 있었다고 전해지고 있다.

일본인 학자 아키바 다카시(秋葉隆)의 조사에 의하면 창부당에는 붉은 칠을 한 탈이 모셔져 있었다고 한다. 정면에는 여섯 장의 그림이 걸려 있었고, 그 그림과 그림 사이에 네 개의 탈이 걸려 있었으며, 그 위로 명두(청동 거울) 여러 개와 방울 두 개가 걸려 있었다고 한다.

탈은 높이가 1척(약 30cm), 너비가 7촌(약 21cm)으로 나무 탈이었다고 한다. 눈썹과 입술은 푸른 칠을 했으며, 눈은 검은 동자 위에 흰자위를 나타냈고, 그 중 하나는 웃는 얼굴로 눈을 가느다랗게 뜨고 있었다고 한다. 하지만 나머지는 모두 눈초리를 치켜 올린 부릅뜬 눈으로 몹시 무서운 표정을 하고 있었다고 한다. 이 네 개의 탈 중 둘은 청계씨와 목광대로서 그 사진이 전하고 있지만, 나머지 둘은 확인할 길이 없다. 다만 최상수 씨의 증언에 의하면 나머지 두 개의 탈은 소미씨와 놋도리라 한다.

청계씨 탈은 정신병마를 나타내는 탈로, 이 정령이 인간에게 빙의되면 춤추고 날뛴다고 한다. 목광대 역시 창부(倡夫)의 영(靈)을 나타낸 것으로, 이 탈 역시 인간에게 빙의되면 춤추고 날뛰며 광대가 된다고 전한다. 소미씨는 무서운 신으로 전해 오고, 놋도리는 웃는 얼굴의 신(神)이라 전해 온다.
　이중환이 『택리지』를 기술할 당시만 해도 신상이 전해졌다고 하는데, 일제 시대가 되면서 신상은 찾아볼 수 없다. 아마도 세월이 흐르면서 신상이 탈로 대체된 것이 아닌가 한다. 그런 의미에서 볼 때 신상과 탈은 그 상징적 의미가 비슷하다는 것을 알 수 있다.

◐ 덕물산 창부당에 모셔졌던 것으로 알려지고 있는 청계씨와 목광대

## 장승도 탈의 일종

외부의 탈로부터 마을을 보호하기 위해 세웠던 장승도 마찬가지다. 툭 튀어나온 부리부리한 눈망울에 우뚝 솟은 주먹코, 이를 드러내어 웃는 듯 우는 듯한 표정은 사뭇 익살스럽기도 하고 무섭기도 하다. 밖에서 들어오는 재앙을 막고, 마을의 안팎을 구분해 주는 역할을 하는 장승의 확실한 유래는 알 수 없다.

고대의 성기(性器) 숭배에서 나온 것, 장생고(長生庫)에 속하는 사전(寺田)의 표지(標識)에서 나온 것, 목장승은 솟대(蘇塗)에서, 석장승은 선돌(立石)에서 유래한 것이라는 주장이 있지만 명확한 것은 없는 형편이다.

잡귀를 쫓는 마을의 수호신이라는 점에서 보면 장승과 법수는 같은 종류로 볼 수 있다. 옛 사람들은 마을 입구에 영험한 힘을 가진 상징물을 세운 뒤 장승 혹은 법수라 불렀다. 지방에 따라서는 장승과 법수를 구분하지 않는 것으로 보아, 이 둘의 역할을 다르지 않게 본 것임을 알 수 있다.

장승은 나무나 돌로 만드는데, 소나무나 화강암이 주로 쓰인다. 그런데 장승을 만드는 재료도 지역에 따라서 차이가 난다. 중부지방에서는 주로 나무가 사용되며, '장신', '수살', '수살막이', '수살목', '살막이' 등으로 불린다.

살(煞)은 인간에게 좋지 않은 영향을 주는 나쁜 기운을 의미하는데, 장승 역시 큰 의미에서 탈임을 알 수 있다. 즉 '살막이'는 '탈막이'라 할 수 있으며, 장승을 세우는 의미는 탈(살)날 것을 탈(장승)을 세움으로서 미리 막고자 하는 행위였음을 알 수 있다.

향토 제전인 은산 장승제에 대한 임동권 교수의 해설을 보면 "장승은 별신제 다음에 세우는데, 별신제 첫날 세운 진대 옆에 세운다"고 했다. 진대 옆에 장승을 세운다는 것은 잡귀 예방 효과를 더욱 크게 하기 위한 조치였다.

가뭄이나 홍수 등 기상 재해는 탈 가운데서도 가장 큰 탈이라 할 수 있다. 이런 탈을 극복하기 위해 인간은 기우제 등을 지냈다. 아득한 옛날부터 국왕은 물론 지방 관청, 민간을 막론하고 가뭄을 극복하기 위해 산신, 용신, 천신 등에 비를 내려 달라고 기우제를 지내 왔다. 옛날에는 가뭄이 심하면 임금이 정치를 잘 못한 천벌이라고 생각하여 왕 스스로 목욕재계하고 하늘에 제사를 올렸다. 때로는 임금이 식음을 전폐하고 거처를 초가로 옮겼으며, 죄인을 석방하기도 했다.

조선 태종 임금은 말년에 가뭄이 심해 직접 기우제를 지내기도 했다. 『동국세시기』 5월조에서 보면 태종의 기일(忌日)이 되면 비가 오는데 이 비를 태종우라 한다. 태종이 죽을 때 세종에게 말하기를 "가뭄이 심하니 내가 죽어 혼이 있다면 이날 비가 오게 하겠다"고 하였는데, 그 뒤 이날이 되면 비가 왔다고 한다. 물론 세종대왕도 가뭄이 들면 몸소 기우제를 지냈다고 한다.

인간이 살아가는 동안 일어날 수 있는 각종 탈을 막기 위한 노력들을 우리 민속에서 찾는 일은 어렵지 않다. 어린아이를 출산하거나 가축이 새끼를 낳았을 때 금줄을 치는 일, 씨름판에서 씨름 장소의 안팎에 소금을 뿌리는 일, 동짓날 팥죽을 쑤어 집 안팎에 뿌리는 일, 대문 앞에 가시나무를 달아 놓는 일, 처용 화상이나 부적을 그려 붙여 놓는 일 등이 그런 전통이다.

통일신라 시대에 처용을 그린 그림은 훗날 처용탈로 나타나는데, 부적으로도 표현된다. 부적은 종이에 그림이나 글씨 등을 그린 것으로 악귀를 쫓거나 복을 가져다준다고 믿는 주술적인 도구를 말한다.

그 기원은 원시 시대까지 거슬러 올라가 인류가 바위나 동굴에 해, 달, 짐승, 새, 사람 등 주술적인 암벽화를 그린 것에서 찾을 수 있다.『삼국유사』에는 처용의 얼굴을 그려서 대문에 붙여 역신을 쫓았다는 기록이 있다. 이런 기록으로 볼 때 탈의 기원이 본래 주술적 상징물에서 유래했음을 짐작케 한다.

# 대마법사의 탈

## 다른 존재가 되는 통로

탈을 최초로 쓴 사람은 무슨 생각에서 그런 행동을 했을까? 영국의 인류학자 프레드릭 테일러(F. W. Taylor)는 "자연에 대한 두려움에서 탈과 탈춤이 시작되었다"고 추정한다. 그에 따르면 원시 인류는 자연 속에서 영혼과 정령의 존재를 믿고, 그 영혼과 정령을 선령과 악령으로 구분하였다고 한다.

원시 인류는 행복과 불행 역시 악령과 선령의 싸움에 의해 결정된다고 보았다. 인간은 악령을 물리치고, 선령에게 힘을 실어 주기 위해 주술(呪術)의 힘을 빌었는데, 이 과정에서 탈이 탄생했다는 것이다. 즉 착한 신(神)에게 힘을 실어 주기 위한 제의(祭儀)를 위해 탈이 만들어졌다는 것이다.

지구상의 거의 모든 인류는 부족국가가 생기기 이전부터 대자연의 재앙으로부터 비롯되는 두려움, 인생의 고통과 고난을 극복하기 위해 탈을 사용했다. 원시적인 제의에서는 반드시 탈이 등장한다고 해도 틀린 말이 아니다. 제의를 치르는 제사장은 물론, 제의에 참여하는 집단 전체가 탈을 쓴다. 탈을 쓴 사람들은 자신을 초월하게 된다. 탈을 쓰는 순간 그는 과거의 그가 아니라 탈이 표현하는 존재로 변신하게 된다. 탈을 씀으로써 인간은 자신이 마음먹은 대로 초월적인 존재(신이나 동물)가 된다.

그 사회에서 인간과 동물 사이에 뛰어넘을 수 없는 벽은 없었다. 동물은 언제든지 털가죽을 벗고 인간처럼 행동했고, 인간의 말을 사용했으며, 여성은 동물과 결혼해 숲 속으로 사라져버릴 수도 있었다.

ⓒ 날카로운 막대기로 되어 있는 뿔 탈을 쓴 사람

## 자연의 힘을 얻는 비법

『삼국유사』를 보면 동물과 이종교배로 태어난 영웅들의 신화가 곳곳에 숨어 있다. 백제 서동의 어머니는 연못의 용(龍)과 정을 통해 서동을 낳았다고 한다. 최치원의 아버지는 황금돼지였다고 하며, 후백제를 세운 견훤은 지렁이의 아들이라고 전해지고 있다.

고대인들은 동물을 야만스럽다고 생각하지 않았다. 동물들은 자연 상태 그대로 살아가고 있으며 '자연의 힘', 즉 세계의 진정한 권력을 쥐고 있다고 보았다. 인간은 동물탈을 쓴 제의 등을 통해 동물과 관계를 회복하고 자연의 비밀에 접근하고자 했던 것이다. 동물탈을 씀으로써 자연과의 이종교배가 이루어지는 셈이다. 탈을 쓴 부족원은 자연 안에 숨어 있던 권력을 인간 사회 내부로 갖고 나오려 한 것이다.

신화학자 미르체아 엘리아데(Mircea Eliade)는 "탈은 거의 전 세계에 걸쳐 발견된다. 그리고 그것의 역사와 연속성이 매우 오래되었다는 점은 특히 강조할 만하다"고 했다. 실제로 구석기 시대의 것으로 입증된 가면도 있으며, 유럽의 경우 3만 년 전의 것도 발견되었다고 한다. 약 2만 7천년 전 체코의 돌니 베스토니체에 묻힌 한 사람은 채색 탈을 쓰고 있었던 것으로 알려지고 있다. 명확한 탈 유물은 기원전 6500년 경으로 추정되는 헤브론의 석회암 탈이다. 돌로 만든 탈은 불편하기는 하지만 내구성이 매우 뛰어나다. 인간의 두개골도 탈로 사용되었다. 두개골 탈은 현재의 얼굴 위에 과거의 얼굴을, 살아있는 것 위에 죽은 것을 쓰는 것이라 할 수 있겠다. 대개의 경우 조상신과의 강력한 연대를 상징한다.

ⓒ 트로아-프레르 동굴에 새겨진 대마법사는 초자연적인 존재임을 탈을 통해 드러내고 있다.

기원전 7600년~6000년 사이로 추정되는 두개골 탈 12개를 예리코에서 발견했다. 그 가운데는 5개의 두개골에서 회반죽을 발라 모양을 고치고 색을 칠한 흔적이 발견됐다. 멜라네시아에서는 두개골 표면에 왁스를 바른 다음 눈구멍을 메우고, 코를 세우고, 머리카락을 붙인 뒤 색을 칠했다. 아스텍 두개골 탈은 황철석으로 눈을 메우고 터키석 모자이크 무늬와 흑요석 줄무늬를 새겼다. 아스텍 젊은이들은 봄의 신인 시페 토텍(Xipe Totec)을 본받아 얼굴과 몸을 인간 제물의 피부로 만든 탈을 덮었다. 21일이 지난 뒤 피부가 썩을 무렵이 되면 새로 태어나듯 껍질 밖으로 나왔다. 마치 봄이 되면 만물이 새롭게 태어나듯이 말이다.

구석기 시대 수렵인들의 탈은 맹수를 나타내는 경우가 많다. 신석기 시대의 유럽 농민들은 황소, 늑대, 곰 탈과 함께 길들인 가축과 인간의 얼굴을 한 탈을 사용했다고 한다.

구석기 시대 수렵 문화에서 탈이 지니는 종교적 역할을 알 수 있는 유적은 트로아-프레르 동굴에 새겨진 대마법사 그림이라 할 수 있다. 대마법사는 거대한 사슴뿔이 돋아나 있는 황소의 머리에다 올빼미의 얼굴, 늑대의 귀, 긴 염소 수염, 긴 말꼬리를 가졌으며, 곰 발톱을 치켜세운 채 팔을 위로 들어 올리고, 춤 동작을 취하고 있는 다리는 사람의 모습으로 묘사되어 있다.

대마법사 그림은 바위 위에 30인치나 깊게 새겨질 만큼 중요한 인물이다. 엘리아데는 이 마법사가 동굴 벽에 그려진 수많은 동물들을 지배하는 자일 것으로 추정한다. 그는 "이 마법사는 인간을 나타낸 것일 수도 있지만, 어쩌면 초자연적 존재, 즉 구석기 시대 마법사로 변장한 수렵신(狩獵神)을 나타낸 것일 수도 있다"고 밝히고 있다.

그렇다면 이 그림은 대마법사를 표현한 것일까 아니면 신(神)을 나타낸 것일까? 조셉 캠벨(Joseph Campbell)은 이 그림이 단지 신을 표상하는 것이 아니라 신 자신이라고 본다. 신화의 영역은 신과 악마의 세계이며, 그들의 탈이 등장하는 축제의 장이다.

## 탈은 신 자체

신화의 장에서는 시간의 법칙이 없어진다. 죽었던 조상이 살아나기도 하고, 먼 옛날에 있었던 일도 마치 지금 벌어지고 있는 것처럼 축제는 진행된다. 이들 축제에서 탈은 신화적 존재로서 숭배된다. 신의 가면을 쓰고 있는 사람은 의례가 행해지고 있는 동안 그 신과 동일시된다. 그는 신을 나타내는 것만이 아니라 신 그 자체가 된다.

신(神)과 하나가 되어 신나게 노는 놀이는 제의(祭儀)이다. 그것은 신의 세계를 인간의 땅에 재현하는 것이다. 땅은 신들의 무대이며, 신들과 인간

▶ 동물의 탈을 쓰고, 동물의 몸짓을 흉내 내는 사냥꾼

이 어울려 생각과 감정을 주고받는 곳이다. 탈을 만든 것이 사람이며, 그것을 쓰고 있는 것도 사람이라는 사실을 모두 알고 있다. 하지만 이런 사실들은 완전히 무시된다. 축제의 마당에서는 '마치 ~인 것처럼' 법칙이 작용한다. 마치 죽었던 사람이 죽지 않았던 것처럼, 마치 과거에 있었던 일이 이 자리에서 다시 벌어지고 있는 것처럼 믿는다. 예수가 태어난 날이 매년 반복되는 것처럼 성탄절 축제를 벌이는 것도 이 같은 이유에서다.

# 곰의 탈을 쓴 샤먼

## 인간과 동물 사이

단군신화에 의하면 우리는 부계로 볼 때는 하늘의 자손이며, 모계로 볼 때는 곰의 자손이라 할 수 있다. 바로 이 부분에서 여러 오해가 생긴다. '곰이 어떻게 인간이 될 수 있어', '우리가 곰 새끼란 말이야'라는 등이 그것이다. 물론 과학적 관점에서 볼 때 단군신화에서 곰의 변신은 분명 비과학적이다. 웅녀는 곰이 아니라 곰을 토템으로 하는 부족의 여성으로 해석하는 것은 이 같은 오해에 대한 나름대로의 답변일지도 모른다.

그런데 단군신화에 등장하는 곰과 호랑이도 동물의 탈로 볼 수 있지 않을까? 웅녀는 곰의 탈을 쓴 샤먼일 가능성이 많다. 고대인들은 사람과 동물을 동일시하고, 어느 하나가 다른 하나로 변신하게 된다는 생각은 원시적 사고방식의 특성이기도 하다. 동북아시아에서 인간-동물 사이를 오갈 수 있는 힘을 가진 존재가 바로 샤먼이다.

북유라시아나 시베리아의 수많은 부족들은 곰이 초월적인 능력을 갖고 있다고 생각한다. 곰은 겨울잠을 자는 동안 꿈에서 사람들이 자신에 대해 말하는 것을 들을 수 있으며, 투시 능력이 있으며, 땅에 귀를 대고 대지의 말을 들을 수 있다고 믿고 있다.

곰이 오래 전부터 두려움과 경외의 대상이 된 또 다른 이유는 그들이 인간과 닮은 점이 많다는 사실이다. 곰은 높은 지능을 갖고 있으며, 뒷발로 사람처럼 서고 걸어가며, 앉을 수도 있다. 곰을 죽여서 가죽을 벗겼을 때 구성 비율이 인간과 거의 유사하다는 점은 인간에게 경외감을 주기에 충분했으리라 여겨진다. 미식가들이 찾는 곰 발바닥도 사람의 발과 매우 유사하다고 한다. 중앙아시아 뚜바인들 사이에는 다음과 같은 이야기가 전한다.

곰은 옛날에 사람이었다고 한다. 곰은 죄를 지었고, 부르간(신)은 곰을 털복숭이로 만들어 버렸다. 곰은 지금도 자신의 모습이 털복숭이인 것이 창피해서 타이가에 숨어 지낸다. 곰이 예전에 사람이었다는 것은 곰의 젖꼭지가 사람처럼 두 개이며, 모양도 사람의 것과 똑같으며, 새끼에게 젖을 먹일 때도 사람처럼 안고 먹이는 것에서 알 수 있다. 그래서 곰을 함부로 죽이지 않는다.

## 인간과 곰의 사랑

남부 퉁구스족들은 사냥한 곰을 해체할 때도 마치 곰 가죽으로 만든 외투를 벗기는 것과 같이 한다. 이들은 배를 한 번에 가르는 것이 아니라 먼저 단추를 따고 옷을 벗기는 것과 같이 한다. 이들은 곰을 동물의 모습을 하고 있는 인간으로 간주하는 것이다. 많은 신화들에서 인간과 곰의 애정관계를 이야기하고 있는 것도 이런 이유가 아닌가한다.

중국 동북부 흥안령 지역에 있는 어윈커족도 곰을 자신들의 조상으로 믿고 있으며, 곰을 부를 때는 할아버지 등 극존칭을 사용한다. 다음은 어윈커족의 기원 신화와 공주 곰나루 이야기, 경북 봉화의 암곰 이야기이다.

어떤 사냥꾼이 사냥하러 갔다가 암곰에게 잡혀 굴 속에서 함께 살았다. 몇 해 함께 사는 동안 곰은 새끼 한 마리를 낳았다. 나중에 사냥꾼은 기회를 타 도망을 갔다. 그 사실을 안 곰은 새끼를 안고 따라갔다. 사냥꾼은 뗏목을 타고 달아났다. 성이 난 곰은 새끼를 두 쪽으로 찢어 한 쪽은 사냥꾼에게 던지고, 다른 한쪽은 자기가 가졌다. 남은 쪽은 곰으로, 던져진 쪽은 어윈커족으로 자라났다.(어윈커족)

어떤 남자가 나무하러 갔다가 암곰에게 잡혀 굴 속에서 함께 살았다. 곰은 새끼 두 마리를 낳았다. 남자는 몰래 도망쳐 배를 타고 강을 건넜다. 이 사실을 안 곰이 따라와 자식을 죽이겠다고 위협했지만 남자는 돌아서지 않았다. 곰은 두 자식을 물에 빠뜨려 죽이고 자신도 죽었다. 곰이 죽은 후 배가 뒤집어지는 일이 자주 일어났다. 사당을 짓고 곰을 위해 제를 올리니 배가 뒤집어지지 않았다.(공주 곰나루)

봉화산 꼭대기에 있는 커다란 소나무 아래 암곰이 살고 있었다. 암곰은 사람이 되는 것이 소원이라서 백일기도를 올려 소녀가 되었다. 곰녀는 길 잃은 사냥꾼을 구해 주었다. 둘은 굴 속에서 함께 살았다. 사냥꾼은 곰의 경고를 무시하고 처자식이 그리워서 도망쳤다. 이 사실을 안 곰녀는 사냥꾼을 찾아 헤매다 소나무에 목을 매 숨졌다.(봉화산의 암곰)

ⓒ 인간과 동물 사이를 오갈 수 있는 존재 샤먼. 곰은 동물 세계의 샤먼으로 여겨졌다.

세 이야기 모두 곰과 인간의 애정관계를 이야기하고 있으며, 단군신화의 웅녀 이야기의 흔적들을 찾기는 어렵지 않다. 이 같은 신화에서 곰은 곰이 아니라 인간으로 취급되고 있음을 알 수 있다.

에벤키족들은 곰을 사냥한 뒤 나이 많은 사냥꾼이 젊고 경험이 없는 사냥꾼에게 성행위와 같은 움직임을 곰에게 할 것을 요구한다고 한다. 그것은 젊은 사냥꾼이 곰 사냥을 나갈 때 두려워하지 않고, 용기를 잃지 않게 하며, 싸움을 하는 동안 힘없이 가만히 있지 않게 하는 효과를 가진다고 한다. 이들은 곰이 과거에 여자였다고 믿고 있다. 야쿠트족에 따르면 곰의 가죽을 벗기면 가죽 밑에 여성이 나타난다고 한다. 가슴, 다리, 성기 등 모든 것이 여성과 같다고 한다.

## 동물 세계의 샤먼

이런 신화와 의례에는 곰의 반은 인간이라는 생각이 바탕에 깔려 있다. 대부분의 신화에서 곰과 결혼해서 생활하는 동안 인간은 점차 곰의 본성을 갖게 되고, 결국에는 곰이 되고 만다. 나카자와 신이치(中沢新一)는 "인간과 곰 사이에는 서로를 이어주는 통로가 존재하고 있어, 이 통로를 따라서 인간은 곰으로 변모할 수 있다는 사상이 이런 신화에 나타나고 있다"고 보고 있다.

이런 통로를 따라 인간과 동물 사이를 오갈 수 있는 존재는 샤먼이라 할 수 있다. 샤먼은 북방 세계에서 곰과 매우 유사한 존재로 여겨졌다. 곰은 겨울 동안 대지에 판 구덩이나 동굴 속에서 기나긴 가수면 상태에 빠진다. 많은 꿈도 꿀 것이다. 잠을 자고 있는 동안 곰은 과거와 현재, 미래가 하나로 연결된 꿈의 세계를 거닐게 된다. 곰은 동물 세계의 샤먼이라 할 수 있다.

샤먼은 곰과 마찬가지로 자연 속에 깊숙이 감춰져 있는 힘의 원천과 접촉할 수 있으며, 곰으로의 변신이 가능한 인간이다. 실제로 샤먼은 온 몸에 곰의 털가죽을 걸치고 사람들 앞에서 춤을 추기도 한다.

이때 샤먼은 동물의 정령 영역에 들어가 있다고 할 수 있다. 그들은 현실 세계의 힘이나 지식이 아닌 지혜가 더욱 중요하다고 여긴 존재들이다. 부리야트 샤먼들의 경우 무시무시한 동물 탈을 무구(巫具)로 사용하였으며, 타타르 샤먼들은 자작나무 껍질로 만든 탈을 만들고, 여기다 다람쥐 꼬리로 눈썹을 만들어 붙인 가면을 썼다.

고대 슬라브에서는 첫 번째 파종의식 때 곰 가죽옷을 입은 사람들이 참석했다. 루마니아에서는 기원전 5000년 경 제작된 곰 모양 토기가 발견되었는데, 이 토기는 '땅에 물을 주는 의식'에 사용되었을 것으로 추정된다.

신석기 시대 여성 인물상 중에는 암곰 모양으로 표현된 여신도 있다. 달의 여신인 아르테미스(Artemis)는 암곰 형상으로 숭배되었고, 그 제관은 암곰이라 불리었다. 아테네에서는 결혼할 나이에 이른 처녀들이 곰의 탈을 쓰고 의례적인 춤을 추었다. 러시아에서도 신혼부부를 곰이라 불렀고, 축제 때 벌인 곰 가면무도회는 에로틱한 성격을 띠었다. 곰과 여인의 동거 이야기는 북반구에서 흔히 발견되는 모티프이기도 하다.

## 곰녀는 여신(女神)

우리의 단군신화도 곰 여인과 인간의 결합은 신화적인 측면에서 이상할 것이 없는 이야기이다. 단군신화는 호랑이를 토템으로 믿는 종족과 곰을 토템으로 믿는 토착종족이 이주해 온 환웅족과 어떻게 결합했는가를 보여주는 신화라 할 수 있다.

단군신화는 특별한 날이면 제의의 형태로 공연되었을 것이다. 신화를 행위로 옮기는 것이 곧 제의이며, 제의를 말로 옮기면 신화가 되기 때문이다. 곰을 토템으로 하는 부족은 곰의 탈이나 가죽을 덮어 썼을 것이고, 호랑이를 토템으로 하는 부족 역시 마찬가지였을 것이다.

그런데 신화에 의하면 호랑이 토템 부족은 동굴을 떠난 것으로 되어 있다.

이에 대해 최광식 교수는 "단군신화에 의하면 곰은 사람이 되었는데, 호랑이는 사람이 되지 못했다. 사람이 되지 못한 호랑이가 조선의 동쪽 예(濊)에 나타나 호랑이 신으로 숭배받고 있는 것은 매우 흥미로운 일이다. 여기서 단군왕검의 사회 형성에 관여하지 않은 호신을 숭배한 집단이 동쪽으로 갔다고 가정해 볼 수 있는 것이다. 특히 예를 동예라고 하는 것을 보면 예가 존재했는데, 거기서 동쪽으로 이동해서 동예가 되었다"고 가정하고 있다.

환웅족과 결합한 웅녀는 어떻게 볼 수 있을까? 웅녀는 쑥과 마늘을 지니고, 동굴에서 삼칠일이라는 통과의례를 통해 일정기간 격리되고, 시련을 겪은 후 재탄생을 거치는 것으로 볼 때 샤먼으로 추정된다.

곰의 어원이 본래 동물을 지칭하는 말이 아니라 신성한 존재를 의미하는 굼에 있다는 사실도 웅녀의 샤먼적 위상을 짐작케 해 주는 대목이 아닐 수 없다. 굼은 신을 뜻하는 우리 옛 말이다. 양주동 박사에 따르면 "웅(熊)은 신을 뜻하는 굼, 검 등과 같은 말이다. 원래 동물을 지칭하는 말이 아니라 신성한 존재를 가리키는 것"이라고 한다.

웅녀는 여신으로서 굼녀, 검녀, 곰녀, 곰아기 등으로 불려질 수 있음을 유추해 볼 수 있겠다. 호랑이와 곰이 하나의 동굴에서 살고 있었다는 부분은 웅녀가 그 자체로 신격을 가지고 있었으며, 온전한 여신이었음을 입증해 주고 있다. 그렇지만 단군신화에서는 웅녀가 곰으로 전락했다. 본래 건국시조의 어머니는 신(굼, 곰)이었는데, 후대의 인간들이 동물인 곰으로 알게 되면서 인간으로 바꿀 필요가 생겼고, 그 결과 곰의 변신담을 꾸미게 된 것이 아닐까 한다.

# 헤라클레스와 사자의 탈

## 초월적인 존재

중국 남북조 시대 북제(北齊)의 난릉왕은 얼굴이 부녀자처럼 아름다웠다고 한다. 그는 자신의 외모에 대해 불만이 많았다. 요즘 같이 꽃미남이 인기 있는 시대가 아니었기 때문에 자신의 외모가 군왕으로서 위엄이 없다고 생각한 난릉왕은 전장에 나갈 때 짐승의 탈을 썼다. 지휘자로서 용맹스럽고 위풍당당한 기세를 탈을 통해 드러낸 난릉왕은 전장에서 승리를 거둘 수 있었다고 한다.

난릉왕의 이러한 이야기는 당시에도 좋은 스토리텔링 소재가 되었다. 후대 사람들은 역사를 근거로 하여 '난릉왕입진곡(蘭陵王入陣曲)'을 만들어 공연했다. '난릉왕입진곡'에서 주인공 난릉왕은 사나운 짐승의 탈을 쓰고 전장을 종횡무진으로 누비며 적들을 찔러 죽이며 위풍당당한 용사로 등장한다. 당나라 때는 그것을 대면(大面) 혹은 대면(代面)이라 불렀고, 송나라 때는 대면무(代面舞)라 했다.

이 이야기는 인류가 왜 가면을 쓰게 되었을까에 대한 해답이 되고 있다.

난릉왕은 자신의 유약한 부분을 감추고 초월적인 존재로 보이기 위해 탈을 썼다. 평범한 사람과는 다른 특별한 힘을 가진 존재가 됨으로써 생존을 유지할 수 있다고 생각했던 것이다.

원시종교는 탈과 불가분의 관계를 갖고 있다. 고대 중국 은나라 갑골문 중에는 '기(倛)'라는 글자가 있는데, 이 글자는 사람이 탈을 쓰고 있는 것

◐ 짐승의 탈을 씀으로써, 용맹함을 드러낸 난릉왕은 전쟁에서 승리를 거둘 수 있었다고 한다.

을 표현한 것으로, 실제로는 고대에 귀신 쫓기를 담당하는 우두머리가 썼던 탈이라고 한다. 탈을 쓰는 것은 문신이나 머리 장식과 마찬가지로 종교적인 힘을 상징적으로 드러내는 것이다. 고대인들은 이렇게 해야만 귀신이 자신을 해치지 못하게 할 수 있고, 사냥감을 잡는데도 유리하다고 믿었다.

## 원시적인 힘과 용기

그리스 신화에서 헤라클레스가 사자 사냥을 마친 후 가죽을 몸에 덮어씀으로써 그의 힘을 흡수한 것도 비슷한 사례다. 미케네 북서쪽에 있는 네메아 들판을 어지럽히던 사자를 발견한 헤라클레스가 화살을 거듭 쏘았으나 튕겨나갔다. 네메아의 사자는 가죽이 거북의 딱지처럼 단단해서 칼이나 화살이 소용없었던 것이다. 헤라클레스는 활을 버리고 몽둥이를 휘둘러 목을 내리쳤다. 그리고 두 팔로 사자의 목을 졸라 죽였다.

   헤라클레스는 진보적인 활을 버리고 가장 원시적인 힘과 용기만으로 사자를 죽인 것이다. 그는 죽은 사자의 발톱으로 가죽을 벗겨 내서 옷을 만들어 입고, 머리로 투구를 만들어 썼다. 사자가죽 옷과 사자머리 투구가 그의 상징이 된 것은 당연한 일이다.

   사람들이 가장 무섭다고 여기는 사자를 물리친 영웅 앞에 거칠 것이 없었다. 세상에서 가장 무서운 맹수인 사자를 맨손으로 제압했다는 것은 엄청난 힘과 용기를 가진 영웅이라는 것을 의미했다.

   헤라클레스가 몸과 머리에 덮어쓴 사자가죽과 머리는 탈과 유사하다.

◐ 사자 사냥을 마친 후 가죽을 몸에 덮어 씀으로써 사자의 힘을 흡수한 헤라클레스

영웅은 사자의 탈을 씀으로써 그 힘을 자신의 것으로 만들었다. 이런 점에서 영웅 페르세우스의 행위도 비슷하다. 페르세우스는 메두사의 목을 자른 후 그것을 방패처럼 이용하여 상대방을 제압하였다. 메두사는 본래 아름다운 처녀로 아테나 여신의 신전(神殿)에서 헌신하던 사제였다. 그녀는 바다의 신 포세이돈에 의해 신전에서 강제로 범해졌고, 아테나 여신의 분노는 아이러니하게도 메두사에게 돌아갔다.

메두사는 뱀의 머리털, 부풀어 오른 얼굴과 튀어나온 눈, 길게 늘어뜨린 혓바닥, 멧돼지 어금니처럼 뾰족한 이빨을 가졌으며, 청동으로 된 손과 용의 비늘로 덮인 목의 형체를 하였다. 그녀를 보는 자는 돌이 되었다.

영웅 페르세우스는 메두사의 목을 베어 아테네에게 바쳤고, 아테네는 이것을 가슴에 장식하여 사람들을 두렵게 했다고 한다. 메두사의 얼굴은 고대나 중세의 전쟁에서 방패를 장식하는 문양으로 자리잡았다. 상대를 돌처럼 얼어붙게 만들고, 전쟁에서 승리하고자 하는 주술적 사고에서 활용된 것이다.

그런데 신화학자 로버트 그레이브스(Robert Graves)는 이에 대해 다른 생각을 갖고 있다. 그는 자신의 저서『그리스 신화』에서 "페르세우스는 메케네의 역사상 실제로 존재했던 왕이었다. 그를 비롯한 그리스인들은 여신의 여사제로부터 메두사 탈을 벗겨내었다. 그 가면은 사람들에게 겁을 주기 위한 일종의 탈이었다"고 설명한다.

## 가려짐과 재탄생

사자나 늑대 등의 동물의 가죽이나 머리를 뒤집어쓰고 그 힘을 얻는 이야기는 우리나라에서도 여럿 전해져 온다.『삼국유사(三國遺事)』에 신저징이라는 사람이 관리가 되어 임지로 떠나다가 중도에 장가를 들었다. 2년 임기동안 자녀도 두었는데, 임기를 마치고 돌아오는 길에 처가를 들렀다. 처가에는 사람이 없었다. 그런데 그의 아내는 호랑이 가죽을 발견하고 "이것이 아직 그대로 있을 줄은 몰랐구나"하며 입으니 호랑이로 변해 으르렁거리며 문을 박차고 나가버렸다.

거란에도 비슷한 왕의 이야기가 등장한다. 우가(喁呵)라는 왕이 있었는데, 그는 멧돼지 머리를 덮어쓰고, 그 가죽을 입고 있었다. 일이 생기면 밖으로 나가 괴력을 발휘하고 돌아오곤 했다. 그의 아내가 멧돼지 가죽을 훔치자 그는 힘을 잃어버리고 사라져 버렸다.

탈이나 가죽을 뒤집어쓰는 것은 무엇인가를 가리기 위한 것만이 아니다. 탈을 쓰게 되면 가려짐과 동시에 새로운 모습으로 재탄생하게 된다. 멧돼지의 탈을 쓰면 멧돼지가 되고, 호랑이의 탈을 쓰면 호랑이가 되는 것이다. 강원도에 전해져 온 호탈굿에서 호랑이의 탈을 쓴 사람은 호랑이가 되었다고 믿었다. 탈을 쓴 사람은 물론 보는 사람들도 그렇게 믿었다.

호랑이 탈은 한지에다 물감으로 호랑이의 얼굴과 몸둥이를 그려서 사람이 호랑이의 가죽을 입고, 짚으로 방망이를 만들어 호랑이의 꼬리가 되게 한다. 호랑이 때문에 재난을 당했던 마을에서는 반드시 호랑이굿을 해야 했다.

호탈굿은 먼저 호탈을 입은 무당이 호랑이로 분장하여 집집마다 돌아다닌다. 집에서는 모닥불을 피워 놓고 경계하는데, 호랑이는 숨어 있는 사람들에게 달려들어 "어훙" 하고 무는 흉내를 낸다. 산기슭에는 실제로 나무에 개 한 마리를 묶어 놓고 그 옆에 팥죽 한 동이를 갖다 놓는다. 개와 팥죽은 호랑이에게 바치는 먹이다.

굿판에서는 포수가 등장하여 호랑이를 사냥한다. 이들은 호랑이의 가죽을 벗겨 마을 유지에게 돈을 받고 판다. 범굿이 끝나고 산기슭에 가 보면 팥죽이 칼로 베어낸 듯이 없어지고 나무에 묶어 놓은 개가 사라져 버린다고 한다. 이럴 때 마을 주민들은 호랑이가 산에서 내려와 먹은 것으로 알고 호환이 없을 것으로 믿었다고 한다.

## 샤먼의 옷 자체가 탈

시베리아 샤먼들은 새의 탈을 쓰면 새가 되어 천상 세계로 날아갔다. 실제로 날아가는 것이 아니라 무아지경에 빠진 상태에서 그렇게 느끼는 것이다. 부리야트족에서는 샤먼을 보호하는 새나 동물을 쿠빌간이라 부르는데, 쿠빌간은 '다른 형태로 변화하다'는 의미를 갖고 있다. 샤먼은 새나 동물의 탈을 쓰는 순간 그 동물로 변화한다는 것이다.

샤먼들은 오늘날도 새의 복장을 하고 있으며, 자신들이 새의 후손으로 태어났다고 믿는다. 죽은 자를 저승으로 인도하는 시베리아 드야크족 샤먼들 역시 자신의 몸을 새 모양으로 꾸민다. 무당을 일컬어 '새타니'라고 하는 우리말도 '새'에서 나왔다고 주장하는 학자들이 적지 않다. 무당이 굿을 할 때 입는 옷도 새의 복장과 매우 유사하다.

시베리아 샤먼에 대해 깊이 연구했던 핀란드 종교민속학자 하르바(Uno Harva)는 "샤먼은 의상 자체가 탈이고, 이 의상이 원래 탈에서 유래했다"고 지적한다. 즉 탈은 샤먼의 복장과 같은 역할을 하고, 이 두 가지 무구는 상호간에 전환이 가능하다고 할 수 있다. 의상이나 탈은 샤먼을 다른 사람과는 전혀 다른 초자연적인 존재로 바꿔 놓는다. 이렇게 바뀐 존재가 드러내려고 하는 것은 새를 통한 비행 능력이고, 바로 되살아난 조상신 등의 지위인 것이다.

종교사학에서 잘 알려진 것 가운데 하나는 "인간은 나타내 보이는 대로 된다"는 법칙이 있다. 탈을 쓴 사람은 그 탈로 표상되는 신화적인 조상이 된다. 샤먼은 이 의례용 의상이나 탈을 씀으로써 정신 집중을 촉진시키고,

음악으로 접신의 순간을 앞당기게 되는 것이다.

새는 영혼의 메신저로서의 역할을 한다. 서양의 천사도 새를 약간 변형시킨 것에 불과하다. 특히 샤먼의 새는 독특한 특성과 힘을 지녔다. 샤먼은 새의 탈을 씀으로써 삶의 한계에서 벗어나 망아 상태에서 하늘을 날고 다시 돌아오는 능력을 갖게 된다.

고대인들은 탈을 씀으로써, 인간을 벗어난 다른 모습을 할 수 있게 되고, 그 힘에 의해 일상에서 벗어나 초월적인 세계로 들어가게 된다고 믿었다. 이러한 변신에 의해 인간의 내면에서는 정령을 지배하는 힘이 자라게 되며, 인간은 초인적인 힘을 가지게 된다는 것이다. 탈을 쓴 인간은 짐승이나 신이 된다.

## 마법의 마스크

미국 헐리우드 영화 〈마스크〉에서 짐 캐리는 가면을 쓰는 순간 초인적인 힘을 갖는 변신의 전형적인 모습을 보여 준다. 찰스 러셀 감독의 〈마스크〉는 1982년부터 연재를 시작하여 패러디 만화로 인기를 얻은 마이크 리처드슨 원작의 만화를 영화로 만든 것이다.

영화의 주인공은 저주받은 나무로 만든 마스크다. 콜럼버스보다 먼저 미국에 도착한 바이킹족들은 "이 땅에 저주 있으라!"고 외치며 마스크를 묻고 떠나간다. 그리고 2백년 뒤 소심하고 나약한 은행원 찰스(짐 캐리)가 우연히 그 마스크를 찾아낸다. 찰스는 마스크를 쓰는 순간 전혀 다른 힘을 얻게 된다. 나약하던 사람이 도시의 갱단과 싸우고, 갱단 보스의 정부이자

▶ 가면을 쓰는 순간 초인적인 힘을 갖는 변신의 전형적인 모습을 보여 준 영화 〈마스크〉

나이트클럽 가수인 티나에게 사랑을 고백하기도 한다.

〈마스크〉는 누구나 한번쯤 꿈꾸어 봤음직한 이야기를 다루고 있다. 탈을 쓰는 순간 탈의 힘을 얻어 굉장한 힘을 얻게 되는 그런 꿈 말이다. 성룡이 주인공을 맡은 영화 〈턱시도〉에서는 탈을 옷으로 바꾸어 놀라운 능력을 보여 준다. 턱시도를 입으면 순간 놀라운 능력이 생긴다는 설정은 짐 캐리의 〈마스크〉와 비슷하다.

성룡의 〈턱시도〉는 배우의 화려한 '곡예 액션'을 전면에 내세운 영화다. 뉴욕의 총알 택시 운전사 지미 통(성룡)은 비밀첩보국(CSA)의 최고 요원 데블린(제이슨 아이삭)의 기사로 고용된다. 정체 불명의 폭탄 테러를 당한 데블린은 지미에게 자신의 턱시도를 입고 월터 스트라이더를 찾으라는 말을 남기고 혼수상태에 빠진다. 그의 턱시도는 짐 캐리를 초인으로 만들어 준 탈과 같은 역할을 한다. 옷을 입은 사람을 만능으로 만들어 주는 비밀병기였던 것이다. 택시 운전사였던 지미는 턱시도를 입고 손목에 시계를 차는 순간, 007 부럽지 않은 정예 첩보요원으로 변신한다. 턱시도를 입은 지미는 데블린 행세를 하며 세계 식수 시장을 장악하려는 배닝의 음모를 파헤친다.

이들 영화에서 현대의 첨단 과학이 만들어 내는 특수효과는 테크놀로지를 마음껏 과시해도, 근본적인 상상력에 있어서는 고대인의 그것을 벗어나지 못하고 있다. 탈을 씀으로써, 인간을 벗어난 다른 모습을 할 수 있다는 상상 말이다.

# 얼굴은 정령이 머무는 곳

## 얼굴이 중요한 이유

탈은 오래 전부터 영화와 연극 등에서 단골 소재로 등장했다. 영화 〈글라디에이터〉에서 주인공 막시무스가 쓰고 나온 철제 투구는 적의 공격으로부터 얼굴을 보호하는 역할을 하면서 자신의 신분을 감추기 위한 가면 역할까지 하고 있다. 영화 〈스파이더맨〉과 〈배트맨〉 등 영웅이 등장하는 영화에서 주인공이 쓰는 가면 속에는 답답한 현실에서 벗어나 초인적인 인생을 살아가고픈 인간의 내면에 감춰진 욕망이 담겨 있다.

뮤지컬 〈오페라의 유령〉에서 주인공이 쓴 가면은 처음에는 흉측한 얼굴을 가리기 위한 것이었으나, 어느덧 마음의 추악함을 숨기기 위한 가면으로 변해간다. 여주인공의 사랑으로 자신의 뒤틀린 마음을 인식하고 가면을 벗음으로써 자유를 얻는다.

가면을 필요로 하는 것은 그만큼 숨기고 싶은 무언가가 있다는 의미다. 중세 시대에는 상류사회에서 가면을 이용한 범죄가 늘어나자 가면 착용을 한동안 금지하기도 했다. 여자들의 화장도 신이 주신 인간의 얼굴을 가면으로 감춘다는 의미에서 신에 대한 모독으로 여겨져 금기시했다고 한다.

고대인들에게 얼굴은 어떤 의미가 있을까? 아기들의 행동을 통해 고대인들의 생각을 짐작해 볼 수 있지 않을까 싶다. 아기들은 사람의 얼굴에 주의를 기울인다. 학자들에 따르면 아기들의 눈은 엄마의 몸 밖으로 나온 지 불과 10분이 지나면 상대 얼굴의 윤곽선을 따라간다고 한다. 이틀만 지나도 아기들은 엄마와 다른 사람을 알아본다. 사흘이 지나면 얼굴 표정을 흉내 낼 줄도 안다. 아기들은 생존을 위해 본능적으로 얼굴을 살핀다.

## 마법같은 공간

얼굴은 인간을 다른 동물과의 차이를 가장 적나라하게 보여 주는 곳이다. 인간 사이에서도 서로 다른 차이를 보여 줌과 동시에 자신의 정체성을 담고 있는 공간이기도 하다. 네안데르탈인과 사람(호모사피엔스)을 구별하는 근거도 얼굴에 있다. 고고학자들에 따르면 네안데르탈인은 눈썹 위의 뼈가 돌출되어 있지만, 인간은 눈썹뿐이라고 한다.

지구상에 수십 억 이상의 인간이 살고 있지만, 같은 얼굴을 한 사람은 없다. 얼굴은 베일에 가려진 미지의 땅이다. 일상생활에서도 얼굴은 가장 빠른 탐사가 필요한 대상이다. 얼굴은 사람의 이목을 끄는 동시에 호기심을 가라앉히는 마법 같은 곳이다. 그래서인지 인간은 얼굴을 인식하는 데 뛰어난 능력이 있다.

뛰어난 인식 능력이 있는 상대를 속이고, 자신마저 속이기 위해서는 다른 무엇인가가 필요했다. 그것이 바로 탈이다. 인간은 현재의 자신을 초월하기 위해서는 과거와 완전히 달라야 한다. 자기 스스로도 달라졌다고 느껴야 하지만, 다른 사람들도 그가 이전의 그가 아니라고 믿어야 한다.

주술을 성공시키기 위해서는 본래의 형상을 감춰 버리고 다른 형상을 띠는 것이 무엇보다도 중요하다. 그가 누구인가가 알려진다면 주술은 파괴되고 힘을 잃게 된다. 원시 부족들의 경우 축제 현장에서 이런 일이 생기게 되면 즉시 무엇인가로 덮어씌우고 그가 죽었다고 외침으로써 사건을 무마시킨다. 그렇지 않으면 그의 생명은 위태롭게 된다.

인디언 샤스타족은 소녀의 성인식에서 소녀가 마을 주민들 앞에 나아갈 때 자신들의 정체를 숨기기 위해 얼굴 앞을 나뭇잎 다발로 가린다. 자신의 정체를 숨기게 되면 육체적인 속박에서 벗어나 동물이 되기도 하고, 신이 되는 일도 어렵지 않게 진행할 수 있다.

더군다나 다른 얼굴을 빌리기 위해 탈을 쓴다면 얼마나 더 효과적일까? 고대인들은 얼굴은 정령이 머무는 곳이라고 믿었다. 다른 얼굴을 쓴다는 것은 다른 정령을 용인하는 것이 된다. 이러한 다른 얼굴과 의상과 장식물들을 탈이라고 할 수 있다.

그들에게 탈은 신의 얼굴이나 몸을 상징하는 신성한 대상이었다. 이런 물건을 사람 가까이 두고 함부로 다루게 되면 신의 노여움을 사서 벌을 받게 된다고 생각했다. 그래서 옛사람들은 탈을 소중히 여기고 신성시하면서도 사람이 사는 거처와 일정한 간격을 두고 숭배하면서 보관했다. 탈은 흔히 새로 만들었다가 사용 후에는 깨뜨려 부시고 불태워 버렸다.

미국의 극작가인 아치볼드 매클리시(Archibald MacLeish)는 희곡 「제이비(J. B.)」에서, 주스 씨는 가면을 쓰고 신과 악마 역할을 맡기도 한다.

주스 씨는 "우리가 왜 가면을 써야 하는가"라고 묻는다. 이에 대해 니클라스는 "그럼 인간의 얼굴로 하나님을 연기할 거요?"라고 댓구한다. 신에게 얼굴이 있다면 어떤 얼굴을 하고 있을까? 사람들이 신을 어떻게 형상화했을까?

## 탈은 신성한 신(神)

중국 귀주성의 지희와 운남의 관색희(關索戱)에서 사용되는 탈은 평소 사당 안에 모셔 둔다. 공연 날짜가 정해지고 탈을 사당에서 꺼낼 때도 특별한 의식을 치른다. 사당에 정성을 다하여 분향하고 신에 제사를 드린 다음 탈을 맞이한다.

연기자들은 공연 복장을 입고 탈을 쓴 후 먼저 관공서를 거쳐 민가에 들려 역병을 쫓고 좋은 기운을 불러들이는 노래를 한다. 그리고 난 다음에 넓은 마당으로 가서 정식으로 연행을 시작한다. 마지막 날에는 탈을 쓴 인물이 토지신(土地神)에게 다음과 같이 기원을 올린다.

"물속의 요괴들 쓸어내시고, 마마 역병은 마마 고을로 쓸어 보내고, 늙은이, 어린이, 풍기와 해소는 원수께서 채찍질하여 하늘 너머로 몰아내소서. 토지신에게 절하나니, 해마다 대길이요, 해마다 홍성하기를……"

공연자들은 공손하게 모든 탈을 상자에 넣어 사당으로 돌려보내는 것으로 행사를 마무리한다. 운남성의 관색희도 탈을 신령으로 간주하는데 그 의식은 지희와 비슷하다. 귀주성 토가족 역시 탈을 신성시한다. 호남성에서도 공연 때 사당에 모셔 둔 3개의 탈이 나오도록 청하는데, 제사를 주관하는 제관은 향을 피우고 종이를 사른 후 탈(신령)에게 공손하게 아뢴다. 제관은 "동족 아무개가 재난을 없애고 감사를 드리려 하고 있으니 굽어 살피시어 나와 주십시오"하고 정성을 드린 후 탈을 꺼내어 공연을 시작한다. 이들에게 탈은 신성한 신(神) 그 자체인 것이다.

콜롬비아 카가바족 인디언들은 탈을 쓰게 된 것에 대해 "악마들과 계약을 맺었다. 이 계약에 따라 어떠한 노래를 부르고 어떠한 춤을 추는가를 보고 악마는 인간의 행복을 위해 자신들의 유익한 자질들을 사용하게 되고, 악한 힘은 억제하게 된다"고 설명하고, 계속해서 "악마의 얼굴을 불태워 없애 버렸다. 혹은 악마 스스로 자신의 얼굴을 제거했다. 그래서 사람들은 그들의 얼굴을 탈로 쓰고 춤을 추게 되었다"고 말한다.

## 탈을 극복하는 힘

악마의 탈을 쓰면, 악마의 힘을 억제할 수 있다는 믿음은 영화 〈배트맨〉에 잘 드러나 있다. 까만 망토와 가면의 밤의 영웅 배트맨.

그가 배트맨이 될 수밖에 없었던 이유는 무엇일까? 영화는 그의 인간적 면모로 설명한다. '분노와 좌절감을 숨긴 채 살아가는 나약한 인간'인 브루스 웨인이 박쥐가면을 쓰면 특유의 음산한 이미지를 가진 강한 사나이로 변신한다. 왜 굳이 박쥐가면일까? "두려움을 이겨내기 위해선 내 자신이 두려움이 돼야 한다"는 그의 말이 답이다. 어린 시절 가장 두려워했던 박쥐의 가면을 쓰는 이유다. 두려움(탈)을 극복하기 위해 두려움의 실체(탈)를 얼굴에 쓴 것이다.

부유한 집안의 외동아들로 태어나 유복한 삶을 누리던 어린 브루스 웨인은 뜻밖의 사고로 우물에 빠지게 되고, 그 안에서 박쥐 떼의 습격을 받는다. 이후 박쥐 공포증은 지울 수 없는 상처처럼 그를 따라다니며 괴롭힌다.

그러던 어느 날 그의 부모가 가난에 못 이겨 범죄에 나선 강도의 총에 살해된다. 가난한 사람들을 위해 고담시에 지하철을 만드는 등 모두 함께 잘사는 사회를 꿈꾸는 이상주의자였던 아버지는 역설적이게도 그토록 자신이 구원하려 했던 빈민의 손에 죽임을 당한 것이다. 분노를 간직한 채 어른이 된 브루스 웨인은 부모의 복수를 감행하려 하지만 뜻대로 되지 않고, 마음속 혼란만 더해진다.

범죄에 대한 분노와 절망으로 사회의 밑바닥을 방황하던 그에게 구원

ⓒ 배트맨은 박쥐의 탈을 씀으로써 박쥐 공포증을 극복하고 그 힘을 얻게 된다.

의 손길을 내민 건 어둠 속에서 범죄를 소탕하는 비밀조직 '어둠의 사도들'이었다. 지옥 훈련을 통해 전사로 거듭난 브루스 웨인은 '눈에는 눈, 이에는 이'라는 조직의 원칙에 거부감을 느끼고 홀로 고담시로 돌아온다.

그를 맞이한 고담시는 범죄에 완벽하게 찌들어 있었다. 박쥐 공포증을 극복하고 두려움 그 자체가 되기로 결심한 브루스 웨인은 배트맨으로 변신, 악을 소탕하는 영웅이 된다.

## 보이는 대로 믿어 준다

배트맨처럼 탈을 쓰는 사람은 자신의 정체성을 포기하고 다른 존재가 된다. 탈을 쓰고 춤추는 사람은 탈이 나타내는 존재처럼 행동하고 이야기한다. 실제로 친척들도 탈을 쓴 사람을 죽은 사람으로 인정한다. 그들은 "저 사람은 죽은 나의 남편이다. 저 애는 나의 아이다"라고 말하지 "저 사람은 나의 남편을 연기한다"고 말하지는 않는다.

서구에서 진행되는 축제(카니발)에서도 탈을 쓰는 사람과 그것을 보는 사람들의 '보이지 않는 약속'은 지속되고 있다. 이 약속은 서로를 믿어 주는 데 있다. 탈은 쓴 사람은 일상적인 개성을 감추기 위해 노력하고, 그를 보는 사람은 탈이 나타내는 존재로 믿어 주었다.

카니발의 마지막 날 열리는 가면무도회에 참석하는 남자들은 모두 나무를 깎아 살아 있는 듯이 색칠한 탈을 쓴다. 이것을 엇갈려 묶은 끈과 같이 움직일 수 있도록 머리에 단단하게 묶는다. 머리는 흰색 천으로 덮고 천 위에는 모자를 쓴다.

ⓒ 이탈리아 베네치아 가면무도회. 최근 부활된 카니발을 즐기는 주인공은 탈을 쓴 관광객들이다.

때때로 맥주잔이 입에 닿을 수 있도록 탈을 들어올린다. 맥주를 마신 후에는 전광석화처럼 재빠르게 탈을 내린다. 왜냐하면 가면무도회에 참석하는 첫 번째 조건이 바로 자신의 정체가 드러나지 않는 것이기 때문이다. 다른 사람이 가장한 것을 주제넘게 꿰뚫어 보려는 것도 매우 무례한 태도로 인식되었다.

만약 그의 정체가 탄로 날 위험에 처하게 되면 그는 재빠르게 다른 방으로 빠져나와 탈을 바꿔 쓴다. 다른 사람들은 그를 지켜준다. 몇 분 후 똑같은 사람이 돌아온다. 하지만 탈 속에는 다른 사람이 있다. 때로는 탈 뒤에 누가 숨어 있는지 잘 알지만 내색하지 않았다. 간혹 탈을 쓴 사람이 위협적인 동작을 하면서 다가오면 무서워하면서 온 사방으로 달아났다.

R. R. 마레트는 『종교의 문턱』 중 원시인의 믿음이라는 장에서 모든 원시 종교에는 '~체 하기'의 요소가 들어 있다고 했다. 탈을 쓴 사람이 누구인지 알면서도 속아 넘어갔다. 자발적으로 속아 주는 것이다. 원시 부족 사람들은 자신의 역할에 충실한 배우라 할 수 있다. 구경꾼도 훌륭하다. 진짜 사자가 아니라는 것을 잘 알면서도 사자로 분장한 인물이 포효하면 금방 죽을 것처럼 겁을 먹었다.

이들은 실재와 연기를 구분하지 않았다. 인간이 동물이 되거나 동물이 인간이 되었다. 탈을 쓰면 더욱 손쉽게 변신할 수 있었다. 탈은 인간을 가장 인간답게 하는 얼굴을 가렸다. 현대인에게도 탈은 무서운 이미지를 전달한다.

네덜란드 문화사학자 호이징아(Johan Huizinger)는 "탈을 쓴 인물은 우리로 하여금 일상생활에서 벗어나 더 이상 햇빛이 지배하지 않는 달빛 세계로 들어가게 한다. 그것은 우리를 원시인, 어린아이, 시인의 세계, 즉 놀이의 세계로 안내한다"고 했다. 일상에서 벗어나 이질적인 시간과 공간, 존재가 되는 데 있어 얼굴을 가리는 것만큼 효과가 큰 것도 없을 것 같다.

# 그림자를 드러낸 탈

## 빛과 그림자

꿈을 꾼다고 가정해 보자. 당신은 꿈속에 작은 촛불 하나를 두 손을 모아 감싸 지키려 한다. 그러한 당신의 뒤로 커다란 괴물이 달려온다. 아무리 열심히 도망가도 괴물은 지치지도 않고 쫓아온다. 그 괴물은 뭘까? 그 괴물은 바로 촛불에 반사된 그림자였다. 촛불이 밝으면 밝을수록 그림자는 더 커지고 진해진다. 촛불이 있음으로 해서 그림자가 있고, 그림자가 존재함으로써 빛도 존재하게 된다.

세계적인 심리학자 칼 융은 인간의 마음에도 빛과 그림자가 있다고 생각하고 그림자 이론을 창안했다. 말 그대로 '빛과 그림자'라고 할 때의 그 그림자이다. 우리의 성공이 빛이라면 그 과정에서 받은 상처, 아픔, 고통, 이런 것들은 그림자라고 할 수 있다. 성공의 빛이 강하면 강할수록 그림자의 어둠도 짙어진다. 의식이라는 빛이 있다면 무의식이라는 그림자도 있다.

평소 조용하던 사람이 갑자기 불같이 화를 낸다든지, 공부만 하던 학생이 어느 날 갑자기 문제아가 된다든지 하는 일들도 그림자의 작용이라 할 수 있다. 옛이야기에 등장하는 '흥부와 놀부', '콩쥐와 팥쥐'가 바로 빛과 그림자라 할 수 있다. 겉으로는 두 인물로 표현되었지만 사실은 하나의 인물이라 할 수 있는 것이다.

모든 인간의 내면에는 그림자 같은 이중인격이 있고, 그것은 폭력적으로, 또는 선정적으로 늘 도사리고 있지만 대부분의 사람들은 사회 규범과 인간의 이성으로 자신의 그림자를 억제하며 살아가기 때문에 잘 드러나지는 않는다.

사람들 스스로도 자신의 내면에 그림자가 있다는 것을 인정하기 어렵다. 그림자는 무의식의 이미지, 그늘에 속한 열등인격이므로 스스로 보지 못하기 때문이다. 그림자가 나타나는 때는 개인이 가장 적응이 안 되어 '아픈 곳', 즉 무의식의 콤플렉스가 건드려졌을 때이다. 누군가가 이유 없이 싫거나 미울 때 그 누군가 또한 자신의 그림자일 가능성이 많다. 그림자가 잘못된 방향으로 표출되면 범죄 등의 사회적 문제가 발생한다.

### 선과 악의 갈등

이런 인간의 이중적 특성을 다룬 문학작품으로 「지킬 박사와 하이드」가 있고, 만화 '헐크'에서도 인간의 이중성을 확인할 수 있다. 1886년 영국에서 스티븐슨이 「지킬 박사와 하이드」를 발표하였다. 이 소설은 변호사 어터슨과 그의 친구인 엔필드의 대화로 시작된다. 아침 일찍 집으로 돌아가면서 엔필드는 자신이 목격한 끔찍한 사건에 대해 이야기한다. 길을 건너던 작은 소녀를 짓밟은 한 남자가 울부짖는 소녀를 버려둔 채 가 버렸다는 것이다. 엔필드는 "별일 아닌 일로 들릴지는 모르겠지만, 정말 지옥과도 같은 광경이었다"며 이야기를 마무리한다.

인간의 이중성을 다룬 「지킬 박사와 하이드」는 당시 사회에 큰 충격을 주었다. 평소 학식이 높고, 자비심이 많은 지킬 박사가 사실은 저주받은 괴물 하이드와 같은 인물이었다는 것은 놀라움을 안겨주기에 충분했다.

이 작품에서 지킬 박사는 자신 안에서 이루어지는 선과 악의 갈등을 해소하기 위하여 약품을 발명한다. 이 약품을 통해 그는 자신 안의 악한 본성

ⓒ 자신 안에서 이루어지는 선과 악의 갈등을 '지킬 박사'와 '하이드'라는 인물로 표현한 작품

을 분리시켜 하이드라는 새로운 인물(persona)로 독립시키려 하고, 자신은 순수하게 선한 품성으로 존재하고자 한다. 이로써 그는 지킬과 하이드라는 두 개의 인물로 분열된다.

지킬 박사 내부에서는 점차 악이 선을 이겨 약을 먹지 않아도 하이드로 변신하여, 지킬 박사로 되돌아갈 수 없게 된다. 하이드는 마침내 살인을 하고 경찰에게 쫓겨 체포되려는 순간 자살하여 모든 것을 유서로 고백한다는 내용이다.

1962년 미국에서 탄생한 '헐크'는 인간 안에 존재하는 양면적인 모습을

🄫 19세기 루마니아의 탈. 하이드와 유사한 이미지를 갖고 있다. 인간의 무의식 속의 검은 그림자가 표현된 것으로 여겨진다.

극단적으로 다룬 만화 캐릭터다. 촉망받는 물리학자 브루스 베너는 실험 중 감마선에 감염되어 평상시에는 일반인과 다를 것이 없다.

하지만 분노가 솟구치면 녹색괴물 헐크로 변신하게 된다. 내면에서 통제할 수 없는 분노 상태가 되면 피부가 녹색으로 변하면서 동시에 청바지가 찢어지고 몸이 서서히 거대해져서 으르렁거리는 괴물 헐크로 변신한다. 박사는 자기 속에 있는 그를 지우려는 여행을 끊임없이 이어간다.

## 그림자 정화축제

자기 속에 있는 또 다른 자신은 바로 그림자이다. 자신의 그림자를 통제할 수 없는 한 박사는 괴물 헐크에서 벗어날 수 없다. 그렇다면 그림자를 이겨내기 위해서는 어떻게 해야 할까?

인류는 그림자를 극복하는 문화적 장치를 개발해서 사용해 왔다. 폰 프란츠라는 학자는 원시사회에서 집단의 규칙과는 무엇이든 반대로 행동하는 광대집단이 그림자 극복 장치라고 주장했다. 궁궐에서 활동하던 어릿광대들이 바로 그 역할을 하던 사람들이다. 폰 프란츠는 광대들과 함께 하는 축제를 그림자 정화축제(shadow catharsis festival)라 불렀다. 서양의 카니발축제와 우리나라의 단오제, 별신굿, 대동굿 등의 축제가 바로 그림자 정화축제라 할 수 있다.

그림자 정화축제에 빠지지 않고 등장하는 것이 바로 탈이다. 카니발의 정확한 역사적 기원은 불분명하지만 인류의 역사만큼이나 오래되었을 것으로 추정된다. 이 축제는 고대 로마의 농신제에서 기원한다고 알려지고 있다.

로마인들은 연말이 되면 농경의 신(Saturn)을 기리기 위한 축제를 열었다. 이 축제는 욕정과 죄로 가득 찬 인간의 부정적인 본성, 즉 그림자를 그대로 드러내게 하고 그것을 해소하는 과정이었다. 이 기간만큼은 어떤 방종이나 환락의 추구도 허락이 되었을 만큼 광란의 축제였다.

유럽에서 카니발이 본격화된 것은 가톨릭교회의 억압과 맞물려 있다. 사랑, 신에 대한 헌신 등을 통해 억압과 지배권을 강화하는 가톨릭교회가 빛이라면 카니발은 그림자에 해당한다. 해가 바뀌는 연말이 되면 유럽 각지에서는 탈을 쓴 무도회가 열리기 시작한다.

기상천외한 분장을 한 대규모의 사람들이 등장한다. 그들은 가톨릭교회에서 그토록 탄압했던 이교(異敎)의 귀신과 악마들이 관의 뚜껑을 열고 나온 듯이 거리를 돌아다닌다. 평소에 근엄하던 사람들이 그날만은 완전히 다른 모습으로 나타나 행동하는 것이다. 이것이 그림자이다.

카니발 기간 중에는 요란한 가장 행렬과 대규모 가면무도회, 풍자적인 연설, 연극 등이 열린다. 카니발은 흔히 저항의 축제로 불린다. 권력집단에 눌려 온 대중의 저항, 나이 많은 세대에 대한 젊은 세대의 저항 등 저항문화를 표현한 것이 카니발이다.

이 축제에서 주목할 만한 점은 노예에게조차도 방종할 자유를 허락했다는 것이다. 자유인과 노예의 구별은 이 기간 동안 일시적으로 철폐되고 주인이 노예의 식사시중을 들었다. 뿐만 아니라 노예들은 재판관이나 집정관의 권력을 장악할 수도 있었다. 축제 기간 동안 그림자를 발산하게 함으로써, 그것을 해소하고, 축제가 끝난 후에는 평화로움을 얻도록 하는 문화적 장치였던 셈이다.

  축제에서 가장 중요한 도구는 바로 탈이었다. 그림자를 마음껏 드러내기 위해서는 자신의 정체를 숨겨야 한다. 탈과 분장을 통해 자신의 정체를 완벽하게 감출 수 있기 때문에 그림자를 해소할 수 있었고, 지배자들은 사회의 안정을 얻을 수 있었던 것이다.

# 겨울과 봄의 전쟁

### 노래하는 인간

카니발은 고대 로마에서 '사투르날리아'라는 농경신 새턴(Saturn) 축제에서 시작되었다고 한다. 새턴 축제는 12월 21~31일(혹은 17~24일, 또는 1월 1일)까지 계속 성대하게 베풀어졌다. 새턴은 특히 사람들에게 대지의 경작법을 가르쳤으며, 농경 재배와 포도의 채집법을 알려 주었다고 한다. 이 축제는 봄이 시작되는 시점에 겨울이라는 '악'을 물리치고 '새 봄'을 맞이한다는 의미도 담고 있다.

고대인들은 자신들의 믿음에 따라 봄과 가을 등 중요한 계절적 고비 때마다 하늘과 땅에 제사를 올렸다. 그렇게 해야 초월적인 절대자로부터 보호받을 수 있다고 믿었던 것이다. 봄이 되어서 만물이 소생하는 과정을 보고 고대인들은 겨울이 죽고 봄이 다시 살아났으며, 봄의 생명과 활력이 자신들의 땅에 가득하기를 기원했다.

술과 음식을 갖추고 노래와 춤으로 초월적인 절대자에게 정성스럽게 제사를 드림으로써 풍년을 약속받았다. 절대자도 사람들처럼 술과 고기를 즐기며 춤과 노래에 흥겨워할 것이라 믿었던 것이다. 호이징아는 『호모 루덴스(Homo Ludens)』에서 "일정한 놀이를 하고, 희생을 바치고, 노래하고 춤춰야 한다. 이렇게 하면 인간은 신들을 기쁘게 할 것이고, 적들로부터 자신을 보호할 것이며, 경기에서 승리하게 될 것이라고 믿었다"고 한다.

이런 축제는 세계 곳곳에서 비슷한 형태로 나타나는데, 우리나라도 예외는 아니다. 고구려의 동맹(東盟), 동예(東濊)의 무천(舞天), 삼한의 시월제(十月祭), 부여의 영고(迎鼓) 등이 그것이다. 연일 술 마시고 노래하고 춤을 추었다고 한다. 이런 축제 때에는 모닥불을 피우고, 평소 잘 사용하지 않던 악기들을 사용하고 평상시 입지 않았던 옷을 걸쳐 입고, 낯선 얼굴의 탈을 썼을 것으로 추정된다.

## 겨울에게 납치되어 간 봄

부여의 영고부터 살펴보자. 『후한서(後漢書)』에는 "12월에 하늘에 제사하고 크게 모인다. 연일 마시고 먹고 노래하고 춤추니, 이름하여 영고라 한다(以臘月祭天大會 連日飮食歌舞 名曰迎鼓)"라고 기록되어 있다.

『삼국지(三國志)』 위서(魏書) 동이전(東夷傳) 부여조(夫餘條)의 기록에는 "은력(殷曆) 정월에 하늘에 제사하고 나라 사람들이 크게 모여서 연일 마시고 먹고 노래하고 춤추니, 이름하여 영고(迎鼓)라 한다. 이때에는 형벌과 옥사를 판결하고 죄수들을 풀어 준다(以殷正月祭天 國中大會 連日飮食歌舞 名曰迎鼓 於是時 斷刑獄解囚徒)"고 하였다.

은력의 정월은 오늘날의 음력으로 치면 12월이므로 같은 내용이다. 그리스에서 겨울이 끝나갈 무렵인 2월에 하데스(겨울)에게 납치되어 간 페르세포네(봄)가 다시 올라오는 것을 맞이하는 축제가 열린 것과 비슷한 의미다.

흥미로운 사실은 부여에서는 가뭄이 들어 흉년이 들 때에는 국왕을 살해하여 그 시체를 잘라 대지에 묻는 전통이 있었다. 『삼국지』 위지동이전 부여전(夫餘傳)의 기록에는 다음과 같이 전한다.

"옛 부여 풍속에 가물어서 물이 고르지 못하고 5곡이 익지 않으면 문득 허물을 왕에게 돌리고 혹은 마땅히 바꿔야 한다 하고, 혹은 마땅히 죽여야 한다고 한다."

비가 오지 않아 곡식이 익지 않는다는 이유로 왕을 죽였다니. 어떻게 이런 일이 가능했을까? 부여 사람들은 무슨 생각에서 왕을 죽였을까? 왕을 죽이는 일은 부여에서만 있었던 일일까? 물론 부여전의 기록은 사실인 것으로 추정된다. 당시 국왕 살해 의식은 전 세계에서 있었던 일이었고, 최고 집권자의 교체는 우주의 순환으로 이해되었기 때문에 일어난 일들이었다.

늙은 왕의 죽음은 우주의 에너지가 소진해서 생긴 일이고, 젊은 왕은 우주 에너지가 되살아나는 신호였다. 고대 이집트에서도 겨울이 되면 오시리스(Osiris)와 아도니스의 토기로 된 인형을 깨어서 밭에 뿌리고 봄이 오면 그 신들의 몸에서 싹이 튼다고 믿었다.

오시리스와 아도니스는 대지에 생명을 부여하는 신이라 할 수 있다. 신화에 따르면 세트는 오시리스를 죽인 후 몸을 14조각으로 찢어 땅에 던져 버렸다고 한다. 뒤에 이시스는 시체 조각들을 묻어 주었다고 한다.

## 국왕을 살해하는 풍습

이집트인들에게 오시리스는 죽은 자들의 지배자일 뿐 아니라, 생명을 부여하는 힘을 갖고 있는 것으로 여겨졌다. 오시리스 숭배는 새로운 생명을 상징하는 축제로 발전했다. 아도니스 역시 해마다 죽고 해마다 부활하는 식물신(植物神)이라 할 수 있다.

대지가 가물고 흉년이 되었다는 것은 왕의 생명력이 소진되었음을 의미했고, 왕은 새로운 생명력을 불러오기 위해 죽어서 땅에 묻혀야 했던 것이다. 신라의 박혁거세왕도 사체가 다섯 토막으로 분리되어 묻히지 않았나하고 추정된다.

『삼국유사(三國遺事)』에는 "혁거세왕이 재위 62년 만에 승천하였다가 그 후 7일 만에 시체가 흩어져 땅에 떨어졌다. 얼마 뒤 왕후(王后)도 승하하니 합장하고자 하였으나 큰 뱀이 방해하여 오체를 각각 장사지냈으므로 오릉(五陵) 또는 사릉(蛇陵)이라 하였다"는 기록이 전한다. 이런 기록으로 볼 때 북방에서 내려온 것으로 추정되는 신라의 혁거세왕이나 부여 국왕 살해 풍습 사이에서 고대의 미스터리를 푸는 열쇠를 발견할 수 있지 않을까 하는 것이다.

국왕 살해 풍습은 유럽에서도 성행했던 일이었다. 당초 실제 왕을 죽이는 풍습이 왕의 권력이 강해지면서 가짜 왕을 죽이는 것으로 변화되었을 뿐이다. 기록에 의하면 농신제를 위한 가짜 왕이 뽑히고 신의 대리로 그

ⓒ 승천한 지 7일 만에 땅에 떨어진 박혁거세왕의 시신은 큰 뱀의 방해로 다섯 개의 무덤에 나눠 장사를 지냈다고 한다.

가짜 왕을 죽이는 관습이 있었다고 한다.

축제를 거행하기 30일 전에 젊고 잘생긴 남자를 뽑아서 왕의 옷을 입혔다. 가짜 왕은 어떤 환락도 즐길 수 있는 특권이 주어졌다. 그의 통치는 신의 제단에서 목이 잘림으로써 끝난다. 풍요를 기원하기 위해 인간을 제물로 바쳤던 것은 세월이 흐르면서 인형으로 대체되었다.

죽었다가 다시 살아나는 식물신 오시리스 신화는 루브르박물관에 '탈 춤 추는 사람들(mask dancers)'이라는 부조로 나타나 있다. 환상적인 머리 장식을 한 남자들이 신의 부활을 기뻐하며 춤을 추고 있다. 매의 머리를 한 사람이 기쁨의 탄성을 지르며 부활하는 신을 환영한다. 이러한 축제들을 흔히 풍요제라 부른다.

풍요제는 기독교의 지배에도 불구하고 변함 없이 중심적인 위치를 차지하고 있었는데, 기우제로서의 회전춤, 탈춤, 선정적인 나체춤, 처녀들의 춤으로 풍요를 촉진한다는 오랜 생각과 관념 역시 변하지 않았다. 기원 후 500년 경에는 기독교의 세례받은 여성들까지도 사슴이나 여우로 가장하고 온몸에 동물의 가죽을 둘러싼 채 동물의 머리를 탈로 쓰고 춤을 추었다는 기록이 전한다.

고대 포르투갈에서는 카니발 때 식물의 성장을 위해 탈을 쓴 남자들이 여자처럼 옷을 입고 신들린 듯이 날뛰며 돌아다녔는데, 이는 자연의 흐름에 엄격히 일치시키는 행동을 함으로써 그 목적을 실현하기 위한 것이었다.

## 새로운 생명으로 부활하는 대지

멕시코의 타라후마라 지방민들은 들에서 수확을 기원하기 위해 빈집 앞에서 밤새도록 노래하며 춤을 추었다. 유럽의 여러 민족들은 5월제의 기둥 메이폴(maypol)을 돌면서 춤을 추었는데, 땅에 파고 묻은 기둥 대신 살아 있는 나무를 활용하기도 했다.

이처럼 인류의 축제들은 대개 계절에 관련된 연원을 갖고 있다. 그것은 대체로 겨울과 봄·여름과의 싸움에서 물러나는 겨울의 몰골을 운반하는 축제 행렬이 되고, 급기야 춥고 어두웠던 겨울은 땅에 묻히거나 불에 태워

지거나, 물에 실려 보내진다.

그리고 봄과 여름을 맞는 즐거움이 노래가 되고 춤이 되어 대지는 새로운 생명으로 부활하는 것이다. 인류는 겨울과 봄·여름의 다툼을 대립과 경쟁으로 겨루는 제의(놀이), 즉 축제로 즐겨 온 것이다.

신라의 가배 길쌈놀이, 고려의 석전놀이, 차전놀이, 줄다리기, 널뛰기, 그네타기 등의 원천은 풍요를 기원하는 제의적 요소를 간직하고 있다. 입춘굿, 영등맞이, 단오굿 등은 풍요를 기원하는 계절 제의(祭儀)의 변형으로 보인다.

식물을 재배하는 농경문화를 기본으로 하는 민족의 경우 이런 계절에 따른 제의는 그들의 생활에 중요한 의미를 가지게 된다. 각종 식물의 성장 과정들이 기후의 변화와 더불어 어김 없는 규칙성으로 반복을 재촉해 주기 때문이다.

겨울이 지나고 새해가 되면 농작의 풍요를 기원하면서, 씨를 뿌리는 파종기에는 그 식물이 뿌리를 잘 내리고 쑥쑥 자라 주기를 바라며, 수확기에는 추수의 감사를 위해서 다양한 행사들이 이루어진다. 부여의 영고(迎鼓), 고구려의 동맹(東盟, 10월), 예의 무천(舞天, 10월) 등이 씨뿌리기나 모내기를 마치고 난 5월이나 농사가 끝난 10월에 즐긴 축제들이다.

『위지』동이전 예전(濊傳)에 "늘 10월 절 하늘에 제사하고 밤낮으로 술을 마시고 노래 부르고 춤추니 이것을 이름하여 무천이라고 한다. 호랑이를 제사지냄으로써 신(神)으로 삼는다"라는 기록이 있다.

# 고대의 봄 축제 단오굿

## 봄의 새로운 생명

우리 민족의 계절 축제는 대체로 봄과 가을에 집중되어 있다. 서양의 카니발이나 북유럽의 May-day와 비슷한 봄 축제는 단오라 할 수 있다. 단오는 본질적으로 추운 겨울을 지내고 봄을 맞는 기쁨을 축복하는 축제이며, 새로운 생명의 재생을 축하하는 잔치이다. 그래서 겨울이 춥고 긴 북쪽일수록 더 성행했다.

단오 축제는 중국 초나라 때 시작되었다고 하지만, 우리의 단오제는 고대의 봄 축제에서 기원했을 가능성이 높다. 단오를 다른 말로 '수릿날'이라고 부르는데, '수리'란 우리말의 높다(高), 위(上), 또는 신(神)이라는 뜻도 있어서 '높은 날', '신을 모시는 날' 등의 뜻을 지니고 있다. 고대부터 전해오던 봄 축제인 수릿날이 중국에서 단오가 들어오면서 하나로 결합된 것이 아닌가 하는 것이다.

세시풍속으로 남아 있는 봄 축제들이 대부분 단오로 결합된 것으로 추정된다. 강릉의 단오굿, 경남 창녕의 문호장굿, 경북 경산의 한장군놀이 등 고대의 제의들이 단오와 결합되어 단오굿이란 이름으로 살아남아 있음을 알 수 있다.

문호장굿놀이는 경남 창녕군에서 단오에 행하는 단오굿이다. 굿을 하지 않은 해에는 호랑이가 나와서 해를 입히거나 유행병이 돌고 마을에 재앙이 든다는 신앙에서 굿을 행하게 되었다고 한다.

굿은 5월 1일부터 시작하여 단옷날 문호장을 모시는 굿으로 절정을 이루며 끝난다. 굿에서는 문호장의 본처와 첩의 관계가 해학적으로 연출되고, 마을 사람들이 첩을 욕하고 본처를 위로하는 무언극이 행해지는데, 이때 탈을 썼던 것으로 추정된다.

한장군놀이는 경상북도 경산군 자인면에서 행하던 단오굿을 말한다. 전설에 의하면, 신라 때 왜적이 침범하자 한장군이 누이동생과 함께 화관의 높이가 3m나 되는 화려한 꽃관을 쓰고 춤을 추었다고 한다. 그 춤을 구경하려고 왜병들이 내려오자 한장군과 그의 부하들이 왜병을 무찌르게 되었고, 그 후부터 한장군의 사당을 짓고 단옷날이면 성대한 놀이가 벌어졌다고 전해진다.

그런데 한장군놀이는 시대도 일정치 않고, 귀신을 쫓는 힘이 있다는 꽃을 상징으로 사용했다는 점, 두 길 이상의 장대인 메이폴(Maypole)이 등장한 점, 가장행렬 후에 말달리기, 씨름, 그네타기 등의 축제 내용으로 볼 때 그 역사가 훨씬 오래전으로 거슬러 올라갈 것으로 보인다. 장주근 교수는 "자인면 일대는 광활한 평야로 벼농사의 중심지였고, 그것이 모내기 직전이나 직후에 심어 놓은 모가 튼튼하게 잘 자라 주기를 기원하는 성장의례"였을 것으로 추정하고 있다.

ⓒ 장주근 교수는 한장군놀이가 식물의 성장을 기원하는 의례였을 가능성을 제기했다.

한장군놀이에서도 탈놀이가 진행된 것으로 알려지고 있다. 1891년(고종 28)에 편찬된 『자인읍지(慈仁邑誌)』에는 "한장군이 여원무를 설치하고 배우잡희를 벌였다"고 기록하고 있는데, 배우잡희가 바로 자인 팔광대라는 탈놀이로 보인다.

자인팔광대는 일제 때 금지된 이후 1980년대 다시 복원되었다. 1920년대 자인팔광대 공연은 박으로 가면을 만들고, 전래된 대본대로 연희되는 등 완전한 형태로 보전되었으나 1936년을 마지막으로 맥이 끊어지고 말았다. 자인팔광대 탈은 공연 후 태워 버렸기 때문에 남아 있지 않다. 자인팔광대라는 명칭은 가면을 쓴 사람이 8명인 데서 붙인 것으로 보인다.

◐ 한장군놀이의 하나로 놀아진 자인팔광대는 1930년대 맥이 끊어졌다가 1980년대 다시 복원되어 오늘에 이르고 있다.

## 고대 부락국가의 제천의식

단오굿의 원형이 가장 온전히 남아 있는 것이 강릉단오굿이다. 2007년 강릉의 단오굿이 중국의 반발에도 불구하고 유네스코 세계무형문화유산에 등재된 것은 중국의 단오와 근본적으로 다르기 때문이다. 2009년 중국도 자신들의 단오를 세계무형문화유산에 등재시킬 수 있었던 것도 이 때문이다.

강릉단오굿에서 제사를 받드는 신앙의 대상은 대관령 산신, 이 지역 출신이자 사후 신격화된 범일국사(梵日國師), 호랑이로 변한 국사성황신(國師城隍神)에게 물려 갔다고 전해지는 정씨 처녀(국사여성황) 등 3신(神)이다.

이 굿의 핵심은 대관령 서낭신과 강릉 시내 홍제동 여서낭신의 연 1회 수일간의 성적 결합으로 상징되는 풍요의 기원에 있다. 또한 서낭신을 그린 그림에는 호랑이가 그려져 있어 호랑이와 깊은 관련이 있음을 알 수 있는데, 예의 무천에서 '호랑이를 신으로 삼는다'는 기록과 서로 통하는 부분이 있다.

이런 신화의 구조로 볼 때, 강릉 단오굿의 원형은 원시 신앙에서 출발하여, 단오와 결합되었다고 볼 수 있다. 장주근 교수는 『한국의 세시풍속』에서 "단오굿은 고대 부락국가들의 제천의식의 한 흐름이다. 그것은 농경의례가 세시풍속 상에서는 단오절의 행사로 굳어진 한 예가 되는 것"이라고 했다.

고대국가들의 계절 축제는 시대와 지역에 따라 다양하게 세속화되면서 오늘날에 이르기까지 한국인의 생활의 근간을 이루어 온 셈이다. 아울러 탈놀이와도 밀접한 관련을 가져 왔다. 탈놀이의 기원은 마을굿, 특히 계절굿이 탈놀이의 기원이라는 것이다. 강릉단오별신굿, 하회별신굿탈놀이 등의 예로 볼 때 더욱 그렇다.

식물의 성장을 기원하는 축제라는 점에서 보다 선명한 성격을 보여 주는 것이 강릉단오굿이다. 강릉 지방의 노인들에 의하면 대체로 단오 무렵이면 모내기가 끝나는 상황이었다고 한다. 모내기를 끝낸 후 모의 성장을 위해 기원하던 고대의 축제임을 짐작케하는 대목이다. 『홍길동전』의 저자 허균이 쓴 『성소부부고(惺所覆瓿藁)』에는 다음과 같이 기록되어 있다.

"마을 사람들이 신봉하여 해마다 5월 길일에 대관령으로 가서 그 신을 맞이하여 대성황당에 모신 다음 5일에 이르면 온갖 집회를 베풀어 신을 즐겁게 해 준다."

이 굿은 처음 술을 빚는 3월 20일부터 5월 단오까지 근 50일에 걸쳐 진행되는 축제였다. 행사 내용을 정리하면 다음과 같다. 4월 14일 저녁 대관령 국사성황을 모시러 무당, 유지, 신도 등 수백 명이 출발한다. 김유신 장군을 모신다는 대관령 산신당, 범일국사를 모시는 대관령 국사성황당, 집신들을 모신다는 수비당이 있다. 다음날인 15일 오전에 일행이 도착하면 당 근처의 나무에 무당이 "오늘 국사서낭님을 모시고자 왔습니다"하고 나무 하나를 도끼로 베어서 신간(神竿)으로 삼는다. 이 나무가 바로 5월의 나무(May tree)이다.

5월의 나무는 대관령 국사성황신이 깃든 신간으로 여겨지며, 축제가 진행되는 신의 상징으로 인식된다. 신간은 강릉 시내 홍제동 뒷산 기슭의 여서낭당에 안치된다. 여서낭당은 정씨 댁 아가씨였는데, 옛날 호랑이에게 업혀 갔다는 전설이 있다.

　남녀 서낭신은 5월 6일 축제가 끝날 때까지 약 20일 동안 성적 결합을 이루는 셈이다. 신들의 성적 결합을 통해 땅과 바다는 풍요로워지고, 인간의 삶도 더불어 윤택해진다는 믿음에서 이루어지는 일들이다. 학자들은 강릉단오굿이 고대의 예라는 나라에서 있었던 무천(舞天)이라는 축제에서 시작된 전통으로 생각하고 있다.

　5월 3일 시장, 군수, 경찰서장이 3헌관이 되어 여서낭당에 제사하고, 내

◐ 강릉 안인리 성황대. 성황대는 봄을 상징하는 나무(May tree)이다.

외 서낭신은 남대천 단오굿판으로 거동한다. 본래 대성황당에서 진행되었으나 일제 때 민족문화말살정책으로 대성황당은 없어졌고, 가설 성황당이라 할 수 있는 남대천에서 수만 명의 사람들이 모인 가운데 축제가 진행되고 있다.

5일에는 축제가 본격화되고 탈놀이와 굿이 계속된다. 사람들이 축제에 모여드는 것은 집단적인 즐거움을 얻기 위해서라 할 수 있다. 희생, 춤, 경기, 공연, 신비 의례 등은 축제를 축하하는 행위이다. 의례는 위험할 수도 있고 탈들은 무시무시할 수도 있지만, 이 모든 것은 축제를 축제답게 만들어 주는 요소이다.

## 원시 원형을 간직한 탈놀이

강릉단오굿에서 진행된 탈놀이는 원시적 특성을 고스란히 간직하고 있어 특히 주목된다. 이 탈놀이는 연희자(演戲者)가 관노(官奴)이기 때문에 관노가면극(탈놀이)라 부르며, 춤과 동작을 위주로 한 국내 유일의 무언(無言) 탈놀이다.

이 탈놀이는 신화와 더불어 발생한 신과 인간들의 놀이인 셈이다. 신화는 단순히 신화로 머물지 않는다. 그것은 신명풀이를 해야 한다. 신의 일대기를 묘사하고 찬양하며, 신을 모방하고 신에 감정이입을 한다.

관노가면극의 등장인물은 양반광대, 소매각시, 장자마리 두 명, 시시딱딱이 두 명이다. 첫째 마당은 장자마리 개시마당인데, 이 장자마리라는 인물은 신격을 그대로 드러내고 있다. 탈놀이의 시작과 함께 장자마리 두 명

ⓒ 원시적 자연신을 상징하는 장자마리들이 풍요를 기원하는 성적인 교합의 동작을 한다.

이 나와서 연희를 개시한다. 포대자루 같은 것을 뒤집어쓴 장자마리들이 요란하게 나와서 배불뚝이춤과 어깨춤을 추며 서로 붙들고 성적인 교합을 상징하는 동작을 한다.

전신에 검게 물들인 삼베를 뒤집어쓴 장자마리는 작은 막대기를 들고 삼베로 만든 부대 옷을 입고 등장하는데 양쪽 눈만 뚫어서 밖을 볼 수 있게 한다. 배가 불룩 튀어나오게 하여 뚱뚱한 모습을 형상화하고 있으며, 나리풀과 갯말치, 다시마 등 해초를 주렁주렁 달고 나온다.

김선풍 교수는 『강릉단오제 연구』에서 "장자마리는 한마디로 서낭당의 토지지신과 동해지신을 상징하고 있다. 그러기에 해괴한 차림에 곡식을 상징하는 곡식의 이삭이나 미역, 다시마 등의 해초를 달고 등장한다"고 했다.

대지의 신과 바다의 신을 상징하는 인물들이 바로 장자마리이며, 이들의 성적 교합 동작들은 모방주술의 한 형태이다. 고대인들은 비슷한 동작을 함으로써 비슷한 결과를 이끌어낸다고 믿었다. 비를 내리게 하는 의식을 행하면 비가 내릴 것이라고 믿고, 아들을 많이 낳은 여자의 속옷을 입거나, 석불(石佛)의 코를 갈아 먹으면 아들을 낳을 수 있다고 믿는 것 등이 모방주술의 일종이라고 할 수 있다.

이런 모방주술적 관념을 가진 고대인들은 식물의 성장을 촉진하기 위해서는 식물이 '쑥-쑥' 성장하는 동작을 함으로써, 식물의 성장을 이끌어낼 수 있다고 믿었다. 탈춤도 여기서 시작된다.

# 탈을 쓰고 추는 춤

## 닭이 먼저냐 알이 먼저냐

탈춤의 역사는 언제 어떻게 시작되었을까? 근대 소설가 심훈의 작품 『탈춤』에는 이런 구절이 있다.

> "사람은 태고로부터 탈을 쓰고 춤을 추는 법을 배웠다. 그리하여 제각기 각기각색의 탈바가지를 뒤집어쓰고 날뛰고 있으니 아랫도리도 없는 목도깨비가 되어 백주에 큰길을 걸어 다니기도 하고, 때로는 제웅 같은 허수아비가 물구나무를 서서 괴상스런 요술을 부려 같은 인간의 눈을 현혹케 한다.
> 돈의 탈을 쓴 놈, 권세의 탈을 쓴 놈, 명예 지위의 탈을 쓴 놈…… 또한 요술쟁이들의 손에는 또한 연애라는 달콤한 술이 비지어 나온다…〈중략〉… 모든 인간은 온갖 모양의 탈을 쓰고 계속하여 춤을 추고 있다."

심훈은 소설에서 인간이 고대부터 탈을 쓰고 춤을 추기 시작했다는 점을 말하고 있다. 춤을 추기 위해 탈을 뒤집어썼는지, 아니면 탈을 쓴 뒤에 춤을 추었는지는 애매하다. 둘을 구분하는 것은 의미가 없는 일인지 모른다. 굳이 구분하자면 '탈'이라는 것이 먼저 등장한 후, 탈춤이 뒤를 이었다는 것이 필자의 생각이다.

닭이 먼저냐 알이 먼저냐 했을 때, 태초에 알(종)이 없이 닭이 나올 수가 없다. 알이 있어야 닭이 나온다. 알이라는 가장 단순한 형태의 종(種)이 진화를 거듭해 지금의 닭이 됐다는 것이다. 탈춤도 마찬가지가 아닐까 한다. 탈이라는 단순한 형태가 시간이 지남에 따라 탈춤을 낳지 않았나 하는 것이다.

탈춤은 단순하게 보면 탈을 쓰고 추는 춤이라고 할 수 있다. 인류가 춤을 추기 시작한 후 탈춤을 추었을 것이라는 것은 당연지사. 춤의 역사를 먼저 살펴보는 것이 순서일 것 같다.

춤은 동작 그 자체로부터 시작되었을 것이다. 인간에게 춤을 가르쳐 준 존재는 동물이다. 중앙 오스트리아 아룬타족 같은 순수한 토템족은 모방가들이다. 그들의 춤은 거의 예외 없이 동물의 동작으로부터 얻은 것이며, 자연을 충실하게 모방한 것들인데, 주술(呪術)적·종교적 기능을 가지고 생활 전체와 밀접하게 결합되어 있었다. 원시인이라고 해서 오늘날 사람들보다 지능이 떨어지거나 무능하다고 보면 잘못된 생각이다. 단지 오늘날 우리와는 자연을 바라보는 방법이 다를 뿐이었다.

역사가 베이트 발렌틴도 『유니버설 히스토리』에서 "인간적·동물적 습관은 축제에서 흉내 내어졌다. 춤과 노래는 일상적 제의, 축제, 마법의 형태였다. 분노와 희망, 신에 대한 기원까지 모든 감정은 미적 형태로 전환되어 엑스타시에 도달하는 리듬적 형태를 얻어간다. 그런 전환을 통해 인간은 사냥에서 자기가 쫓던 것을 사냥하고, 적을 정복하고, 그리고 신이 된

◉ 뿔 달린 탈을 쓰고 동물의 몸짓을 흉내 내고 있는 오스트레일리아 원주민들

◉ 아프리카 도곤족은 풍요를 상징하는 조개껍질로 장식한 탈을 쓰고, 장대 위에서 춤을 추는 의례를 펼친다. 이는 식물의 풍요를 가져오기 위한 유감주술적 행동으로 짐작된다.

다. 그것을 통해 그 자신의 두려움은 신적 힘으로 전환된다"고 했다.

원시 인류는 예리한 관찰력으로 생물과 무생물 속에서, 심지어 자연현상 속에서까지 무엇인가를 느끼며, 자신의 몸으로 이들의 외형과 행동, 그리고 본질을 재창조했다. 이들의 춤은 모방춤인데, 이를 다른 말로 하면 소망춤이라 할 수 있다. 이들은 춤을 통해 자신들이 필요로 하는 것을 표현함으로써 그것을 얻고자 했다. 부족의 풍요, 행운, 생장, 장수, 힘, 승리 등을 춤을 통해 표현한 것이다.

유럽의 여러 지방에서는 춤을 추거나 공중으로 높이 뛰어오르면 식물을 높게 자라게 하는 효과가 있다고 믿었다. 프랑스 프랑슈콩테(Franche-Comté) 지방에서는 카니발 때 춤을 추지 않으면 마가 크게 자라지 않는다고 한다.

또한 씨를 뿌릴 때도 여자가 뿌리는 것이 효과적이라고 생각했다. 사람들은 생산성이 있는 여성이 씨앗을 뿌리면 옥수수가 두세 배 더 많이 열리고, 모든 농작물의 수확이 증가한다고 생각했다. 그 이유는 간단하다. 여자는 아이를 낳을 수 있으며, 열매를 맺도록 하는 방법을 알고 있다고 여겼기 때문이다.

아프리카 니그로 여인들은 수확축제에서 벌거벗은 채 술에 취해 나무더미 주위를 돌며 춤을 춘다. 뉴칼레도니아의 여인들은 출산 후 춤을 추면서 치마를 들어올리며, 인디언 여인들도 아랫도리를 드러내고 춤을 춘다. 중세 독일에서도 여인들이 뺑뺑이돌기 춤을 추며 아랫도리를 드러내도록 했다.

## 자연의 신성한 질서

고대 중국 민속에서 춤을 추는 목적은 세상의 운행을 정상적으로 유지하여, 자연으로 하여금 인간에게 축복을 베풀도록 하기 위함이었다고 한다. 이에 대해 호이징아는 『호모 루덴스』에서 "한 해의 번영은 축제 계절에 신성한 의례를 잘 수행했는지 여부에 달려 있다고 보았다. 만약 이런 축제를 개최하지 않는다면 곡식은 풍년이 들지 않는다고 생각했다"고 밝히고 있다.

이런 의례는 구성원들에게 신성한 행동 그 자체로 참가하도록 유도한다. 고대 그리스인들은 "의례는 모방적인 것이 아니라 참여적인 것"이라고 했다. 의례에서 가장 중요한 것은 성스러운 행위에 참여하는 것이다. 의례에 참여함으로써 자연의 신성한 질서 속으로 들어간다는 느낌, 바로 그것을 놀이에서 얻는 것이다. 호이징아는 놀이에서 의례가 나왔다고 보고 있다.

우리 굿판에서도 무당이 땅이나 바다에 씨앗을 뿌리는 행위를 하거나, 굿놀이 도중에 심한 성행위 장면을 연출하는 것, 남자의 성기 모양을 신당에 설치하는 것 등도 풍요를 기원하는 나름대로의 방법이었다. 단오 때 즐기는 그네나 널뛰기도 식물의 성장을 이끌어내기 위한 모방주술이 아닌가 한다. 젊은 여성들이 빨간 치마저고리를 입고 하늘로 힘차게 치솟아 오르는 행위를 함으로써, 식물의 성장을 기원한 것으로 여겨진다.

모방주술은 기대하는 결과를 미리 모방하여 보여 줌으로써 실제로 일이 현실화된다는 생각에서 벌이는 주술행위를 말한다. 대만의 원주민 푸

유마쪽이 살고 있는 리자촌이라는 마을에서는 기우제 때 굵은 대통에 물을 붓고, 사람들은 그 통을 메고 여기저기에 물을 뿌리면서 뛰어다닌다.

이것을 보고 있는 사람들은 제각기 "비가 내렸다"고 말해야 한다. 이런 행위에 대해 마을 노인들은 "이런 행위는 효과가 있지. 이런 것을 하면 대개 비가 내렸어"라고 하였다. 모방주술은 기대하는 일이 실제로 일어난 것처럼 믿고, 그렇게 말해야 하기 때문이다. 그들은 그런 믿음이 실제 결과를 일으킨다고 믿었다.

제임스 프레이저는 『황금가지』에서 "유감주술의 사고방식에 의하면 인간은 자기 행동과 상태의 좋고 나쁨에 따라 식물에게 좋은 영향이나 나쁜 영향을 미칠 수 있다는 말이 된다. 많은 아이를 낳은 여자는 식물의 열매를 풍성하게 하고, 아이를 낳지 못한 여자는 열매를 풍성하게 하지 못하게 된다고 믿었다"고 밝히고 있다.

춤 가운데는 인간의 탄생·성년(成年)·연애·결혼·질병·죽음 등과 관련된 춤이 있고, 수렵·파종·기우(祈雨)·전쟁 등과 관련된 춤이 있다. 봄에는 농작물의 성장을 기원하며 그 앞에서 춤을 추었고, 겨울에는 약해진 태양의 힘을 회복시키기 위해 태양의 운행을 뜻하는 원둘레를 그리면서 춤을 추었다.

## 풍요를 기원하는 춤

추석이나 정월대보름날 밤에 달집을 중심으로 원을 그리며 춤과 노래를 부르는 강강수월래도 달의 힘을 유지하고, 풍요를 기원하기 위한 원시적

제의가 아닌가 한다. 달 숭배는 달이 뜨고 지는 것, 달의 운행, 차고 기울어짐, 빛과 어두움 사이의 투쟁의 주제를 원둘레 춤으로 표현했다.

춤을 출 때 원시부족들이 탈을 썼다는 것은 벽화를 통해 알 수 있다. 일부는 인간이고, 일부는 짐승인 반인반수(半人半獸) 그림들은 고대의 동굴벽화에서 숱하게 볼 수 있다. 머리만이 동물인 것도 있고, 때로는 발을 보고서야 인간이라는 것을 알게 되는 경우도 있다.

가능한 한 동물과 동일시하고자 하는 의지는 인간으로 하여금 스스로를 동물과 닮도록 노력하게 했다. 현재 남아 있는 벽화에 등장하는 인간의 형상은 사람이라기보다는 반인반수 혼합형이다. 주술사는 변장을 하고 동물의 가죽과 머리를 입는다. 이것이 탈이다.

주술사는 동물의 모습만 흉내 내는 데 그치지 않고, 그것들의 우는 소리나 움직임 등의 형태도 흉내 내야 한다. 이런 행위들은 춤이라 할 수 있다. 여기서 우리는 가장 원시적인 탈과 그것을 쓰고 춤을 추는 탈춤을 발견할 수 있다.

프랑스 피레네산맥의 삼형제동굴에는 주술사라는 반 사슴의 인물이 있다. 무릎과 팔은 구부린 채 앞으로 기울인 자세를 취하고 있는데, 이것은 뛰어가기 위한 도약의 첫 단계로 보여진다. 두 번째 인물은 반은 들소이며, 반은 인간의 특징이 분명히 드러나고 있다.

세 번째 인물은 반 야생 영양으로 짐승의 털과 머리로 씌워져 있으며, 팔은 드러나지 않고 있다. 다리는 뻗기, 반 굽히기, 굽히기의 세 자세로 되어 있다. 이것은 도약하는 모습을 시간대별로 나누어 그린 것으로 보인다.

▶ 짐승의 탈을 쓰고 춤을 추고 있는 고대 인물들

이 동작을 필름으로 재현해 본다면, 오르고 내리는 위치에 따라 털가죽이 몸에 들러붙거나 떨어져 부풀어 보이거나 하는 것을 볼 수 있다. 삼형제 동굴에서 발견된 세 인물들은 모두 짐승을 흉내 내는 춤을 추고 있다.

## 새의 탈을 쓴 샤먼

구석기 시대의 성당이라고 불리는 라스코 동굴(Grotte de Lascaux)의 성소에는 신성이 동물의 형상으로 경험되었다. 동굴의 벽면에 그려진 그림은 800점 이상이나 되며, 들소·야생마·사슴·염소 등이 주로 그려져 있새 모양의 탈을 쓴 인간은 손과 발도 새 모양을 하고 있다. 샤먼의 아래에는 새 형상의 손잡이가 달린 지팡이가 꽂혀 있는데, 이 지팡이는 솟대와 매우 유사한 형태를 띠고 있으며, 샤먼에게는 마법의 지팡이라고 할 수 있다.

고, 주술사(呪術師)와 같은 인물이 그려져 있다.

　동물화는 약동적이며 생기에 넘치는데, 구석기인들은 동굴의 벽에 사냥의 대상이 되는 동물을 그리고 의식을 지낸 것으로 추측된다. 이 동굴에서 특히 주목할 만한 것은 주술사이다. 이 사람은 샤먼의 황홀 상태에 빠져 있는데, 그는 새 모양의 탈을 쓰고 있으며, 손은 인간의 손이 아니라 새의 손이다. 새의 복장을 하고 새처럼 변신하는 것은 샤머니즘의 전통적 특성

ⓒ 시베리아 지역의 샤먼들은 새의 복장을 하고 새처럼 변신함으로써, 초월적인 존재로 거듭 날 수 있다고 믿었다.

이기도 하다.

그의 발 밑에는 새 형상의 손잡이가 달린 지팡이가 꽂혀 있다. 이 지팡이는 우리의 솟대와 매우 유사한 형태를 띠고 있는데, 이 역시 샤먼의 상징물이다. 샤먼은 새의 탈을 쓰고, 새의 지팡이를 잡는 순간 공간을 마음대로 이동할 수 있는 초월적인 존재가 된다고 믿었다.

고대인들은 인간과 동물의 차이를 명확하게 구분하지 않았다. 전 세계에 거의 공통적으로 전해져 오는 늑대인간, 여자로 변신한 여우에 대한 전설도 마찬가지다. 보름달이 뜨면 사람이 늑대인간으로 변한다거나, 여우가 재주를 넘으면 여자로 변신한다는 이야기는 사람과 동물 사이의 경계가 모호했다는 것을 단적으로 보여 준다.

자바섬에서는 춤추는 사람이 말의 탈을 쓰고 곡식줄기를 먹는다. 고대 게르만족 사이에서는 춤추는 사람이 동물의 가죽을 뒤집어쓰자마자 엑스타시 상태에 빠지기 시작했다. 자신을 버리고 동물의 혼을 받아들이는데 동물 탈이면 충분했던 것이다. 결국 인간의 춤과 무용의 가장 오래된 형태는 주술과 관계된 동물이나 식물 흉내 내기라고 할 수 있으며, 그 행위는 탈을 쓰고 춘 탈춤으로 표현되었다고 할 수 있다.

실제로 어린아이들은 자신과는 다른 어떤 것, 더 힘센 것, 더 아름다운 것이 되기 위해 탈을 쓰고 놀이를 한다. 이런 탈을 쓰면 아이는 왕자가 되고, 기사가 되고, 슈퍼맨과 같은 영웅이 되고, 로봇이 되고, 호랑이가 되기도 한다. 아이는 기쁨에 넘쳐 자기 자신의 밖으로 나가버린다. 너무 황홀하여 그 자신이 슈퍼맨이라 생각하고, 높은 곳에서 뛰어내리다 사고가 나기도 한다. 슈퍼맨의 옷을 입는 순간 자신은 날 수 있다고 믿기 때문이다.

어린아이의 놀이가 아니더라도 마찬가지다. 원시 사회의 신성한 의례에서도 진짜와 가짜, 신과 인간, 동물과 신 등이 별다른 구분 없이 받아들여졌다.

탈을 쓰면 우리는 어떤 존재든 상상하는 데로 될 수 있다. 적절한 탈을 쓴 사람은 특정한 질병을 치료할 수도 있었다. 스리랑카에서는 19개의 질병을 치료하는 탈이 있다고 한다. 주술사는 환자 앞에서 탈을 쓰고 춤을 추면서 환자의 몸에 깃든 악령을 자신에게로 끌어 낸다. 그런 다음 마을 외곽으로 나가 죽은 시늉을 하여 자신과 마을에서 병을 몰아낸다.

## 디오니소스 축제

연극의 역사도 풍요 주술과 직접적으로 관련이 있다. 연극은 탈이 처음 등장한 그리스 디오니소스 축제에서 시작되었다. 디오니소스(Dionysos)는 대지의 풍요를 주재하는 신(神)이면서, 포도주의 신이기도 하다. 그는 봄의 화신, 재생의 신, 염소의 신 등 여러 이름과 모든 것을 도취케 하는 강력한 번식의 힘을 가진 신이었다. 그에 대한 의식은 땅에서 뛰어오르는 도약의 춤으로 유명했다.

이 술의 신에 대한 의식(儀式)은 열광적인 입신(入神) 상태를 수반하는 것으로 유명하다. 특히 여성들이 담쟁이덩굴을 감은 지팡이를 흔들면서 미친 듯이 춤을 추고, 갈기갈기 찢어버린 새끼염소를 공중에 던지거나, 야수(野獸)를 때려 죽이는 등 광란적인 의식을 벌인다.

당시 작가들은 디오니소스를 숭배하는 기묘한 탈을 쓴 여자들이 춤을 추며 어떻게 신탁을 받았는가를 주제로 삼은 작품들을 많이 남겼다. 디오니소스 축제는 원시 시대 문화의 탈춤과 로마제국의 박카스축제 중간쯤에 있다고 볼 수 있다. 로마의 박카스축제는 근대의 카니발로 발전하였다.

이러한 광기어린 거친 행위로부터 예술적 형식이 점차 발전되면서 마침내 연극이 되었다. 그리스 연극은 짐승의 가죽을 쓰고 시티로스를 연기한 사람들이 주신인 디오니소스를 찬양하기 위한 광란의 춤판에서 시작되었다. 초기에는 가죽이나 헝겊에 풀이나 나무의 즙, 흙 따위를 칠해 신을 표현하였다. 연극의 발전과 더불어 가면 제작 기술이 발달하면서 가면을 쓰고 연기하는 연극 양식이 정착되었다.

그리스 아테네에서는 나무로 만든 디오니소스상을 사원에 보관했고, 축제기간 동안 이 목상을 가져다가 그 의식을 볼 수 있도록 제단에 세웠다. 이 사원 주변은 성지가 되고, 뒤에 디오니소스 극장자리가 되었다. 디오니소스 축제는 농산물의 풍작과 다산을 기원하는 제의인데, 아고라에 있는 디오니소스 신전에서 디오니소스신의 나무조각상을 내오는 행렬로 시작한다. 행렬은 다른 신들의 사원을 돌아다닌 후, 디오니소스 극장 앞 제단으로 간다.

제단에서 디오니소스의 탈을 쓴 제사장이 황소를 희생 제물로 바치고, 디오니소스 찬가 합창 경연대회가 열린다. 극장 앞에는 디오니소스 목상을 세워 놓고 연극을 했는데, 훗날 이 목상은 탈로 바뀌게 된다.

당시에는 연극에 참여하는 모든 배우들도 탈을 써야 했다. 이 모습은 고대 그리스의 여러 지역에서 관행으로 이루어졌던 신(神) 숭배 의식에서 유래된 것으로 보인다. 탈을 착용하는 것은 연극공연 본연의 모습에 내재하

◐ 기원전 2세기경 만들어진 것으로 알려진 디오니소스탈(루브르 박물관 소장)

는 신비주의적 감성을 높일 수 있도록 도와주었다.

당시의 연극은 지금의 연극과는 본질적으로 달랐으며, 탈의 기능도 단순히 신비감을 증폭시키는 수준의 것이 아니었다. 연극은 신에게 올리는 제의였으며, 신의 탈을 쓴 배우는 샤먼이었다. 신이 배우에게 내리거나 혹은 배우가 신에게 접근하는 방법에서는 차이가 있지만, 최종적으로 탈에 신이 내려 신이 가지는 강력한 주력을 띠게 된다는 점에서는 일치한다. 한 번 사용된 탈은 다음에 신이 내릴 때까지 벽에 걸어 보존해 놓는 일부 지역을 제외하고는 대부분 위험하다고 여겨졌다.

발리 섬의 발론이라는 탈은 평소에 엄중히 격리하여 특정한 오두막집에 보관하는데, 제의에 쓸 때는 특별한 의식을 올린 후 사용한다. 대개의 경우는 제의 공연이 끝난 후에 태우거나 부수었다. 갖가지 탈은 불 속으로 들어가는 순간 무표정하던 얼굴이 흔들리며 사라져 갔다.

디오니소스 제의를 올렸던 그리스의 탈은 평범한 아마포로 짠 탈을 사용했고, 시간이 흐름에 따라 정교해졌다. 탈 제조자들은 실물과 똑같은 초상화형 탈들도 만들었다. 〈클라우즈(The Clouds)〉에 나오는 소크라테스탈은 너무도 사실적이어서 소크라테스 자신이 공연장에서 관객들이 자신의 모습을 배우의 탈과 비교해 볼 수 있도록 일어섰다는 말이 있을 정도였다.

## 탈의 기능과 역할

### 변신의 과정은 탈의 의식

지금으로부터 100여 년 전 합천 초계에 말뚝이라는 마부가 살고 있었다고 한다. 초계 지방의 양반이 억세어 상민이나 하인들을 천시하는 것에 화가 난 말뚝이가 양반의 내밀한 비밀을 알아내서 그 추한 행위들을 지역 사람들 앞에서 폭로했다. 그 때 말뚝이는 자신의 얼굴이 알려지게 되면 화를 당할 수 있었기 때문에 탈을 쓰게 되었다고 한다.

이 이야기는 탈의 가장 본질적인 기능을 말해 주고 있다. 탈의 기능 가운데 가장 직접적인 것은 얼굴을 가리고, 다른 모습을 보여 준다는 데 있다. 즉 변신의 기능이다. 오광대의 유래에 대해 전해지는 이야기에서 말뚝이는 자신의 신분을 감추기 위해 탈을 썼다고 한다.

인간뿐만 아니라 자연계의 동식물조차 위험을 만나면 자기의 외관을 변화시켜 무섭게 변화시키거나 자연물로 위장할 수 있다. 어떤 나방은 위험에 닥치면 갑자기 날개 위해 그려져 있는 얼룩무늬를 외부에 두드러지게 하여 콜롬비아 인디언이 사용하는 가면무용을 방불케 하는 몸의 움직

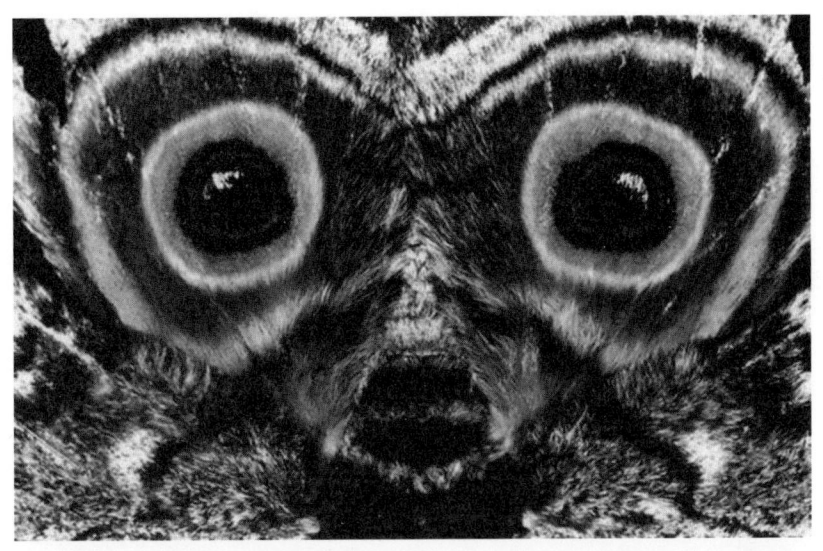

ⓒ 동식물조차 자기의 외관을 무섭게 변화시킴으로써 스스로를 보호한다.

임과 맹수 같은 얼굴의 무서운 모양을 적에게 보이곤 한다.

인간도 이런 곤충과 차이가 없는 행동을 한다. 그 행동들은 불가사의할 정도로 유사하기 때문에 어떤 원시적 충동이 있는 것이 아닌가 하는 의문이 드는 것도 사실이다. 곤충은 겉모습을 변화시킬 때 일종의 탈혼(脫魂) 상태가 된다. 이때 곤충의 전신은 완전히 흔들리고 부들부들 떤다.

이 탈혼은 무당이 신들릴 때의 모습과 흡사하며, 탈의 의식과 떨어질 수 없는 관계에 있다. 타악기나 방울소리의 리듬에 따라 무당은 신과 같은 몸으로 변신해 간다. 변신이 진행되는 과정에 무당의 몸은 곤충과 같이 부들부들 떨고, 눈은 하얀 동자로 덮여 간다. 변신의 과정은 탈의 의식이라고 할 수 있다.

탈의 의식이 종족 구성원들에게 계승되어 증폭되어 가고, 마침내 이 종류의 의례과정에서 잘 볼 수 있는 최고조의 장면까지 도달하는 것이다. 자기 역할의 성질에 맞게 들어가고자 하는 배우도 같은 모양으로 신들림을 느끼고, 관중 쪽에서도 감응되어야 한다.

이때 탈의 역할이 결정적이다. 배우 자신도 탈의 주인공이 되고, 보는 사람들도 탈의 얼굴로 인식한다. 인간은 탈이라는 마술을 통해 초인간적인 존재로 변신하고, '자기로부터 탈출하고 싶다', '자기 자신과는 다른 것으로 되고 싶다'는 욕망을 실현하게 된다.

## 세상을 판치는 반칙왕

이런 특성을 상업적으로 활용한 것이 프로레슬링이고, 그것을 영화한 것이 〈반칙왕〉이다. 프로레슬링에서 가면을 쓴 선수는 대개 게임의 규칙을 어기고 잔혹한 반칙을 일삼는 악한의 역을 맡는다. 이때 가면은 맨얼굴로는 저지를 수 없는 극악한 행위를 할 것이라고 예고한 것이나 마찬가지다. 가면을 쓰고 나오는 것부터가 악당 역할을 맡았음을 드러내는 것이다.

하지만 게임의 규칙 자체가 야비하고 위압적인 세계도 있다. 우리가 살고 있는 세상도 때로는 정직한 사람이 피해를 입는 야비한 곳이 되기도 한다. 권력이 강한 사람은 잘못을 저지르고도 처벌을 받지 않는 데 비해, 약한 사람은 억울한 일들을 겪기 일쑤다.

우리 사회는 "세상살이는 프로레슬링처럼 어차피 반칙이고 쇼다", "동물의 왕국을 보면 세상 살아가는 법칙이 다 나온다"라고 하는 영화 대사의 한 대목처럼 분야를 가리지 않고 반칙왕들이 판을 치고 있다. 법을 만드는 국회의원들이 앞장서서 법을 무시하는 경우가 다반사고, 법을 집행하는 공직자들이 법을 어기는 일도 일상화되었다. 이럴 때 반칙은 해방의 의미를 띠기도 한다. 가면은 힘없는 사람이 진실을 말하게 하는 보호대가 된다.

프로레슬링에 뛰어든 은행원 이야기를 다룬 김지운 감독의 〈반칙왕〉은 이러한 가면의 역설을 영화한 작품이다. 주인공 임대호가 속한 세계는 상사인 부지점장이 일컫는 대로 '정글'이다. 정글은 철저하게 힘 있는 놈만 살아남을 수밖에 없는 법칙이 존재한다. 임대호는 매일 같이 지옥철을 타고 출근해야 하고 정거장을 놓쳐 지각할 수밖에 없다. 부지점장은 실적이 아니면 해고라는 양날의 칼을 들고 임대호를 위협한다. 숨막히는 상황을 표현하는 것이 부지점장의 헤드락이다. 임대호는 회사 화장실에서 불시에 부지점장의 목조르기에 공격을 당한다.

◐ 프로레슬링에 뛰어든 은행원 이야기를 다룬 김지운 감독의 영화 〈반칙왕〉

임대호는 지점장의 헤드락을 풀기 위해 레슬링 도장을 찾는다. 가면을 쓰고 링에 오르면서 자신이 주체적으로 관여할 수 있는 삶을 발견한 것이다. 낮에는 평범한 은행원이지만 밤에는 가면을 쓰고 반칙 전문의 프로레슬러로 변신하는 주인공이 가장 두려워하는 것은 가면이 벗겨지는 것이다. 상대 선수가 가면을 벗겼을 때, 분노를 참지 못한 그는 야수가 돼 링 바깥으로 나가 처절한 유혈 난투극을 벌인다.

실제로 멕시코에서는 가면을 쓰고 진행하는 프로레슬링 '루차 리브레(Lucha Libre)'가 축구와 함께 가장 인기 있는 스포츠다. 프로레슬러 루차도르는 죽을 때까지 가면을 벗지 않기 때문에 그 팬은 가면만 기억할 뿐 선수의 실제 얼굴은 끝내 보지 못한다.

흥미로운 것은 자동차 정비사, 음악 강사, 심지어 성직자도 선수가 될 수 있다는 점이다. 희망이 없는 사회에서 유일한 돌파구가 축구 스타가 되거나 프로레슬러가 되는 것이라고 한다. 루차 리브레의 유명한 영웅으로 엘 산토와 프라이 또르멘타가 있다. 먼저 엘 산토는 빈민가 출신으로 가면을 쓰고 프로레슬링에 데뷔해 무패 행진을 이어 갔다. 그리고 부와 명성을 쌓았다. 그는 어려운 시절을 잊지 않고 이웃을 돕는 선행을 베풀어 국민적 영웅이 됐다. 지금도 그를 추모하는 이들이 그의 기념관을 찾는다. 프라이 또르멘타는 세르지오 구띠에레스라는 이름의 가톨릭 신부였다. 신부는 3000여 명이나 되는 고아들을 양육하기 위해 돈을 벌어야 했고, 프로레슬러가 되어 아이들을 길렀다. 이러한 사실은 그가 은퇴할 무렵 비로소 밝혀

ⓒ 가면을 쓰고 프로레슬링을 해서 크게 성공한 엘 산토는 선행을 베풀어 국민적 영웅이 되었다. 그는 죽는 순간까지 가면을 벗지 않았고 가면을 쓴 채 묻혔다고 한다.

졌다고 한다. 이들의 이야기들이 드라마처럼 극적인 감동을 줄 수 있는 것 역시 탈이 가진 속성 때문이 아닌가 한다.

## 문신의 풍습

육체에 그려진 그림, 문신, 장신구 등도 자연과 사회의 번영을 지배하는 힘을 모방하고자 하는 의지가 담긴 것들이다. 신화 시대에 우주를 창조한 힘을 모방하거나 달이나 태양의 주기가 변화할 때마다 우주를 소생시키는 힘을 모방하고자 한 것들이다.

거의 모든 원시사회에서는 신체에 진흙을 바르거나 그림을 그리면 몸이 아름다워질 뿐만 아니라 주술적으로도 몸이 보호된다고 믿었다. 인도에서는 소똥이 성스러운 것으로 여겨졌고, 색깔 있는 진흙과 재를 이마에 칠하는 종교의식이 발전했다. 알타이 지역 샤먼들은 죽은 사람의 영혼을 저승으로 인도할 때, 귀신들의 눈에 띄지 않으려고 얼굴에다 소기름을 바른다. 탈을 쓰거나 얼굴에 소기름을 바른 사람은 조상신으로 여겨진다. 죽은 사람의 영혼으로 변신하는 가장 간단한 행위가 탈을 쓰거나 얼굴에 무엇인가를 칠하는 것이다. 최근에는 문명화된 민족도 몸에 문신을 새기거나 화려하게 칠하고 다닌다.

문신의 풍습은 원시 시대부터 있었다. 기원전 2000년경 이집트의 미라와 세티 1세(재위 BC 1290~BC 1279)의 무덤에서 나온 인형(人形)에도 문신이 되어 있다. 아마도 탈이 등장하기 전에 문신이 먼저 등장하지 않았나 싶다. 『일본서기(日本書紀)』를 보면 이런 상황을 짐작해 볼 수 있는 이야

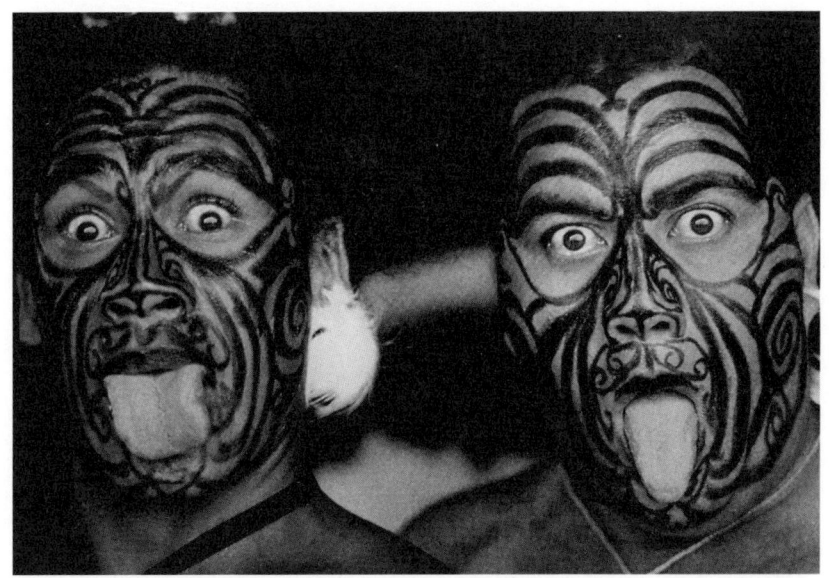
◐ 마오리족의 얼굴 문신은 전사들에게는 자부심의 원천이었다. 전투에서 용감하게 만들었고 여성들에게는 매력의 대상으로 인식되었다.

기가 나온다.

  태양의 여신 아마테라스오오미카미(天照大神)의 후손인 니니기노미코토(邇邇藝命)는 히무카에서 지상의 여인과 결혼한다. 그 사이에서 두 아들이 태어났다. 첫째 아들이 우미사치가미(海幸神)이고, 동생이 야마사치가미(山幸神)이다. 이들 형제는 어느 날 서로 도구를 바꾸어 사냥을 하기로 했는데, 동생 야마사치가 그만 형의 낚싯바늘을 잃어버린다. 야마사치는 용궁으로 가서 용왕의 딸과 결혼하며 잃어버린 낚싯바늘을 되찾고, 여의주까지 얻어 온다. 여의주를 사용하여 횡폭한 형 우미사치를 굴복시킨다.

  동생에게 굴복한 우미사치는 대대로 동생의 일족을 섬길 것을 맹세하며, 복종의 증거로 속옷을 입고 빨간 흙을 얼굴에 칠한 후, 불어나는 바닷물 속에서 빠지지 않으려고 몸부림치며 괴로워하는 모습을 연기한다. 신화로 전해지는 이야기이지만, 이런 연기를 하는 집단이 있었다는 것을 짐작하게 한다. 그리고 빨간 흙으로 얼굴을 분장하였다는 점은 탈이 등장하기 직전의 상황을 보여 주고 있다고 하겠다.

원시 부족들은 성년식(成年式)을 행할 때 거의 예외 없이 문신이나 할례(割禮) 등을 행한다. 성년식을 치르면서 어린 아이에 불과했던 인간이 사회적인 존재, 즉 씨족이나 부족의 일원으로 다시 태어나는 표시라고 할 수 있다.

성년식에 참가하는 젊은이는 탈을 쓰는 순간 영웅으로 변신한다. 영웅은 고의적으로 신분을 감추거나 자신의 모습을 마음대로 바꿀 수 있기 때문이다. 다른 말로 하면 영웅은 자신만의 비밀을 갖고 있는데, 그는 탈을 씀으로써 그것을 감출 수 있다.

우리나라의 경우도 문신의 역사가 오래되었다. 『삼국지(三國志)』 위지 동이전에서도 "마한의 남자들이 때때로 문신을 하였다(男子時時有文身)"라고 하였고, 변진인들도 "남녀가 왜와 같이 문신을 하였다(男女近倭亦有文身)"라고 하였다.

일본에서는 이레즈미(刺靑)라고 해서 그들의 고유한 한자어를 쓴다. 중국 『수호지』의 양산박에 문신을 한 호걸들의 의리에 감명받은 일본 야쿠자가 문신을 새기기 시작했다는 얘기가 있다. 오늘날 문신은 한국 조폭, 일본 야쿠자, 중국계 방(幇) 등 동아시아권 폭력조직에 공통된 현상이다. 가문의 문장처럼 폭력배들은 문신을 새김으로써 조직에 소속감을 드러낸다.

문신을 새길 때의 고통을 참고, 지워지지 않는 각인을 몸에 지님으로써 각오를 표시하는 것이다.

두 번째 기능은 종의 정체성을 새로운 종(種)으로 바꿔 놓는 데 있다. 새로운 종이란 다른 말로 하면 동물과 동물, 인간이 뒤섞인 전혀 다른 종을 말한다. 탈을 쓰는 순간 인간＝새, 인간＝정령, 인간＝원숭이, 인간＝영양, 인간＝조상 등 다양하게 정체성을 변화시킬 수 있다. 그리고 이 뒤섞인 종 덕분에 개인은 언제라도 단조롭고 무력한 존재에서 탈출할 수 있다.

인간은 몸이 가진 한계에 그 주위에 익숙해져 있는 자신에 대해 무력감을 느꼈다. 자기의 본성을 변화시키는 것만으로는 충분하지 않았다. 인간은 스스로 볼 수 없는 존재로 변신함으로써 새로운 힘을 얻게 된다.

## 완전한 해방의 발견

세 번째는 속박으로부터 해방시키는 기능이다. 탈의 의례이기도 한 디오니소스 비밀의식에 참여한 신자들은 광란의 축제를 벌인다. 의례는 밤중에 마을에서 멀리 떨어진 산이나 숲 속에서 거행된다. 의례에 참여한 신자들은 주로 여자들이다.

그녀들은 어린 사슴의 가죽으로 만든 옷을 입고, 뱀을 허리띠로 삼고, 늑대의 새끼를 안고 젖을 먹이고 있었다. 이들은 목장에서 풀을 뜯고 있는 소 떼를 습격하여 맨손으로 갈기갈기 찢어 버린다. 여자들의 무수한 손에 잡힌 황소들은 그 자리에서 죽임을 당하고 만다. 이들은 살아 있는 희생 제물을 갈기갈기 잘라서 날로 먹는 것으로 신과 소통하게 된다. 찢겨서 먹히는 동물은 디오니소스의 화신으로 여겨졌다.
 신화학자 미르치아 엘리아데는 『세계 종교사상사』에서 다음과 같이 설명한다.

"디오니소스적 엑스타시는 먼저 인간의 존재를 초월하여 완전한 해방을 발견하는 것이며, 보통 인간이 접근하기 어려운 자유와 자발성을 획득하는 것이다. 이러한 자유는 윤리적·사회적 차원에서의 금지나 규제, 관습으로부터의 해방을 포함한다. 이것이 수많은 여성들이 그 제의에 참가했던 이유이기도 하다."

 즉, 여성들이 디오니소스 비밀의식의 광란 축제를 벌이고, 그 속에 참여한 것은 자신을 억누르는 속박에서 벗어나 해방의 기쁨을 만끽하기 위한 것이라 할 수 있다.
 네 번째 기능은 신비주의와 관련된 것으로, 탈은 신비의 차원, 만물의 신비를 깨닫는 세계의 문을 열어 준다. 그런 세계를 잃어버리거나 잊어버린 사람에게 탈은 의미가 없다. 세상 모든 만물에서 신비로움을 읽어 낼 때 우리를 둘러싸고 있는 우주는 한 폭의 그림이 된다. 우리의 몸이 비록 이 땅에 발을 붙이고 살아도, 끊임없이 초월적인 신비의 세계로부터 메시지를 받으며 살 수 있게 된다.

## 초월적인 힘을 상징하는 탈

피터팬 이야기가 있다. 이야기는 1991년 스티븐 스필버그 감독에 의해 전혀 다른 관점에서 그려져 〈후크〉로 영화화되었다. 영원한 소년이었던 피터팬이 웬디의 손녀와 사랑에 빠져서 네버랜드를 버리고 인간세계로 와 평범한 인간으로 살다가 어른이 된다. 대자연을 마음껏 날아다니던 피터팬은 네버랜드의 기억을 다 잃어버리고, 각박한 현대 사회 속에서 가족을 소중히 하지 못하고 일에만 매달려 살아가는 어른이 되어 버렸다. 어른이 된 피터팬이 원한 것은 성공을 위해서 다른 모든 것을 포기하는 것이다. 꿈꾸기를 포기하는 순간 그의 모든 능력들은 사라져 버린다.

탈은 우리가 살고 있는 세상과는 다른 세상을 보고, 꿈을 꿀 수 있는 또 하나의 눈이 되어 준다. 탈을 쓰는 순간 우리는 다른 세계에 들어갈 수 있고, 그 세계의 눈으로 우리가 살고 있는 세상을 볼 수도 있는 것이다.

탈은 인간의 형상을 지녔지만 다른 세계에 속해 있는 이질감, 초월적 세계에 대한 두려움을 던져 준다. 낯선 세계는 항상 인간에게 두려움을 선사함과 동시에 유혹하는 힘을 갖고 있다. 탈은 한마디로 초월적인 힘을 상징적으로 보여 주는 원형이기도 하다. 우리가 살고 있는 세계와 다른 세계의 경계선에 있는 것이 바로 탈이다. 탈을 통해 우리는 다른 세계의 영역을 넘나들 수 있는 것이다.

탈을 통해 인간은 무의식이라는 깊은 동굴 속으로 들어갈 수 있다. 그곳에서 우리는 상상력이라는 또 하나의 수확을 얻을 수 있다. 이쪽과 저쪽, 탈을 쓴 세계와 벗은 세계, 분리와 통일 등 양극화되어 있는 두 세계를 넘나드는 힘이 바로 상상력이다. 대립되어 있는 두 가지의 요소는 에너지를 만들어내는데, 이 에너지를 통해 상상력은 더욱 힘을 얻는다.

다섯 번째 기능은 사회적 기능이다. 원시 종족들은 자연의 놀라움을 보고 느끼면서 그런 경외감을 들소의 춤과 씨앗의 희생을 무언극으로 표현했다. 물론 들소의 춤을 표현할 때는 들소의 탈을 썼고, 씨앗의 희생을 표현할 때는 그에 합당한 탈을 쓰고 춤을 추었다.

반쯤 미친 듯한 그런 춤과 굿(의례, 축제)을 통해 인간 사회는 질서가 잡혔다. 그 질서 속에서 서로 모순되는 원초적이고 사회적인 충동이 해결되었다. 탈이나 그것을 통한 의례(축제)는 한 사회의 질서를 일으키고, 그 질서를 유지하는 힘이 된 것이다.

호피족, 주니족 등 농경 부족들의 경우 탈을 쓴 신에 대한 화려하고 복잡한 의식이 삶의 구심점 역할을 한다. 이 의례는 훈련된 사제들에 의해 진행되며 공동체 전체가 참여하는 매우 정교한 의례이기도 하다. 농경을 주로 했던 우리 민족도 마찬가지다.

강릉단오굿 등도 오랫동안 훈련된 사람들에 의해 진행되며, 지역의 공동체 일원들이 참여하는 의례였다. 푸에블로 인디언의 경우 상당한 양에 달하는 의식 절차를 완벽하게 외워야 했고, 진행할 수 있어야 했다.

농경 부족에게 있어 개인적인 놀이는 거의 존재하지 않았다. 개인 사이의 관계보다는 마을 공동체가 더 중요했다. 놀이도 개인적인 놀이보다는 집단 전체가 참여할 수 있는 줄다리기 등이 민속으로 자리 잡을 수 있었던 것이다. 탈의 의례는 집단의 구성원에게 긍지와 자부심을 느끼게 함으로써 결속력을 강화시킬 수 있었고, 나아가 사회집단을 유지하는 힘이 되었다.

탈을 쓰고 의례에 참가한 개인은 외형적인 변신을 통해 내면적인 변화까지 초래하게 된다. 개인을 현실에서 해방시켜서 말로 표현할 수 없는 어떤 종류의 경험으로 인도하는 것이다. 개인을 종족의 정서와 활동과 신념,

체계에 연결시킴으로써 그를 사회적 유기체의 한 구성원이 되도록 만든다. 탈을 쓰고 진행하는 의례의 기능은 각 개인을 그 사회의 집단에 정서적으로, 그리고 지적으로 참여시키는 것이다. 이러한 기능은 앞으로도 계속될 것임에 틀림없다.

그런데 여전히 남는 의문은 서두에서 언급했던 영웅과 탈의 관계성이다. 지금까지의 논의에도 불구하고 영화나 드라마에 등장하는 영웅이 탈을 쓰고 나오는 이유에 대한 설명으로는 부족하다. 실제 수많은 스파이더맨, 캡틴 아메리카, 조로, 배트맨 등 슈퍼 영웅들이 왜 탈을 썼는지에 대해 명확한 해명은 없다. 그것은 탈을 쓰는 진짜 목적이 아니기 때문이다. 진짜 목적은 교묘한 심리 조종이라 할 수 있다. 탈은 본질적으로 신비감과 호기심을 준다. 신비감은 비밀을 낳고, 비밀은 개성을 강화한다. 평범한 사람의 눈에 영웅들은 언제나 신비로운 분위기를 풍기며, 탈은 그러한 신비로운 분위기를 제공해준다.

# 한국탈의 아름다움

## 무기교의 기교

세계적으로 한류 붐이 일어나면서 제기되는 의문이 있다. 과연 한국적인 것이란 무엇인가에 대한 것이다. 그리고 한국적 아름다움은 어떤 특징이 있는가? 이런 의문은 탈에도 적용해 볼 수 있다.

"우리 탈의 아름다움은 어디에 있는가?"

한국적인 것을 떠올려 보면 궁궐, 성곽, 사찰, 황토색, 초가집, 온돌, 태권도 등만 떠오른다. 우리 것에 대한 깊이 있는 이해나 인식보다는 피상적인 이미지만 떠오르는 것이다. 그런데 이런 문제는 학자들이 겪었던 것이기도 하다. 고유섭, 조지훈, 최순우, 조요한, 최준식 등의 학자들은 한국인이 전통적으로 가지고 있는 고유한 아름다움에 대한 생각, 즉 미학사상(美學思想)을 밝히기 위해 노력해 왔다.

우리 탈의 아름다움도 우리 고유의 미학사상의 틀을 그대로 유지하고 있음을 알 수 있다. 미술사학자 고유섭은 공예품을 통해 한국적 조형의 본질을 파악하기 위해 노력했다. 고유섭은 한국적 아름다움을 한마디로 표현하여 '무기교의 기교', '무계획의 계획'이라는 말로 정리했다.

그는 『조선 미술문화의 몇 날 성격』에서 우리의 아름다움은 자연에 대한 직관적인 파악과 그것에서 환기되는 정감을 바탕으로 하여, 자연스럽고 소박한 무기교의 미가 창출된다고 보았다. 그리고 한국미의 특질을 민예적인 것으로 귀결지으며, 민예적 성격 속에서 다시금 담소(淡素)와 질박(質朴), 조소성(粗疎性)을 찾아내었다.

우리 탈을 들여다보면 사물을 표현하는 데 있어서 대담한 생략과 왜곡을 발견할 수 있다. 그리고 과장을 너무나 자연스럽게 다루고 있다. 이와 함께 둥근 것을 표현할 때도 좌우대칭에 거의 신경쓰지 않는다. 이지러진 둥근 맛이 주는 공간미 등은 한국의 조형예술에 나타나는 두드러진 특징이다.

우리 탈은 '생명을 초탈한 어리숙함과 엄숙함을 지배하는 해학'을 표상하고 있다. 이는 "우리 민족은 뽐내지 않으면서 지성을 활동시킨 민족이었기 때문에 이러한 특유의 기질이 해학미를 가능하게 했다"는 고유섭의 결론과도 맞닿아 있다.

### 변화무쌍한 우리 탈

인문학자 조지훈은 민족문화를 정의하는 과제 『한국문화사서설』에서 한국의 아름다움에 대해 소박미로 표현했다. 그에 따르면 5~6세기경 신라 불상들에서 '소박 웅건한 기상과 단정 정련한 기법'이 드러나고 있고, 석굴암 조각을 통해 '예술의욕'을 체득하기에 이르렀고, 이 시대 무술이 갖는

'감춰짐으로써 더 힘을 낸다'는 특질을 한국고전미의 완성으로 인정했다. 조지훈이 주장한 소박미도 따지고 보면 고유섭의 '무기교의 기교'와 별반 다르지 않다.

우리 탈의 특질을 꼽는다면 첫째로 자연미를 들 수 있겠다. 우리 고유의 아름다움은 칼로 자른 듯이 정의되지 않는다. 변화의 움직임이 함께하고 있기 때문이다. 우리 탈의 경우도 언제나 변화무쌍하다. 일정한 틀은 유지하면서도 만들 때마다, 만드는 사람에 따라 약간씩 달라진다. 그 변화에 대해 당연시한다. 격식을 가지면서도 크게 구애받지 않는다.

그것이 한국탈의 아름다움의 한 특질이기도 하다. 고유섭은 이에 대해 '상상력·구성력의 풍부'라고 했다. 그는 일본이나 중국의 건물과 우리 건물을 비교하며 "일본이나 중국의 건물은 그 절반만 실측하면 전체를 그려낼 수 있지만, 우리의 건물은 그렇지 않다"고 설명했다.

우리 탈은 주변 자연과도 조화가 되도록 만들어졌다. 초가지붕이 주변 산의 능선과 닮았다고 하는 것처럼 말이다. 김원룡은 『한국미의 탐구』에서 "자연환경은 그 속에서 자라나는 사람의 성격에 영향을 준다. 한국인의 이 자연에 대한 행복감, 만족감, 친밀감이 결국 한국 미술의 바탕을 흐르는 자연주의 형성에 결정적인 영향을 주었을 것"이라고 추정했다.

탈을 만드는 사람도 마찬가지였으리라. 자연의 흐름을 몸으로 체득한 장인(匠人)이 어떤 작품을 만들지는 이미 정해져 있는 것이나 다름없다. 중국이나 일본, 아프리카 등의 탈은 화려하고 장식적이며 인위적인 느낌이 강한 반면, 우리 탈은 소박하고 순수한 특성이 강하다. 허식과 과장이 없이 그저 있는 그대로 담담하게 표현하고 있다. 삼베옷을 입고 물동이를 머리에 얹은 이른 아침 시골처녀의 모습과 같은 모습이 아닐까 한다. 우리 탈에는 김원룡이 지적했던 것처럼 "범상(凡常)의 미(美), 작위적(作爲的)이지 않은 미(美), 대자연의 본능이 움직인 인공(人工) 이전의 미(美)"를 간직하고 있다고 볼 수 있다.

두 번째 특질로 꼽을 수 있는 것이 율동성이다. 우리 아름다움은 만든 다음에 보는 것이 아니라 만들어지는 과정에서 드러난다는 것이다. 문화평론가 신석초는 "정지의 상태보다는 동작의 상태에서 멋이 있다. 그러나 과도히 움직이지 않는 율동의 상태에서라야만 더 멋을 느낀다"고 했다. 율동성이란 무절제한 움직임이 아니라 생동과 절제의 조화미이기 때문이다.

## 살아 움직이는 탈

우리 선조들은 정지되어 있는 탈에 율동성을 어떻게 부여했을까? 크게 세 가지 방법을 사용했다고 보여진다. 먼저 탈 자체를 움직이도록 만든 것이다. 하회탈에서 양반, 선비, 중, 백정탈은 턱을 분리시켜 인체의 턱 구조와 같은 기능을 하도록 했다. 말을 할 때 실제의 모습처럼 실감나게 느낄 수 있도록 만든 것이다.

탈을 쓴 광대가 웃기 위해 고개를 뒤로 젖히면 탈은 입이 크게 벌어지며 웃는 표정이 되고, 화를 낼 때에는 탈의 고개를 앞으로 숙여 윗입술과 아랫입술이 붙어 입을 꾹 다물어 화가 난 표정이 되기도 한다. 양주별산대놀이에 등장하는 눈끔적이는 눈구멍이 크고 탈 내부에 눈을 끔적끔적할 수 있도록 개폐(開閉)시키는 장치가 있어 입으로 이를 조작한다.

ⓒ 양주별산대놀이의 눈끔적이는 탈 내부에서 눈을 끔적끔적할 수 있도록 되어 있다.

그리고 턱 자체를 만들지 않는다. 하회탈 가운데 이매탈은 얼굴에서 턱 부분만 만들지 않아 살아 있는 인간의 입이 율동성을 부여한다. 바보탈 혹은 병신탈이라고도 하는 이매탈은 파계승(破戒僧)마당과 양반선비마당의 등장인물인 이매가 쓰는 탈이다. 이 탈은 눈과 눈썹은 아래로 축 처져 있으며 코는 넓적 펑퍼짐하고, 코밑은 째져서 언청이에, 좌우 근육은 비정상으로 일그러져 있다. 웃는 입모양은 바보스러운 반면 순진해 보이기도 하는데, 얼굴을 숙이면 어두워 보이고, 젖히면 밝고 웃는 표정이 살아난다.

그런데 이 탈은 턱이 없고 안면 좌우 근육의 방향 및 구각(口角) 좌우의 높이, 주름살의 방향 등이 서로 달라 좌우가 불균형을 이루는 모습이다. 좌우 불균형 또한 율동성을 부여하는 방법이다. 초랭이탈도 좌우 비대칭적이어서 보는 위치에 따라서 표정이 바뀐다.

## 호방하고 꾸밈없는 웃음

세 번째 특질은 해학미라 할 수 있겠다. 해학이라는 것은 사회적 현상이나 현실을 우스꽝스럽게 드러내는 방법이다. 해학은 사실을 있는 그대로 드러내지 않고 과장하고, 왜곡하거나 비꼬아서 웃음을 유발하는 방법이다. 우리 탈의 표정에는 웃음과 울음이 동시에 담겨 있다. 힘겹고 어려운 생활 속에서도 웃음을 띠게 하는 것이 한국인의 해학이고 지혜이다. 한국의 탈처럼 호방하고 꾸밈없는 웃음을 띤 탈은 흔치 않다. 전체적으로 찡그리거나 고뇌하는 모습보다는 웃는 표정이 많고 놀란 듯한 표정도 있다. 우리 탈은 자신이 웃거나 남을 웃기려는 표정이 많다. 심술의 형상은 있어도 음흉한 음모(陰謀)의 형상은 없다.

조요한은 『한국미의 조명』에서 "약할 때 오히려 강한 힘을 발휘하는 것이 한국인의 정신이고, 나긋나긋하면서도 질긴 것이 한국인의 얼이다. 웃음과 울음은 막다른 상황을 받아들이는 과정에서 크든 작든 자기를 억누르는 힘에 대응하여 극복의 길을 조성해 준다"고 했다.

해학의 전형적인 무대가 바로 탈놀이판이다. 탈놀이판에서는 정상적으로는 비교할 수 없는 두 대상을 비교함으로써 우리에게 연민과 웃음을 자아내게 한다. 탈놀이판에서는 조화로움과 질서, 순수함보다는 부조화, 무질서, 파격 등이 자연스럽다. 우울함과 슬픔, 재미 있음과 변덕스러움, 그리고 이상함과 미묘함 등 부조화가 탈놀이판에서 해학미를 이끌어내는 요소라 할 수 있다.

네 번째 특질은 인간미에 있다. 우리 탈은 세계 어느 나라 탈보다도 인간화되어 있다. 한국인의 생활 감정을 잘 담고 있는 것이다. 과장이 되었지만, 그 과장이 지나치지 않고 인간적 특성을 크게 넘어서지 않는다. 사자, 원숭이 등 짐승들까지도 사람 얼굴과 닮았다. 언뜻 보면 무서워 보이지만 자세히 뜯어보면 친근감이 들고 무시무시해도 웃음을 자아내게 하는 인간적인 표정을 짓고 있다. 꾸밈없고 직선적이기 때문에 싫증이 나지 않고 편안하다.

# 우리 탈의 유래와 성격

## 신들의 잔치

탈판에 등장하는 인물들만 봐도 탈의 유래를 짐작해 볼 수 있다. 탈놀이에 등장하는 인물들은 대부분 인간이 아니다. 겉으로는 허름하고, 초라한 행색을 하고 있지만 이들의 본색을 들여다보면 신격(神格)임을 알 수 있다. 할미와 영감은 서민으로 설정되어 있지만, 할미는 손에 신격을 드러내는 방울을 들고 다니는가 하면, 무속신이 그려진 부채를 들고 있다. 할미와 영감은 탈놀이판에서 사람들의 웃음거리가 되지만, 실상 마을을 수호하는 부부신이다. 봉산탈춤에서 헤어졌던 미얄할미와 영감이 상봉, 부부간의 정을 나눈 후 돌연 영감이 할미를 때리는 장면을 보자.

할미 : 이놈의 화상아, 때리고 싶으면 어서 때려라. (하며 달려들어 영감을 마구 밀친다)
영감 : 할머니! 오마니! 아바이!
할미 : 내 매 맛이 어떠냐?

영감 : 그러나 저러나 할멈에게 내가 매를 많이 맞은 모양이군. 내 잔등에서
개가죽 벗기는 냄새가 나는 걸 보니.
할미 : 이보소, 영감. 영감하고 나하고 이렇게 매일 싸움만 한다고 동네에서
쫓아내겠다고 합디다.
영감 : 우리를 내쫓겠대, 우리를 내쫓겠대? 나가라고 하면 나가지. 〈중략〉
어디 가서든 못살겠나. 그러나 저러나 할멈하고 나하고 이 동네 떠나
면 이 동네 인물 바닥난다. 할멈은 저 윗목에 서고 내가 아랫목에 서
면 귀신이 범하지 못하는 줄을 왜 모른단 말이냐.

미얄할미와 영감은 잡귀를 물리치고 농사가 잘 되도록 한다. 미얄할미와 영감이 만나자마자 부부간의 정을 나누는 것도 농사가 잘 되도록 하기 위한 주술적 행위인 것이다.

안동하회별신굿에 등장하는 각시도 무진생(戊辰生) 의성 김씨(義城金)라는 여신이다. 이 서낭신은 열 다섯 살에 남편과 사별하고 이곳에서 서낭신으로 자리잡았다고 한다. 시집온 지 며칠 안 되어서 남편을 잃었으니 아이도 낳아 보지 못하고 쓸쓸하게 살다가 죽은 한 많은 여인이다.

하회의 사람들은 이 한 많은 여신을 잘 모시면 그녀가 이 마을을 잘 지켜 줄 것이라 믿고 있다. 각시가 무동춤을 추며 마을로 나타나는 것은, 각시신이 현실에 나타난 것과 같다. 각시신이 하산하는 동안 서낭대에는 많은 옷이 걸리게 된다. 서낭대에 옷을 걸면 여신에게 복을 받는다고 생각하기 때문이다. 하회마을 사람들에게 각시신은 서양의 예수 재림과 마찬가지인 것이다. 사람들은 서낭대 꼭대기에서 울리는 방울소리에서 여신의 목소리를 듣게 되는 셈이다.

각시는 긴 명주 수건을 휘날리며 손을 위아래로 흔들어 오금춤을 춘다. 이때 각시를 받치고 있는 동랭이꾼은 춤을 추지 않는다. 일행은 하산하는 도중에 국신당(國神堂)을 거치고, 다시 마을 가운데 있는 삼신당을 들러서 동사(洞舍)에 이르게 된다.

동사에 이르면 서낭대를 세운다. 마을 사람들은 하산 과정에서 접신(接神)의 경지에 이르게 되고 마을의 분위기는 신성한 상태로 바뀌게 된다. 일상적인 생활이 뒤로 물러나고 새로운 세계가 열리게 된다. 일상적 공간이 창조적인 공간으로, 망각되었던 시간들이 의식적인 시간으로, 습관적인 몸짓들이 의미 있는 몸짓으로 뒤바뀌고 되살아난다. 이것은 바로 계절이 바뀌는 순간이기도 하고, 고치를 벗고 나온 나비가 찬란하게 비상하는 찰나이기도 하다. 공동체가 낡은 어둠을 떨치고 새로운 빛과 힘을 찾는 순간이다.

● 각시 여신을 모시고 내려오는 과정에 들르는 삼신당

## 소무(小巫)의 정체

소무(小巫)는 강릉관노가면극, 양주별산대놀이, 송파산대놀이의 노장춤마당, 봉산·강령·은율 등 황해도탈춤의 노장춤마당, 고성오광대의 승무마당에 나온다. 소무는 글자 그대로라면 '작은 무당'을 가리키는데, 지역에 따라 소매(小梅)로 표기하는 곳도 있다.

소무는 노장춤마당에서는 노승을 꾀어 세속에 물들게 하고, 산대놀이의 포도부장놀이에서는 양반의 애첩으로 젊은 포도부장과 놀아난다. 송파산대놀이에서는 영감의 본처인 미얄할미를 밀어내고 그 자리를 차지한다. 하회별신굿탈놀이의 부네도 소매의 한 형태일 가능성이 높다.

그렇다면 소매로 기록하는 것이 옳을까 소무로 기록하는 것이 옳을까? 1931년 조선총독부에서 간행한 「생활상태조사 강릉단오제 조사보고서」에서는 '소매각시'라고 기록하고 있다. 1960년대 민속학자 임동권 교수가 조사할 당시 제보자였던 김동하, 차형원도 한결같이 소매각시라고 증언했다.

이보다 훨씬 오래 전 자료인 성현의 『용재총화(慵齋叢話)』에도 소매가 나오며, 유득공의 『경도잡지(京都雜志)』에도 "小梅亦古之美女名(소매는 역시 옛 미녀 이름이다)"이라고 했다.

그렇다면 소매가 어떤 과정에서 소무로 기록하게 되었을까? 1929년으로 거슬러 올라간다. 그해 9월 경복궁에서는 박람회가 열리고 있었는데, 경성제국대학 학생이던 임석재 교수는 양주별산대놀이의 연희자인 조종순으로부터 대사를 채록했다고 한다. 그 과정에서 '소매'를 '소무'로 잘못

◐ 소매각시(이도열 제작)

기록한 것이 지금까지 전해져 왔다고 한다.

그는 회고담에서 "소무는 무당 후보쯤 되는 어린 무당이라고 생각해서 썼는데, 후에 다른 기록들을 보니까 소무보다는 소매각시가 훨씬 맞는 말인 것 같다. 나의 잘못된 점을 기회 있을 때마다 얘기했으나 후학들이 좀처럼 고치지 않고 고수하는 것 같아 안타깝다"고 했다고 한다.

그래도 의문은 남는다. 과연 소매는 어디서 유래한 인물일까? 일본 탈 전문가인 노마(野間淸六)는 "지금 양주별산대놀이나 송파산대놀이에는 소무 둘만 등장하나 전에는 당녀탈이 있었고 소무가 나오기 전에 당녀가 나와 춤추었다고도 한다. 지금은 구별 없이 소무 둘이 나오나 전에는 소무와 당녀가 나왔던 것"이라고 주장한다. 서울대학교 박물관 소장인 산대나무탈에 소무와 함께 당녀탈이 있다.

당녀와 함께 나온 인물이 소무로 알려져 있지만,『경도잡지(京都雜志)』에는 다르게 기록되어 있다. 경도잡지에는 '야희(野戱)는 당녀(唐女)와 소매(小梅)로 분장하고 춤을 춘다'고 하였고, '당녀는 고려 예성 강가에 와서 살던 중국 창녀(娼女)이고 소매도 옛날 미녀의 이름'이라고 했다. 산대가면극의 노장과장에서 당녀(唐女)가 등장하고 기악의 경우에 오녀(吳女)가 나오는데, 당녀와 오녀는 중국 여자라는 점과 가면의 큰머리도 일치한다. 강릉관노가면극에는 양반의 상대역으로 소매각시가 나온다.

전경욱 교수는『한국의 전통연희』에서 "소무는 연구 초기에 대본을 채록하는 과정에서 착오로 생긴 용어로서, 가면극의 소무나 소매각시는 나례의 소매로부터 유래한 인물임을 알 수 있다"고 했다.

중국의 나례에서 소매는 구나의식의 중심 역할을 맡았던 종규의 여동생이다. 중국 송나라 시대 나례에도 종규와 함께 소매가 등장한다. 중국과 조선 시대의 나례에 모두 소매가 등장하는 것이다.

## 신들의 얼굴

남강노인은 남극노인성이 탈놀이판에서 인물화한 것이다. 강령탈춤에서는 남강노인이 노승춤마당에 등장하여 성주풀이를 부르고 춤을 춘다. 강령탈춤의 남강노인은 현저하게 넓은 이마에 물결같은 세 개의 주름살이 있고, 그 위에 황금빛 둥근 점이 있으며, '上'이라고 쓰여 있다. 이는 남극노인성의 정표이기도 하다.

남극노인성은 사람의 수명을 맡아 보는 별이라 하여 이 별을 보면 오래 산다고 믿었다. 불가사의한 것은 이 별자리는 전쟁이 나거나 나라가 혼란에 빠질 때는 보이지 않다가 천하가 안정되고 평화가 찾아 오면 보인다고 한다. 사람들은 이 별자리를 보면, 행복과 장수를 기원한다. 역대 황제들도 수성단(壽星檀: 남극노인성에게 제사를 드리는 제단)을 건설해서 천하의 태평을 기원했다.

완보에 대해 현지 사람들은 "본래는 원목중인데 옛 연희자 중에 김완보라는 사람이 원목역을 잘하여 원목중 대신 완보(完甫)라고 부른 데서 유래했다"고 한다. 그러나 1929년 이태원에 살고 있던 연희자 조모(趙某)의 증언으로 볼 때 완보라는 인물은 몽골사람으로 보인다. 몽골 라마교 사원의 주지승을 환바라고 부르지만 이 말의 고대어는 환보라고 한다. 몽골 라마교 사원의 가면극 챰과 우리 가면극의 영향 관계를 생각게 한다.

◐ 강령탈춤 남강노인. 남강노인은 사람의 수명을 맡아 보는 별을 상징화한 것이다.(송석하 사진)

◐ 완보. 몽골 라마교 사원의 주지를 일컫는 환보에서 유래된 인물로 여겨진다.

전경욱 교수는 팔목중도 몽골 참에서 유래했을 가능성이 높은 것으로 보고 있다. 그는 라마묘의 참에 나오는 백면의 동자풍의 4인무를 봉산탈춤의 4상좌춤과, 8대보살(八大菩薩)의 원무를 8목중 춤과 유사하다고 보았다.

양주별산대놀이에는 4인의 붉은 탈의 목중과 완보가 등장하고, 검붉은 탈의 옴중과 흰 탈인 상좌 둘을 합쳐서 팔목중이라고 한다. 봉산탈춤의 팔목중은 모두 붉은색을 띠고 있다.

서연호 교수는 "애초의 종교 의식적인 탈놀이에서 시작되어 조선조 이후 불교에 대한 사회 비판적 분위기 가운데 속화된 팔먹중놀이로 혹은 팔먹중춤으로 전이 전승되어 온 것으로 해석"하고 있다. 팔목중 문제뿐만 아니라 한국가면극과 티벳의 참과 불교의식과의 관계는 좀더 연구되어야 할 부분이기도 하다.

ⓒ 황해도 사리원에서 놀았던 봉산탈춤에서 팔먹중의 얼굴

민속학자 정형호는 팔먹중이 불법을 수호하는 신과 관련이 있다고 본다. 우선 팔먹중은 불법을 수호하는 여덟 신장(神將)인 천(天)·용(龍)·야차(夜叉)·건달파(乾達婆)·아수라(阿修羅)·가루라(迦樓羅)·긴나라(緊那羅)·마후라가(摩睺羅伽) 등에서 유래한 것으로 보았다. 팔먹중은 불법을 지키는 여덟 신장에서 유래했지만, 불교적인 의미가 퇴색하면서 노장을 희롱하는 인물로 나오게 되었다는 것이다.

### 주지 = 사자 = 영노 = 비비

하회별신굿 본놀이에 해당하는 주지마당의 주인공 주지탈도 심상찮은 인물이다. 호랑이를 잡아먹는 무서운 귀신이라고도 하고, 용의 몸에 호랑이의 머리를 가진 귀신이라고도 하며, 괴물이라고도 한다.

주지마당이 열리면 붉은 보자기로 전신을 가린 주지들이 나와서 춤을 추면서 사방을 돌아다닌다. 주지는 자식을 낳게 해 달라는 뜻에서 부인들이 놀이판에 벗어 놓은 속옷을 물어다 서낭대에 걸어 준다. 두 마리의 주지는 서로 싸우거나 성교하는 흉내를 내며 맞춤을 추다가 초랭이에게 쫓겨 들어간다.

주지는 어떤 존재인가? 육당(六堂) 최남선(崔南善)은 주지에 대해 사자(獅子)라고 했다. 사자는 국어(國語)에 사지라고도 하는데, 사지를 다른 말로 주지라고 한다는 것이다. 때문에 사자춤을 주지춤이라고 한다는 것이다.

주지 두 마리가 나와서 서로 맹렬히 싸우거나 춤을 추고, 성행위를 하는

ⓒ 정조 임금이 수원 화성 성곽을 축조한 내용을 기록한 화성성역의궤에 실린 사자놀이 그림

흉내를 내는 것은 사자춤을 그대로 옮긴 것이다. 붉은 보자기를 썼다는 것은 북청사자의 오색을 떠올리게 한다. 붉은색은 봄을 상징하면서, 못된 기운을 물리치는 벽사(辟邪)의 상징색이다. 붉은 주지는 곧 잡귀들을 물리치는 붉은 사자인 것이다.

경남지방의 오광대 탈놀이에도 사자의 흔적을 찾아볼 수 있다. 초계 밤마리 오광대의 사자과장, 마산오광대의 사자, 통영오광대의 사자, 수영야류의 사자과장 등은 민속놀이에서 사자춤의 영향력이 그만큼 컸음을 말해 준다.

마산오광대, 동래야류, 수영야류, 통영오광대에서 사자와 함께 등장하는 영노도 사자의 흔적으로 보인다. 사자는 고성오광대에서 비비로 변신한다. 가산오광대에서는 사자 모양을 한 영노가 '비-비'소리를 내며 등장한다. 이런 점에서 볼 때 주지＝사자＝영노＝비비일 가능성이 많다.

하회별신굿 주지과장에 등장하는 초랭이도 그 정체가 괴이하다. 초랭이는 양반의 종으로 경망스러운 인물로 묘사된다. 하지만 초랭이는 불자

◉ 사자의 흔적으로 보이는 고성오광대의 비비(이도열 제작)

(채찍)를 들고 등장하여 호랑이를 잡아먹는 무서운 주지를 쫓아버린다. 『삼국사기』에 수록된 최치원의 「향약잡영」 5수 가운데 '대면'에는 탈을 쓴 인물이 채찍을 들고 등장해 귀신을 쫓는 동작을 한다. 나례에서는 12지신이 탈을 쓰고 등장해 귀신을 물리친다.

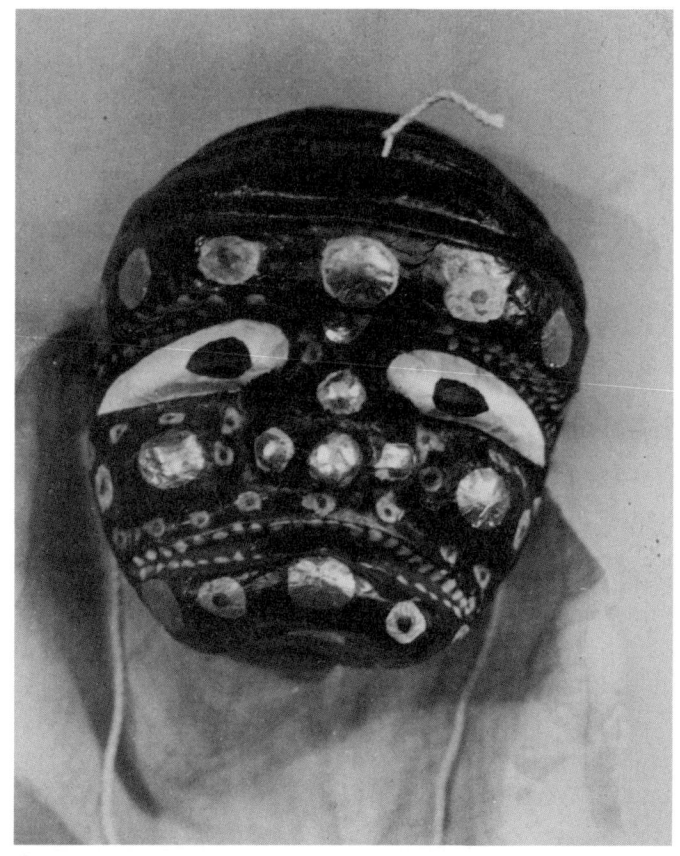

◐ 취발이에게 소매를 빼앗기는 강령탈춤의 노장(송석하 사진)

봉산탈춤에서 노장으로부터 소매를 빼앗는 취발이도 귀신을 쫓는 인물이다. 취발이는 술을 잘 먹고, 놀기 좋아하고, 힘도 천하장사이며 돈도 많다. 취발이는 노장을 물리치고 돈으로 소매를 유혹하여 차지한 후 아들을 낳는다.

취발이가 가진 신체적, 경제적, 성적인 힘은 당시 민중이 가진 저력이기도 했다. 취발이는 관념론에 사로잡힌 노장을 물리치고 소매를 차지하고, 아들이라는 생산을 이뤄낸다. 새로운 역사의 주체가 민중이라는 것을 드러내는 인물인 것이다.

그런데 취발이는 붉은 가면을 쓰고 술에 취한 모습을 하고 있다. 손에는 버드나무 가지를 머리 위로 치켜들고 등장한다. 붉은색이나 버드나무 가지는 귀신을 쫓는 힘이 있다고 여겨졌다. 처용이 붉은색 가면을 쓰고 벽사적인 성격을 띤 복숭아나무 가지를 머리에 꽂고 나와 역신을 쫓는 모습과 비슷하다. 취발이의 다리에 방울이 매달려 있는 것도 마찬가지다. 방울 소리를 통해 역귀를 쫓아내려는 의도인 것이다.

취발이탈은 모두 공통된 모습을 갖고 있다. 얼굴 바탕은 붉은색이고, 이마에는 여러 개의 주름이 굵게 잡혀 있다. 중국 삼국지의 영웅 관우(關羽)의 탈도 주홍색(혹은 진홍색이나 자홍색)을 칠하고, 붉은 봉황의 눈, 누운 누에 눈썹에 길고 긴 수염을 붙이고 있다.

관우는 중국에서 무신(武神) 또는 재신(財神)으로 모셔지고 있으며, 불교에서도 '가람보살(伽藍菩薩)'로 불리며 신격화된 인물이다. 관우의 붉은 얼굴과 바람에 흩날리는 긴 수염은 그의 힘을 상징적으로 나타내고 있다.

◐ 취발이는 노장을 물리치고 소매를 유혹하여 아들을 낳는다. 이마 가운데 긴 머리카락을 상징적으로 늘어뜨리고 있다.

관우의 긴 수염 역할을 하는 것이 쥐발이의 머리카락이다. 쥐발이의 헤어스타일은 매우 독특하다. 이마 윗부분에서부터 한줄기의 긴 머리카락이 이마를 타고 내려와 늘어져 있다. 요즘 말로 애교머리를 하고 있다. 슈퍼맨 역시 애교머리 헤어스타일을 고집하고 있다.

머리카락은 인체에서 매우 중요한 측면을 가지고 있는데, 상징적으로는 생명력과 연관된다. 머리카락이 가진 상징성을 잘 드러내 주는 것이 성경에 등장하는 천하장사 삼손이다. 히브리 전사 삼손에게 긴 머리카락은 신이 부여한 육체적 힘의 상징이었다. 시크교 칼사 공동체 역시 그와 같은 이유에서 머리와 수염을 기른다. 머리카락이 온통 꿈틀거리는 뱀으로 된

ⓒ 고대 신화 속의 헤라클레스를 연상시키는 슈퍼맨도 가운데 머리카락을 늘어뜨리고 있다.

메두사는 여성적 생명력의 파괴적인 측면을 상징하고 있다.

홍미로운 점은 머리카락을 잘린 삼손이 그 힘을 잃어버렸다는 사실이다. 삼손에게 있어 머리카락은 남성의 성기와 같은 상징성을 갖고 있는 것이었다. 취발이가 가운데 머리를 길게 늘어뜨리고 있는 것도, 슈퍼맨이 애교머리를 고집하는 것도 알고 보면 그들의 힘을 상징적으로 드러내기 위한 것이 아닌가 한다. 붉은 얼굴과 긴 머리카락은 취발이가 본래 영웅적 힘을 가진 존재였음을 보여 주기 위한 장치로 생각해 볼 수 있다.

### 참고 | 버드나무와 생명력

▶ 버드나무는 사악한 기운을 쫓아내는 힘을 갖고 있는데, 취발이가 버드나무로 노장을 때리는 것은 취발이가 벽사의 힘을 갖고 있음을 보여 주기 위한 것이다.

취발이가 들고 있는 버드나무도 주목해 볼 필요가 있다. 버드나무 가지는 신화에 단골로 등장하는 모티프이기도 하다. 불교의 관세음보살도 한손에는 물병을, 다른 한손에는 버드나무 가지를 들고 있다. 『청관음경』이란 경전에는 관음보살이 버드나무 가지와 맑은 물로 병을 고친다는 이야기가 나온다. 단원(檀園) 김홍도(金弘道)가 그린 '남해관음도'에서도 넘실거리는 파도 위에 유연한 자세로 선 관음보살이 버드나무 가지를 들고 있으며, 머리 뒤로는 후광이 달처럼 빛나고 있다. 관음보살에게 버드나무는 사악한 힘을 물리치는 벽사의 도구이며, 생명을 주는 도구이기도 하다.

ⓒ 김홍도(金弘道)가 그린 '남해관음도'의 관음보살도 버드나무 가지를 들고 있다.

버드나무는 우리 역사에서도 헤아릴 수 없이 많이 등장한다. 고구려 건국 영웅 주몽의 어머니 유화부인은 우리 말로 버들부인이라고도 할 수 있다. 버들부인에 대한 흔적은 몽골의 창세신화「우처구우러본」에 등장하는 천모신 아부카허허에서 찾아 볼 수 있는데, 그녀는 버드나무의 신이다. 아부카허허는 버드나무란 뜻으로, 그녀는 창조 여신이라 할 수 있다. 버드나무는 물가에 자라면서 잎과 가지가 무성하다. 또한 강가의 물을 흡수하여 제일 먼저 봄을 싹틔우는 생명력과 풍요를 상징한다.

아부카허허는 여자 성기가 인격화된 이름으로, 생명의 뿌리, 원형이기도 하다. 모든 생명은 어머니의 자궁으로부터 시작된다. 창조 여신은 하늘 여음, 하늘 버드나무, 천모라는 3중의 의미를 띤 이름을 갖게 된다. 버드나무는 여음과 같은 의미로 생명과 물을 상징한다. 즉, 버들부인은 물의 상징이 되며, 하백녀가 되는 것이다. 그래서 버드나무는 다산과 풍요의 상징이고, 물의 상징, 생명력의 상징이 된다. 유화부인도 알고 보면 물의 여신이다. 유화부인은 하백의 딸로 등장하는데, 하백은 물의 신이다. 따라서 하백의 딸 역시 물의 신이라 할 수 있다.

## 둘째 마당
# 탈의 역사

# 상고 시대

## 암각화에 담긴 기원

고대 인류에게 가장 중요한 것은 생존이었다. 자연환경은 거칠었고, 맹수들을 상대하기에 인간은 너무나 나약했다. 인간은 자신들을 보호하기 위해 물감을 몸에 바르기도 하고, 바위 벽에 그림을 그려 놓고 무엇인가를 기원하기도 했다.

이들이 그린 그림을 흔히 암각화(巖刻畵)라고 부른다. 후기 구석기 시대에 처음 그려진 이후 신석기 및 청동기 시대에 이어 지금까지 이어지고 있다. 암각화는 스칸디나비아반도에서부터 사하라사막, 아메리카대륙, 오세아니아지역 등 지구 전역에서 발견된다.

고대 인류는 왜 이 같은 암각화를 그렸을까? 대개의 경우 풍요로운 수확과 다산을 기원하는 마음을 담은 것으로 이해되고 있다. 우리나라에서도 고대부터 바위에 그림을 그렸으나, 암각화를 본격적으로 연구하기 시작한 것은 오래되지 않았다. 세월이 너무 많이 흘러 자세히 살펴보지 않으면 잘 보이지 않기 때문이 아닌가 싶다.

한국에 암각화가 존재한다는 것이 알려진 것은 1970년대부터라 할 수 있다. 암각화로 유명한 곳은 울산 천전리와 대곡리, 포항 칠포리, 경주 석장리, 고령 지산동, 남해 상주리, 여수 오림동 등 20곳이다. 울산 천전리는 국보 제147호로, 대곡리는 국보 제285호로 지정·보호되고 있다.

고령 양전동 알터마을 암각화는 방패형 및 동심원 무늬가 새겨져 있고, 양전동에서 3km 정도 떨어진 안화리 안림장터 부근에는 방패형 무늬가 새겨진 암각화가 발견되었다.

1994년 경주 석장동에서 발견된 암각화는 방패형, 사람 얼굴형, 사람 및 짐승의 발자국, 산과 동물, 배, 여성의 성기 모양 등 다양한 그림이 새겨져 있다. 청동기 시대 전후에 그려진 것으로 추정되는 암각화들은 이 지역 주민의 신앙을 이해하는 데 큰 도움이 된다.

## 주술적 얼굴

인간을 가장 잘 표현하기 위한 방법으로 고대인들이 생각한 것은 얼굴이 아닐까 한다. 얼굴은 다른 동물과 확연히 차이가 나는 인간만의 특성을 잘 드러내는 것이기 때문이다. 구석기 유적으로 두루봉 동굴에서 얼굴 조각품이, 신석기 유적으로 동삼동 조개껍질로 만든 얼굴 모양이, 강원도 양양 오산리에서는 흙으로 빚은 얼굴이 발견되었다. 이외에도 얼굴을 표현하는 유물들은 셀 수 없이 많다.

울산 대곡리 암각화는 국립중앙박물관 전시실 입구를 장식하고 있는 그림이기도 하다. 태화 강변의 바위 절벽에 새겨진 이 그림에는 거북,

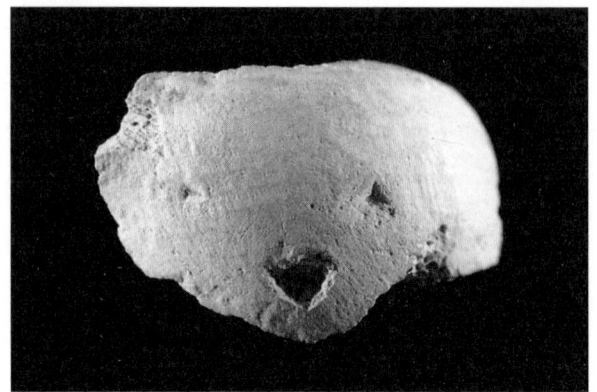

◐ 충북 청원 두루봉 동굴에서 발견된 얼굴 모양이 새겨진 유물. 두루봉 동굴은 우리나라 최초로 구석기 시대의 사람뼈가 완전한 상태로 나온 곳이다.

◐ 강원도 양양 오산리에서 발견된 흙으로 빚은 얼굴

사슴, 호랑이 등의 동물과 고래 등을 비롯한 물고기와 사냥하는 사람, 주술적인 행동을 하는 사람, 배를 타고 고래를 사냥하는 사람 등이 등장하고 있다.

선사인들은 사냥을 떠나기 전에 동물로 가장하고 동물의 움직임이나 울음소리를 흉내 내어 춤을 추었다고 한다. 이렇게 하면 동물이 풍요롭게 번식하고, 사냥꾼들도 안전하게 사냥할 수 있다고 믿었다. 암각화는 이런 과정을 그린 것으로, 사냥 및 고기잡이의 성공과 풍요로운 수확을 빌기 위한 것으로 보인다.

특히 성기를 내밀고 춤추는 남자와, 팔과 다리를 벌리고 있는 여자, 그리고 얼굴 그림은 선사인들의 제사행위를 묘사한 것으로 보인다. 성기를 내밀고 춤추는 듯한 남자는 고래 사냥꾼의 우두머리로 고래 사냥에 따른 의식을 수행하고 있는 것으로 여겨지며, 팔과 다리를 활짝 벌리고 있는 사람은 그의 아내로 보인다.

우두머리 아내는 고래 사냥을 준비하는 동안 선원들을 먹여 살리고, 사냥 기간 동안에는 죽은 고래가 해변에 끌려 온 뒤에 중요한 의식을 수행한다. 이 여성은 죽은 고래에게 마실 물을 주기 위한 나무그릇을 들고 다니기도 한다. 고래는 죽어서도 모든 것을 볼 수 있다고 믿었던 우두머리의 아내는 조금이라도 실수하지 않고 품위 있게 행동한다. 고래는 사냥꾼들의 손에 의해 희생된 것이 아니라 단지 고기만 주고 가며, 영혼이 있는 머리를 바닷속에 넣으면 새롭게 환생한다고 믿었다. 그리고 환생한 고래로부터 다시 고기를 얻기 위해서는 상냥하고 친절하게 대해야 한다고 생각했다.

시베리아 에스키모족도 잡아 온 고래를 손님처럼 대접하며 신선한 물을 주는데, 우두머리의 아내는 이때 고래의 코, 입술, 눈, 지느러미, 꼬리에서 살점을 떼어낸다. 지방을 떼어내기 전에 풀로 만든 탈로 고래머리를 덮어 흐르는 피를 보지 못하게 하는 장례의식을 치른다. 고래의 영혼을 바다로 다시 돌려보내는 과정에도 탈이 등장한다. 코략족 여인들은 고래를 바다로 돌려보낼 때 탈을 쓰고, 고래 영혼의 재생을 노래한다. 그리고 흐르는 피를 고래가 보지 못하도록 고래에게도 풀로 만든 탈을 씌운다.

## 샤먼의 탈

암각화에서 얼굴을 표현한 것은 두 개가 있는데, 그 표현 양식이 서로 다르다. 얕게 쪼아 새긴 둥근 모습의 얼굴은 에스키모의 얼굴 조각과 매우 비슷하다. 깊은 선 그림으로 그려진 얼굴은 탈로 보인다. 김열규 교수는 굿을 하고 있는 샤먼의 탈을 그린 것으로 보고 있는데, 이 탈은 때로는 신과 같은 숭배의 대상이 되기도 했을 것으로 추정하고 있다.

국립중앙과학관 정동찬 선생은 "얼굴(탈)은 어떤 의식을 위한 표현이라는 것은 틀림없는 것 같다. 아마도 이 사냥 집단에서 지배력을 가지고 사냥에서 뿐만 아니라 집단 내에서 상당한 존경을 받던 우두머리가 맹수 사냥에서 죽은 뒤 그를 추모하기 위해 그려 놓았을 가능성도 있다"고 보고 있다.

울산 천전리 암각화에는 전신이 그려진 사람 3명과 얼굴만 그려진 사람 2명이 있다. 여기서 주목되는 것은 몸은 동물로 표현되어 있고, 얼굴은 사람으로 그려진 그림이다. 이런 그림은 앞에서 설명했던 주술사나 동물의

◐ 사람의 얼굴이 따로 조각되어 있는 울산 대곡리 암각화

◐ 몸은 동물로 표현되어 있고, 얼굴은 사람으로 그려진 울산 천전리 암각화. 동물 옆으로는 끈이 달린 탈이 온전한 모습으로 새겨져 있다.

왕으로 보인다. 동물의 몸에 사람의 얼굴을 한 이 같은 그림은 고구려벽화에서도 나타난다.

황수영 같은 학자들은 반인반수사상이나 전통적인 신선사상의 시원을 밝힐 수 있는 좋은 자료라고 보고 있다. 사람의 얼굴을 그려 넣은 것은 탈의 상징성을 빌어 오기 위한 것으로 보인다. 부족집단의 우두머리 가운데서 가장 존경받고 능력 있었던 사람이 죽은 뒤에 추모하려고 그려 놓은 것으로 여겨진다.

고대 인간은 인간에게 반드시 필요한 불이나 물, 혹은 식량을 가져왔다고 생각되는 영웅을 신앙으로 삼아 왔다. 이들 영웅들의 이야기는 연극으로 만들어졌고, 그림으로 그려지거나 조형예술로 나타나기도 하였다. 무용을 할 때 쓰는 탈이나 악기, 그림 등이 그것들이다.

사람들은 영웅의 탈을 쓰고, 그들의 역할을 연기하기도 했다. 이런 종류의 탈과 탈춤의 전통은 전 세계 거의 모든 곳에서 전해 오고 있다. 심지어 독일 라인강 상류 지역과 알프스 지역에서도 악령의 탈과 관련된 의식이 전해 오고 있다.

레오나르도 아담은 『원시미술』에서 "상당히 많은 신화상의 생물이 탈에 의해 표현되거나 벽화로 묘사되거나 각기 독특한 전설, 노래, 춤과 연결되기도 한다. 일단 탈이 처음으로 조각되어 신앙적인 의식으로 받아들이게 되면, 그것은 비밀 사회의 계급 조직 속에서 받아들여져 특정한 의례에 나타나게 된다"고 했다. 이때 탈을 쓴 사람은 배우가 아니라 정령 그 자체나 화신으로 믿어진다. 원시적인 마음에서 보면 신화의 세계는 현실과 다르지 않은 것이다.

## 최초의 탈

옛날이나 오늘날이나 탈을 만드는 사람은 온갖 기술과 정성을 기울이며, 때로는 탈 자체를 신과 같이 숭배하기도 한다. 흥미로운 것은 암각화에도 사각형의 탈 모양이 온전히 남아 있다는 점이다. 머리에 묶는 끈까지 표현되어 있는 완벽한 탈의 모습이 그려져 있는데, 이는 실제 제의에서 사용되었음을 알 수 있다.

고령 양전리 알터의 암각화는 매우 특이하다. 이 그림을 사람의 얼굴을 표현한 탈로 보기도 한다. 바위에 뚫은 구멍은 눈으로 보고, 짧은 선들은 머리 털 혹은 수염으로, 네모난 외형은 얼굴로 본다.

신석기 시대 유물 가운데 탈로 추정되는 것은 부산 동삼동에서 출토된

ⓒ 부산 동삼동에서 출토된 조개에는 사람 얼굴이 새겨져 있는데, 일종의 주술적 도구로 사용된 탈로 보인다(왼쪽). 부산과 가까운 일본 규슈에서 발견된 조개 가면(오른쪽). 고대 한반도와 일본의 교류가 활발했음을 보여 주는 유물이다.

조개를 들 수 있다. 조개로 사람 얼굴을 만든 이 유물을 탈로 볼 수 있는지 의문이 드는 것도 사실이다. 하지만 이것은 분명 탈로 볼 수 있다. 전경욱 교수는 『한국 가면극, 그 역사와 원리』에서 "흙이나 나무, 또는 유기질 등으로 사람의 모습을 만들고 이 조개 가면을 그 위에 씌워 주술에 사용했을 것"으로 추정하고 있다.

그런데 왜 하필이면 조개로 탈을 만들었을까? 이런 의문에 대한 답을 찾

ⓒ 멕시코 서부 콜리마 지역에서 출토된 2천 년 전 메소 아메리카 조개 가면

게 된다면 이 유물이 탈이라는 사실이 더욱 명확해질 것이다. 먼저 의문의 답은 조개 그 자체에서 찾을 수 있다. 고대인들에게 조개는 특별한 물건이었다는 사실을 기억해야 한다.

오늘날 우리가 사용하는 화폐라는 단어도 조개에서 유래된 것이다. 인류가 사용한 상품 화폐 가운데 가장 오래 전부터 쓰인 것이 조개 화폐이다. 조개 화폐는 중국, 인도, 아프리카, 호주, 아메리카 등 거의 모든 대륙에서 찾을 수 있다. 파푸아뉴기니 동쪽 비스마르크 제도에서는 오늘날에도 조개 화폐를 사용하고 있다.

조개는 그 모양이 여성의 성기와 닮아 생산과 풍요를 상징했을 것으로 추정된다. 원시인들은 조개가 마르지 않는 샘처럼 여성의 상징으로부터 솟구치는 생명력을 갖고 있다고 보았다. 그래서 그 힘을 활용하고자 했다. 부적이나 장신구로 사용하게 되면 여성에게 생명력을 강하게 해 주고, 액이나 악운으로부터 보호해 준다고 믿었다. 원시인들은 조개가 죽은 사람에게도 도움이 된다고 믿었다.

미르치아 엘리아데는 『이미지와 상징』에서 "조개가 죽은 사람에게 새로운 탄생을 준비시켜 주며, 피안의 세계에서 좋은 운명을 받도록 해 준다고 믿었다"고 했다. 중국에서는 사람이 죽으면 관 속에 조개를 같이 넣어 주었다. 조개의 생명력으로 좋은 곳에 다시 태어날 것을 기원하는 마음이 담긴 행동이었다. 인도에서도 죽은 사람이 살던 집에서 묘지에 이르는 길을 따라서 사람들이 조개를 불고 여기저기 뿌린다. 아프리카에서는 무덤 바닥 한 층을 조개로 깐다. 이런 풍습은 아메리카 인디언들 사이에도 흔히 나타난다.

◐ 아프리카 콩고에서 특별한 제의 행사 때 사용된 탈. 탈의 곳곳을 조개로 장식한 것으로 보아, 풍요를 기원하는 용도로 사용된 것으로 보인다.

신석기 시대 사람들은 다양한 기능과 의미가 있는 조개로 팔찌, 탈 등을 만들었다. 신석기 시대 조개탈 가운데 유일한 것은 동삼동 패총에서 출토된 것이 있다. 유사한 형태의 조개탈이 일본 규슈지역의 패총 유적에서 출토되고 있다. 규슈 구마모토현(熊本縣) 아타카패총(阿高貝塚)에서 출토된 조개탈은 눈과 콧구멍을 뚫은 것인데, 동삼동 패총보다 훗날 만들어진 것이다.

조개탈이 어떻게 사용되었는지는 명확하게 알 수 없으며, 다만 흙이나 나무 등으로 인체의 모습을 만든 후 이 조개탈을 씌워 주술에 사용했을 것이라고 짐작할 뿐이다. 복천박물관 하인수 관장은 "동삼동 패총의 조개탈은 가리비에 눈과 입을 표현한 구멍을 뚫어 만든 것이며, 조개가 갖는 다양한 상징성으로 보아 집단의 공동의식이나 벽사 도구로 이용되었을 것"으로 추정하고 있다.

# 고구려 시대

### 주몽과 유화의 탈

고구려에서는 굴 속에 나무로 된 큰 신상을 모시고, 제사를 지냈다고 한다. 이 신상은 주몽의 어머니 유화부인과 주몽의 모습을 나무로 깎아서 만든 것이라는 기록도 있다. 고구려 후기에 편찬된 「주서(周書, 7세기)」나 「북사(北史, 7세기)」는 다음과 같이 기록하고 있다.

> 신묘 두 곳이 있으니, 하나는 부여신이라 하며 나무로 깎은 부인상을 만들었다. 하나는 등고신이라 부르니, 이는 그 시조신인 부여신의 아들이라 한다. 같이 관사를 두고 사람을 보내서 수호하는데, 아마도 하백녀(유화부인)와 주몽을 말하는 것이라 한다.

'관사를 두고 사람을 보내서 수호했다'는 것은 이들 신을 모신 사당이 체제와 위엄을 갖춘 국가 종교로서 신봉되었음을 알 수 있다. 또한 물의 신이자 농사신인 유화부인을 모셨다는 것은 풍요로운 수확을 기원할 목적이었을 것임을 추정해 볼 수 있다. 여기서 나무로 만든 신상은 농사의 풍작을 기원하는 제의에서 사용되던 탈과 유사하다는 것을 알 수 있다.

고구려 건국신화에서도 탈놀이의 흔적을 찾아볼 수 있다. 고구려의 건국 시조 주몽의 아버지 해모수는 천제(天帝)의 아들로 지상에 내려와 인간 세상을 다스렸는데, 어느 날 물가에서 하백(河伯)의 딸 유화를 만났다. 유화는 두 여동생들과 놀러 나왔다가 해모수의 눈에 띄어 웅심산(熊心山) 아래 압록강(鴨綠江)가로 끌려갔다. 큰 딸이 어떤 낯선 남자에게 끌려갔다는 전갈을 받은 물의 신 하백이 급히 달려와 해모수와 대결을 벌였다.

하백이 잉어로 변하면 해모수가 수달이 되어서 잡고, 사슴이 되면 승냥이가 되고, 꿩이 되면 매로 변하여, 마침내 하백은 해모수가 천제의 아들임을 인정하고 딸과 혼인시켰다는 신화가 그것이다.

## 탈 변신 싸움

가락국의 건국 시조 김수로왕과 탈해의 신통력 싸움에서도 비슷한 사례를 찾아볼 수 있다. 『삼국유사』 가락국기는 김수로왕과 탈해의 '탈 둔갑 싸움'에 대해 다음과 같이 기록하고 있다.

완하국(琓夏國) 함달왕(含達王)의 부인(夫人)이 임신을 하여 아기를 낳았는데, 하필 알이었다. 그 알이 변해서 사람이 되어 이름을 탈해(脫解)라 했다. 탈해가 가락국에 왔는데, 키가 3척이요, 머리 둘레가 1척이나 되었다. 그는 대궐로 나가서 김수로왕에게 "나는 왕의 자리를 빼앗으러 왔소"라고 했다. 김수로왕은 "하늘이 나를 명해서 왕위에 오르게 한 것은 장차

나라를 안정시키고 백성들을 편안케 하려 함이니, 감히 하늘의 명(命)을 어겨 왕위를 남에게 줄 수도 없고, 또 우리 국민을 너에게 맡길 수도 없다"고 했다. "그렇다면 술법(術法)으로 겨뤄 보려는가?" 탈해는 신통력 대결을 제안했다. 김수로왕이 좋다고 하니 탈해는 참새로 변했다. 김수로왕은 새매로 변하는데 그 변하는 것이 조금도 시간이 걸리지 않았다. 탈해가 매로 변하니 김수로왕은 독수리로 변했다. 탈해가 자신의 본래 모습으로 돌아오자 왕도 역시 본래 모습이 되었다. 이에 탈해가 엎드려 항복하고 신라로 떠났다고 한다.

신화학자들에 따르면 고대의 신화는 국가 제사 등 특별한 의례에서 읽혀지거나 연극으로 재현되었다고 한다. 국가 의례는 신화의 현재적 구현을 의식적인 사건으로 구성했다는 것이다. 고구려라는 나라의 건국 신화는 가장 신성한 신화였을 것이고, 국가 행사 때마다 그날의 이야기들이 공연으로 되풀이되었을 것으로 짐작해 볼 수 있다.

실제로 동물 변신 장면 탈놀이는 중국 한나라 때 유행하기도 했는데, 어룡, 만연, 공작희, 표희 등이 그것이다. 『서역전찬(西域傳贊)』에 보면 황금을 토한다고 해서 함리라 불리던 동물이 황제 앞에서 춤을 추다가 물이 격렬하게 분출하면 비목어라는 외눈박이 물고기로 변한다. 그리고 안개를 내뿜으며 점점 길이가 여덟장(丈)이나 되는 황룡으로 변하여 춤을 춘다. 기록에는 전하지 않지만 해모수와 하백, 김수로왕과 탈해의 흥미진진한 대결 장면을 연극으로 재현할 때에는 탈을 사용하여 변신 장면을 재현했을 가능성이 매우 크다.

## 황금의 탈

유물로 전하는 고구려 시대 탈도 있다. 지금은 중국 땅이 된 길림성 동단산에서 출토된 탈이 그것이다. 황금으로 입체감 있게 만들어진 이 탈은 흥미롭게도 상투를 하고 있다. 부여 유적으로 추정되는 청동으로 만든 사람이나 홍산문화에서 출토된 조개껍질로 만든 인형도 상투머리를 하고 있다. 상투머리에 쓴 모자는 흑룡강성 동부여 무덤 유적에서 출토된 인형에서도 확인되었다. 박선희 교수는 『고조선 복식문화의 발견』에서 "발굴자들은 이 유적을 선비족의 유적일 것으로 추정하지만, 이 시기 이 지역에는 동부여가 있었기 때문에 자작나무 껍질로 만든 인형은 동부여의 유물이 분명하다"고 밝혔다.

고구려에서 일찍이 탈을 만들어 사용해 왔다는 사실은 벽화에서도 드

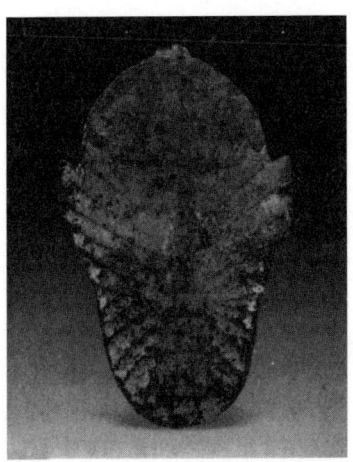

ⓒ 박선희 교수가 『고조선 복식문화의 발견』에서 공개한 고구려 황금가면.

러난다. 고구려 고분벽화는 고구려 사람들의 세계관을 압축해서 보여 주고 있다. 당시 고구려 사람들은 토테미즘과 샤머니즘, 그리고 도교와 불교 의식으로 충만해 있었음을 벽화를 통해 알 수 있다. 벽화는 죽은 사람의 영혼을 위로하고 지켜 주고, 죽은 사람의 영혼을 좋은 세상으로 보내기 위해 그려졌다. 고구려인의 무덤 제작은 장엄함과 경이로움 그 자체였으며, 아름다운 의례와 예술은 우리 민족에게는 더 할 수 없는 보물이라 할 수 있다.

고구려 고분벽화의 내용에는 탈춤인 기악이나 인형극인 꼭두각시놀음의 인물과 유사한 모습들이 등장하고 있어 눈길을 끈다. 각저총에 있는 씨름도에는 서역인처럼 생긴 건장한 장사의 모습들이 보인다. 마치 양주별산대놀음에 등장하는 취발이나 꼭두각시놀음에 등장하는 홍동지를 연상케 한다.

특히 고구려 안악 3호분 동수묘(冬壽墓)의 벽화 중, 후실의 무악도에는 외국 출신으로 보이는 춤꾼이 탈을 착용하고 있는 것으로 보인다. 긴 퉁소와 비파의 한 종류인 완함, 거문고의 주악에 맞추어서 춤을 추는 그림인데 퇴색이 심해 잘 보이지 않아 아쉬움이 남는다. 다만 춤을 추는 오른쪽 인물은 그나마 알아볼 수 있는 수준인데, 이 인물은 점무늬의 머리쓰개를 쓰고 코가 큰 탈을 썼으며, 다리를 X자형으로 꼬고 손뼉을 치는 듯한 자세로 춤을 추고 있다.

## 고대의 한류

고구려의 탈춤은 기악(伎樂)이라 하는데, 실크로드 주변의 여러 지역에서 공연되던 것이 고구려까지 전파된 것으로 보인다.『구당서(舊唐書)』라는 책에 의하면 5세기가 되면서 고구려 기악이 중국으로 전파되었다고 한다. 아마도 중국 기악과 고구려 기악이 서로 달라 역으로 전파된 것으로 보인다. 수나라나 당나라의 궁중 연희에서는 고구려 무용이 빠지지 않았고, 고구려 가무가 공연될 때에는 반드시 대규모 악대가 동원되었다고 한다. 심지어 당시 귀족 가운데는 개인적으로 고구려 무용수나 악공을 데리고 있는 경우도 많았다고 한다.

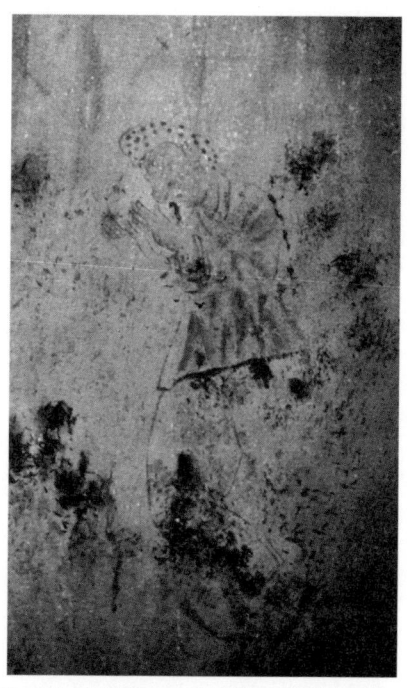

◐ 고구려 안악 3호분 동수묘의 벽화 중 후실의 무악도에는 춤꾼이 머리쓰개를 쓰고 코가 큰 탈을 썼으며, 다리를 ×자형으로 꼬고 손뼉을 치는 듯한 자세로 춤을 추고 있다.

물론 고구려에 기악이 들어오기 전에 탈춤이 없었다는 것은 아니다. 이 땅에는 무당굿, 서낭굿 등을 통해 탈춤이 행해지고 있었고, 삼국 시대 중국 기악의 영향을 받아 변이와 창작을 이루었다는 말이다.

고구려의 인형극도 중국에 전해졌다. 중국의 기록에는 고구려의 인형극에 대한 내용이 전하고 있다. 전경욱 교수가 찾아 낸 중국 자료를 정리하면 다음과 같다.

"가무희에는 대면(大面), 발두(發頭), 답요랑(踏搖娘), 굴뢰자(窟礌子) 등이 있다. 굴뢰자는 괴뢰자(魁礌子)라고도 한다. 인형을 만들어 연희했는데, 가무를 잘했다. 고구려에도 역시 인형극이 있었다. 현재 민간에서 성행하고 있다.[두우(杜佑) 통전(通典) 굴뢰자(窟礌子)]"

"괴뢰와 월조, 이빈곡은 이적 장군이 고구려를 멸망시킨 뒤에 바친 것이다 [마단임(馬端臨), 문헌통고(文獻通考), 동이부(東夷部)]."

당나라 두우가 801년 편찬한 「통전(通典)」에 고구려 인형극이 언급되고 있으며, 송나라 마단임(馬端臨)이 중국의 인형극을 이야기하면서 고구려 인형극을 언급한 것은 그만큼 고구려 인형극이 유명했다는 것을 의미한다. 특히 당나라 이적 장군이 고구려를 멸망시키고 황제에게 인형극을 진상했다는 내용으로 볼 때, 고구려 인형극이 중국의 것과 다르고, 그 수준이 매우 뛰어났다는 것을 짐작하게 한다.

정경욱 교수는 "고구려의 인형극이 중국의 것과 비슷한 것이었다면 굳이 승전 기념물로 진상하지 않았을 것이다. 아마도 인형극 연희자와 악사들이 함께 납치되어 가서 인형극을 공연했던 것으로 추정된다. 이 인형극은 고구려에서 생겨난 것이거나 서역으로부터 유래된 인형극이 고구려에서 한층 발전된 것으로 여겨진다"고 밝혔다.

일본에 전파된 기악은 백제에서 먼저 전해지고, 그 다음으로 고구려의 것이 전파된 것으로 보인다. 『일본서기(日本書紀)』에는 백제를 통해 7세기에 전파되었다고 알려지고 있는데, 고구려의 것은 이보다 약 50년 정도 늦게 전래된다. 하지만 일본에서는 백제악이나 신라악이라는 이름은 사라지고 고려악(高麗樂, 고마가쿠)이라는 이름만 남게 된다.

# 백제 시대

## 일본에 전해 준 탈놀이

『일본서기(日本書紀)』에 의하면 백제 사람 미마지(味摩之)가 일본으로 귀화하여 구레, 즉 오(吳)나라에서 배운 기악(伎樂舞), 일명 구레가쿠(吳樂)를 스이코 천황(推古天皇, 554~628) 때 일본에 전했다고 한다. 『일본서기』 스이코 천황 20년(612년)조에 등장하는 내용은 아래와 같다.

"백제인 미마지가 귀화하여 말하기를 '구레(吳)에서 배워서 기악의 춤을 출 수 있습니다'라고 했다. 그를 영정(사큐라이)에 살게 하고 소년들을 모아서 기악(춤)을 가르치게 했다. 진야수제자(眞野首弟子), 신한제문(新漢濟文) 두 소년이 그 춤을 배워서 전수했다."

일본 33대 천왕인 스이코 천황은 일본 역사상 최초의 여제(女帝)로, 조카인 쇼토쿠 태자(聖德太子)를 섭정으로 등용하여 조정을 개혁하였다. 중국 수나라와 백제, 신라와 긴밀한 관계를 유지하면서 적극적으로 문물을 수용했는데, 이때 백제로부터 기악(伎樂)을 받아들였던 것으로 보인다.

　기악은 일본 고전무악으로서 탈만 전할 뿐 놀이로서는 전승되지 않았다. 기악 탈은 7, 8세기의 것이 200여 면이나 남아 있어 당시의 모습을 보여 준다. 내용은 먼저 시시(獅子)가 춤을 추는데, 이 시시는 시시지(獅子兒)라고 불리는 미소년이 이끈다. 다음은 고코고코(吳公)가 부채를 들고 등장하여, 악사(樂師)를 향해 피리를 불거나 그치는 시늉을 하면 악사가 피리를 불거나 그친다. 다음은 가루라(迦樓羅)가 나와 서조(瑞鳥)의 춤을 춘다. 다음에 곤고(金剛)와 바라몬(婆羅門)이 나와서 승려에 대한 희극적 연기를 하고 곤론(崑崙)은 고조(吳女)를 사모하는 외설적인 춤을 춘다. 이어서 리키시(力士)가 등장하여 곤론을 항복시킨다. 다음에는 노녀(老女) 차림의 다이코(太孤)가 아들 둘을 데리고 허리를 밀고 무릎을 치게 하며 불전(佛前)에 예불한다. 끝으로 스이코(醉胡)가 등장하여 호인(胡人)의 술 취한 모습을 흉내 낸다. 학자들에 따르면 기악은 본래 출장(出場)하는 인물들이 몇 명씩 어울려 하나의 정경을 구성하며, 몇 개의 장면을 연출하는 가면희였을 것으로 추정하고 있다.

## 기가쿠는 백제의 기악

일본에서는 기악을 기가쿠라고 불렀는데, 백제 귀화인 후손들은 야마토국 시로시타군 모라야촌에 살면서 기가쿠를 가업으로 세습하면서 전승했다고 한다. 기가쿠는 불교의 2대 명절인 사월초파일(4월 8일)과 우란분절(7월 15일)에 모든 사찰에서 연행될 정도로 융성했다고 한다.

여기서 흥미로운 사실은 백제 미마지가 기악을 배웠다고 하는 오(吳)나라의 실체이다. 중국 춘추 시대 오나라는 서기 229년 세워졌다가 280년에 망한 나라였다. 미마지가 활동한 시기와 약 400년의 차이가 생긴다. 그래서 학자들 중에는 오나라가 존재했던 지역을 말하는 것이 아닌가 하는 견해가 있는가 하면, 우리나라 남부 지방을 말하는 것이 아닌가 하는 견해도 있다.

그렇지만 필자는 오(吳)라는 한자보다는 구레라는 소리를 주목하고 싶다. 구레는 우리말로 고구려를 의미한 것이 아닌가 한다. 일본인 학자 아유가이(鮎貝房之進)는 구레를 고구려라고 보았고, 미시나 쇼에(三品彰英)도 구레는 구레(句麗)이고 고구려를 말한 것이라고 하였다. 이렇게 본다면 고구려를 통해 기악을 배운 미마지가 일본에 건너가 기악을 전해 주었다는 것을 알 수 있다. 이두현 교수는 당시 백제 사찰에서 행해지던 기악이 일본에 전해질 때 기악의 연희자 집단이 함께 진출했을 것으로 추정하고 있다. 그는 "미마지가 일본으로 건너갈 때 혼자만이 아니고 미마지로 대표되는 연희자 집단이 이주했을 것이라고 보는 것이 타당할 것 같다"고 밝혔다.

미마지가 전해 준 기악의 내용은 13세기(1233년) 일본 문헌인 『교훈초(敎訓抄)』를 보면 대략적으로 짐작할 수 있다. 『교훈초』에 따르면 기악은 절에서 탈을 쓰고 춤을 추면서 올리는 불사(佛事) 공양(供養)이었다고 한다. 사찰 내에서 불교의 장엄구를 설치하고, 스님들이 악기의 반주에 따라 의식을 진행하는 기악대가 있었으며, 또한 기악에는 탈을 쓰고 춤을 추는 하나의 과정이 있었다고 한다. 기가쿠는 처음부터 불교의식에서 탈을 쓰고 춤을 추는 기악이었다는 것이다.

한편 최재석 교수는 일본의 기악이 신라의 것이라는 주장을 내놓고 있다. 그의 주장에 따르면 『일본서기』에 나오는 7세기 초반까지의 기악은 백제의 것이 맞지만, 7세기 후반부터의 기악은 신라의 기악이라고 보고 있다. 8세기 신라와 일본과의 정치 및 불교의 교류관계, 기악 무용 때 착용한 옷의 종류, 신라 기와문양과 정창원(正倉院) 기악 가면 형태의 유사성, 한국 탈과 일본 기악의 존속 시기 등을 볼 때 신라의 것임을 짐작할 수 있다는 것이다.

그런데 백제 기악의 내용은 순수한 불교의식과는 차이가 있다고 생각

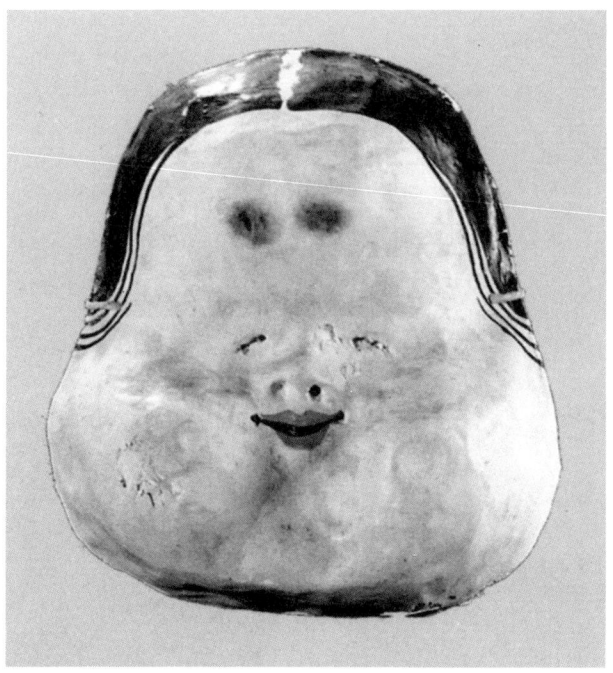

▶ 일본 종이탈

된다. 백제 지역에 오래전부터 자리 잡고 있던 마한(馬韓)의 소도(蘇塗) 제천의식과 기악이 결합된 방식이 아니었을까 하는 것이다. 마한에는 탁무(鐸舞)라고 하는 춤이 있었는데, 청동방울을 손에 들고 추는 춤으로 알려져 있다. 기악에서 북과 징을 치면서 춤을 추고 노래하는 모습과 유사하다.

송화섭 교수는 "마한에서는 춤꾼들이 집단적으로 청동방울 또는 소고(小鼓)와 같은 악기를 손에 들고 춤을 추었을 가능성이 있다. 소도에서 천신에 제사 지내기에 앞서 귀신을 물리치는 의식으로 탁무와 흡사한 춤을 추었다"고 보고 있다.

ⓒ 충북 음성에서 출토된 청동방울. 고대의 청동방울은 귀신을 쫓는 기능이 있었다고 한다.

## 귀신을 쫓는 탈과 방울

소도는 삼한 시대(三韓時代)에 천신(天神)을 제사 지낸 지역을 의미하는데, 오늘날 솟대가 그 흔적으로 추정되고 있다. 소도에는 큰 나무를 세워 놓고 북과 방울을 걸어 놓았다고 하는데, 나무에 걸어 놓은 방울과 북은 기악에서 연주할 때 사용하는 북과 청동방울(銅鈴)일 가능성이 크다. 청동방울은 고대로부터 귀신을 부르거나 쫓아내는 신성한 도구로 사용되었으며, 지금도 무당들은 방울을 사용하고 있다.

◐ 무덤에서 발굴된 얼굴무늬가 새겨진 도자기(조선 시대). 청동방울과 유사한 형태이며, 눈이 4개인 점으로 미루어 볼 때 저승과 이승을 넘나들 수 있는 존재임을 알 수 있다.

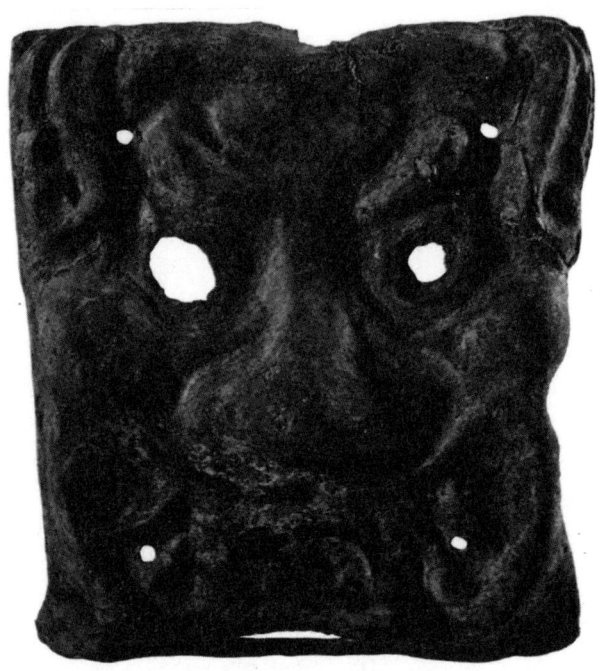

◉ 부여에서 발견된 청동가면은 7세기경 제작된 것으로, 두 눈과 사방에 끈을 맬 수 있는 구멍이 만들어져 있다.

청동방울로 추정되는 가면형 청동기가 충북 음성에서 출토되어 눈길을 끈다. 이 청동방울은 청동기 시대 동령과는 달리 마한이나 백제의 것으로, 사람의 얼굴모양(탈)을 새겨 놓고 있다. 청동방울이 귀신을 쫓는 기능을 갖고 있듯이, 탈도 벽사의 기능을 갖고 있다.

송화섭 교수는 "탈을 쓴 사람이 동령을 들고 춤을 추는 의식무가 기악에서 행해졌을 가능성이 크다. 가면형 청동방울이 벽사적 도구로 사용되었듯이 봉산탈춤과 양주별산대에 등장하는 8먹중들도 붉은색 가면을 쓰고 사악함을 물리치는 벽사 의식무를 춘다"고 밝혔다. 그의 주장대로 8먹중은 불법을 수호하는 8부신중(八部神衆)에 근원을 두고 있어서, 그 연원이 백제 기악무에서 비롯된 것일 가능성이 크다. 음성 대소에서 출토된 동령은 양주별산대놀이에 등장하는 먹중탈과 꼭 닮았다. 송교수의 표현대로 '둥근 얼굴에 눈 모양새가 가면의 눈맵시 같이 둥글면서 눈꼬리를 길게 모은 양식이 같고, 코가 주먹코처럼 큰 모양새와 옆으로 길게 벌린 듯한 입모양이 먹중탈과 너무 흡사'하다.

부여 구교리와 관북리에서 출토된 방형가면 청동기도 백제의 것으로 볼 수 있다. 청동제 가면은 7세기경 제작된 것으로, 두 눈과 사방에 끈을 멜 수 있는 구멍이 있는 것으로 볼 때 실제 가면극에서 사용한 것임을 알 수 있다. 이 청동가면이 발견된 곳도 사찰로, 당시 절에서 기악이 연희될 때 탈춤이 행해졌음을 추정해 볼 수 있는 유물이다.

# 신라 시대

## 신화의 나라 신라

신라의 탈에 관해서라면 빠질 수 없는 것이 처용탈이다. 하지만 신라에는 처용탈만 있었던 것이 아니다. 『삼국유사(三國遺事)』에 나타난 신라의 가면무로는 상염무 같은 산신무, 위령탈을 쓴 황창무(黃昌舞), 벽사나례의 처용무와 십이지신무, 그리고 신라박(新羅狛)이 있었다.

신라박은 우리나라의 기록에는 전하지 않고 있는데, 일본 헤이안(平安) 시대에 제작된 『신서고악도(信西古樂圖)』에 등장하고 있다. 그림을 보면 두 손과 두 발, 머리에 도합 다섯 개의 탈을 착용한 괴물이다. 신라박이 어떤 식으로 연희를 펼쳤는지는 기록이 없어 알 수 없지만, 사악한 귀신을 물리치는 벽사의식에 사용되었을 것으로 추정된다. 지금의 사자춤처럼 말이다.

일본에서 12세기에 만들어졌다는 『신서고악도』에 나오는 신라박은 사자춤의 일종이다. 일본에서 박(狛)은 '고마'로 읽히고 있어, 고구려를 뜻하는 것으로 알고 있었으나 『신서고악도』에서 박은 동물을 가리키고 있다.

이 박이란 동물은 머리에 뿔이 있으며, 늑대처럼 사납고 양을 잘 모는 목양견으로, 하늘의 개(天狗)라고 한다.

신라의 대표적인 탈춤 가운데는 황창무(黃昌舞)가 있다. 황창무는 황창(黃昌)의 얼굴을 본뜬 탈을 쓰고 추는 신라 시대의 검무(劍舞)이다. 신라의 소년 황창랑이 백제에서 칼춤을 추다가 백제왕을 찔러 죽였다는 전설에서 유래하였다. 전설에 의하면 신라의 황창랑이라는 7세의 소년이 검무(劍舞)를 추는 척하다가 백제왕을 암살했는데, 백제인들에게 피살되었으므로 신라 사람들이 이를 슬피 여겨 소년의 얼굴을 닮은 탈을 만들어 쓰고 칼춤을 추었다고 한다.

그런데 역사 기록 어디에도 황창랑에 대한 이야기가 등장하지 않는다.

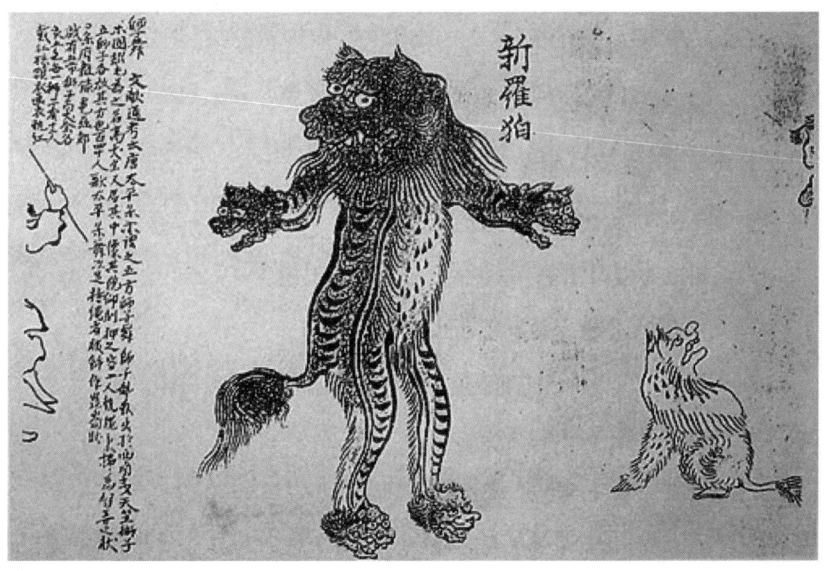

● 일본에서 12세기에 만들어졌다는 『신서고악도』에 나오는 신라박

백제의 임금을 죽였다는 엄청난 소년에 대한 기록이 전해지지 않을 리 없는데 말이다. 비슷한 인물을 찾는다면 관창이 있다. 백제와의 전쟁에서 신라군의 사기를 높이기 위해 홀로 적진에 뛰어들어 싸우다 죽은 화랑 관창의 이야기가 유래된 것으로 보인다.

## 검무의 원조

관창의 죽음으로 사기가 오른 신라군은 계백장군이 이끈 5천 결사대를 상대로 승리, 백제를 멸망시키기에 이른다. 관창의 죽음은 신라 승리의 원동력이 되었던 것이다. 신라 백성들은 나라를 위해 죽어간 관창의 영혼을 위로하기 위해 관창의 탈을 만들어 쓰고 춤을 추었다. 관창의 죽은 혼을 위로하기 위한 것임을 미루어 생각해 보면, 부락제(部落祭)나 당굿에서 무격(巫覡)들에 의해서 추어지지 않았을까 상상해 볼 수 있다.

『삼국사기』열전(列傳) 제7에 보면, 청년용사 해론(奚論)이나 화랑 김흠운(金歆運)의 전사에 대해 신라 사람들은 노래를 지어 부르는 등 고인의 행적을 기리는 행위를 했음을 알 수 있다. 해론(奚論)은 백제의 가잠성 공격에 맞서 싸우다 식량이 떨어져 자결한 아버지의 원수를 갚고 성을 되찾았으나, 백제군의 역습에 전사한 장수다.

해론은 "예전에 아버지가 여기서 돌아가셨다. 지금 내가 여기서 백제와 싸우니 오늘이 내가 죽을 날이다"라며 적진에 뛰어들어 전사하였다. 당시 사람 중 애도하지 않는 사람이 없었으며, '장가(長歌)'를 지어 그의 넋을 위로했다고 한다. 화랑 김흠운(金歆運)은 고구려와 백제의 공격에 맞서 싸우다가 영웅적인 죽음을 맞았는데, 사람들은 '양산가(陽山歌)'를 지어 그의 죽음을 슬퍼하였다고 한다.

신라에서는 사랑하고 의지하던 자가 죽었을 때 그 넋을 위로하기 위해, 고인의 모습을 탈로 만들어 쓰거나, 고인의 공적을 노래로 만들어 불렀다. 이는 죽은 자와 살아남은 자 쌍방에 위로가 되었을 것이다. 여기서 고대인들의 무언극적(無言劇的) 무용과 드라마의 한 기원을 볼 수 있다.

신라의 설화를 종합해 보면 당시의 검무는 묘기를 보이는 등의 검무가 아니고, 탈을 착용하고 희극성을 띤 가면동자무검희(假面童子舞劍戱)였음을 추측해 볼 수 있다. 아무튼 황창무는 통일신라 시대부터 전해져 내려온 우리나라 최고의 춤이며, 모든 검무의 원조가 되는 춤이다. 진주 검무 또한 이 춤에서 비롯되었다.

## 원효대사의 탈놀음

신라의 고승 원효대사(元曉大師)가 무애를 가지고 노래를 부르며 춘 무애무(無㝵舞)라는 춤도 탈놀음으로 보는 견해가 있다. 『삼국유사(三國遺事)』에는 이 춤을 원효대사가 요석공주(瑤石公主)와 결혼하여 파계(破戒)한 후 광대들의 춤을 보고 만든 것이라고 전하고 있다. 원효대사는 우연히 광대들이 큰 표주박을 놀리며 춤추는 것을 보게 되었는데, 그 모양과 같이 도구를 만들어 무애라 이름 붙였다. 무애는 『화엄경(華嚴經)』의 '일체무애인(一切無㝵人) 일도출생사(一道出生死)' 중에서 '무애(無㝵)' 두 자를 따서 이름 지었다. 이 춤은 무애를 가지고 춤추고 노래 부르던 광대들의 놀음에서 유래된 것으로 볼 때 탈놀음이 아니었는가 하는 추측을 해 볼 수 있다.

신라 헌강왕(憲康王, 875~886) 때 포석정에 출현했다는 남산신의 춤도 탈놀음이었을 가능성이 크다. 『삼국유사(三國遺事)』 권2 〈처용랑 망해사 조〉에는 헌강왕에게 산신과 지신들이 나라의 멸망을 예언하는 춤을 춘 것으로 전하고 있다. 내용을 정리하면 대략 다음과 같다.

> 왕이 포석정(鮑石亭)에 나갔을 때 남산 산신이 나타나 임금 앞에서 춤을 추었다. 신하들의 눈에는 보이지 않고 임금의 눈에만 산신이 보였다. 산신이 춤을 추는 대로 임금이 따라 춤을 추었다. 임금은 그 모습을 잘 살펴 조각 장인에게 명해 새기게 하여 후대에 보이게 했다. 산신의 이름을 상심(祥審)이라고 했는데, 신라 사람들은 이 춤을 어무상심(御舞祥審), 혹은 어무산신(御舞山神)이라고 했다. 상염무(霜髥舞)라고도 했는데, 이것은 그 형상에 따라서 이름을 지은 것이다.

포석정은 신라의 왕들이 흐르는 물에 술잔을 띄워 놓고 연회를 하던 장소로 여겨져 왔지만, 최근의 연구 결과 신성한 장소였음이 드러나고 있다. 특히 『화랑세기』 필사본에서 포석정을 포석사(鮑石祠)라고 표현하고 있으며, 1998년 남쪽으로 50m 떨어진 곳에서 많은 유물이 발굴되면서 이곳에 큰 규모의 건물이 있었음이 드러났다.

더군다나 출토된 유물들은 제사에 사용된 것으로 보이는 제기류 등으로, 포석정이 연회를 즐기던 곳이 아니라 나라의 안녕을 기원하는 제사 의식을 거행하던 신성한 장소였음을 알 수 있다. 훗날 55대 경애왕이 여기서 놀다가 견훤군에 의해 참변을 당했다고 하는데, 실상은 이곳에서 마지막으로 제사를 올리고 있었던 것이 아닌가 한다.

국가의 운명이 다해 가는 상황에서 헌강왕이 포석정에 들러 남산 산신에게 제사를 올렸는데, 임금이 직접 남산 산신의 탈을 쓰고 춤을 추는 형식이었음을 짐작해 볼 수 있다. 산신탈은 상염무(霜髥舞)라는 이름으로 볼 때 하얀 수염을 길게 늘어뜨린 노인의 모습이었다는 것을 알 수 있다.

신선희 교수는 "흰 수염의 산신이 다른 사람의 눈에는 보이지 않고 왕에게만 현신했다는 것은 이 춤이 신악무(神樂舞)였음을 의미한다. 탈은 신령을 표현하는 것이고, 신령은 접신된 사람에게만 보이기 때문이다. 왕에게

▶ 신라 헌강왕이 남산 산신에게 제사를 올린 포석정.

직접 공수를 내리는 남산의 산신령은 하얀 수염을 흩날리는 할아버지 모습의 탈을 쓰고 놀음을 진행했음을 알 수 있다"고 밝혔다.

사람이 신격의 탈을 쓰고 그 신격의 춤을 춘 것은 어떻게 이해해야 하는가에 대해 조동일 교수도 "이 문제에 대한 해답은 길게 따지지 않아도 명확하다. 그것은 굿이다. 탈을 쓰고 춤을 추는 사람에게 그 신격이 하강하여 바라는 바가 이루어지도록 하기 위해서 거행된 굿이다"고 말하였다.

헌강왕 5년에도 탈놀음을 추정해 볼 수 있는 기록이 있다. 『삼국사기(三國史記)』 신라본기에 의하면 헌강왕은 3월에 동부 지방 순행길에 올랐다. 이때 어디에서 왔는지 알 수 없는 네 사람이 왕이 탄 수레 앞에 와서 춤을 추고 노래를 불렀다. 이들은 생긴 모양이 해괴하고 의관이 이상야릇했는데, 사람들은 이들을 '산과 바다의 정령'이라고 했다.

## 처용의 등장

매년 봄에 진행되는 신라왕의 지방 순행은 산천에 지내는 제천의례를 겸하는 것이었다. 이때 산해정령들이 왕 앞에 나타났다는 것은, 정령의 탈을 쓴 사람들이 제천의례를 올렸다는 것으로 이해할 수 있다.

지방 순행에서는 빠뜨릴 수 없는 사건이 일어나는데, 바로 처용의 등장이다. 헌강왕이 개운포(지금의 울주)에 들렀다가 돌아가려는데, 구름과 안개가 자욱해서 길을 잃고 말았다. 왕이 괴이하게 여겨 신하에게 까닭을 물었다. 천문을 맡은 관리가 "동해 용의 장난이니 좋은 일을 하여 풀어야만 합니다"라고 하였다. 왕이 용을 위하여 근방에 절을 세우라고 하였더니 구름이 걷히고 안개가 흩어졌다. 동해 용이 기뻐하여 아들 일곱을 데리고 임금의 수레 앞에 나타나 왕의 덕을 찬미하고 춤을 추었다. 그 중 일곱째 아들이 경주로 들어와서 왕의 정치를 보좌했는데, 그가 바로 처용이다.

왕은 처용에게 미인을 주어 장가를 들게 하고, 급간(級干)이라는 벼슬까지 하사했다. 그의 아내는 너무나 고왔기 때문에 귀신들까지 흑심을 품었다. 하루는 역병을 옮기는 귀신이 사람으로 변하여 처용의 아내를 범했다. 처용은 밖에 나갔다가 집에 돌아오니 집안에서는 이상한 일이 벌어지고 있었다. 처용은 춤을 추면서 노래를 불렀다.

> 서울 밝은 달에
> 밤 이슥히 놀고 다니다가
> 들어와 잠자리를 보니
> 다리가 넷이도다.
> 둘은 내 것이지만,
> 둘은 누구의 것인가?
> 본디 내 것이다만
> 빼앗긴 것을 어찌하리오?

그때 역신이 모습을 나타내고 처용 앞에 꿇어앉았다. 역신은 "내가 공의 아내를 사모하여 지금 범하였는데도 공은 노여움을 나타내지 않으니 감동하여 아름답게 여기는 바입니다. 맹세코 지금 이후부터는 공의 형상을 그린 것만 보아도 그 문에 들어가지 않겠습니다"라고 했다. 이후에 신라에는 처용의 모습을 그려 문에 붙여 나쁜 귀신을 쫓고 복을 맞아들이는 풍습이 생겼다고 한다.

처용의 존재에 대해서는 대략 일곱 가지 설이 있다.

① 벽사가면이 인격화(現人辟邪神)되었다는 설 : 처용이라는 인물이 실제로 존재했던 것이 아니라 나쁜 귀신을 물리치기 위해 부적처럼 사용된 재웅(짚, 인형 등)이 실존 인물처럼 되었다는 주장이다.

② 반중앙적 지방 호족의 아들로서의 질자(質子: 아들을 인질로 보냄)설 : 당시 신라는 지방 곳곳에서 반란이 끊이지 않았는데, 개운포 지역에까지 반란의 조짐이 있자 그곳 호족의 아들을 서라벌로 데리고 왔다는 주장이다.

③ 이재술(理財術)을 지녔던 이슬람 상인설 : 이는 처용탈의 모습이 코가 크고, 눈과 눈썹의 이목구비가 뚜렷하며, 동해바다를 통해 개운포에 올라왔다는 행적을 통해 유추한 주장이다.

④ 호국호법룡의 불교 상관 인물설 : 당시 신라는 불교가 융성했지만, 여전히 산신과 용을 숭배하는 토착신앙도 유지되고 있었다. 용의 아들이라는 점에서 토착신앙과 결합된 불교와 관련된 인물이 아닌가 하는 주장이다.

⑤ 무격(巫覡) 또는 무격의 몸주(主神)설 : 춤과 노래를 통해 역신을 물리친 행위는 무당들의 전형적인 모습이라는 주장이다.

⑥ 풍월도적 미륵신앙을 갖고 있는 화랑설 : 화랑은 본래 신궁(神宮)을 받들고 산천을 찾아 수행하던 선도(仙道)집단이라 할 수 있다. 『화랑세기』에서도 화랑은 선도(仙道)임을 밝히고 있다. 처용랑이라는 기록과 역신을 몰아낸 행적을 염두에 둔 주장이다.

⑦ 중국 종규(鐘馗)의 영향을 받아 형성되었다는 설 : 종규는 그 성격과 역할이 처용과 매우 비슷하다는 면에서 이런 시각이 있다.

## 종규 VS 처용

종규(鐘馗)는 여러 면에서 처용과 비슷하다. 일반인과 사뭇 다른 외모가 먼저 눈에 띈다. 그의 얼굴이나 모습을 문 앞에 붙여 놓으면 귀신들을 막아 준다는 특징도 있다. 복(福)을 불러온다는 점에서는 처용이 생산성을 상징하고 있다는 점과 유사하다.

귀신을 잡아 먹는 종규의 얼굴은 무쇠로 된 수염이 났고, 표범 같은 머리에 호랑이 눈, 몸에는 붉은 도포를 입고 있다(처용의 붉은 얼굴과 같은 상징색이다). 발에는 굽이 높은 선발을 신었으며, 손에는 날카로운 칼을 쥐고, 발은 작은 귀신을 차고 있다.

중국에서는 집집마다 종규의 그림을 붙여 놓음으로써 역신(疫神)과 사악함을 막고 집을 보호하고자 했다. 그림 속에는 '종규가 집에 붙어 있으니, 칼을 잡고 요괴를 베어 버리네. 집을 지키며 능히 사악함을 제거할 수 있으며, 온 가족이 모여 태평스러움을 즐길 수 있으리라'는 글이 있다.

『구경유사(舊京遺事)』라는 책에는 "궁중에서 섣달그믐 날에 각 문에 붙어 있는 춘련을 교체하고 비단에 그린 종규(鐘植)의 신상(神像)을 붙였다. 신년 며칠 전에는 각 궁마다 종규의 신상을 황실의 가족들에게 나누어 주었다"는 기록이 있다. 당·송 이래로 황제는 매년 연말이 되면 종규의 신상과 달력을 대신들에게 주었다.

귀신을 막아 주던 종규는 복을 불러 오는 존재로도 발전하였다. 『평귀전(平鬼傳)』에 종규는 상서로운 구름을 몰고 다니는데, 신도(神荼)가 한 마리 박쥐로 변하여 앞에서 길을 인도하고, 울루(鬱壘)는 보검으로 변하여 종규의 등에 엎드려 있으며, 모든 귀신들은 그 뒤를 바싹 따랐다는 기록이 있다. 종규는 요괴를 죽이고 사악함을 쫓는 신이기 때문에 새해 초에 집집

중국에서는 집 입구에 종규의 그림을 붙여 놓음으로써 역신(疫神)과 사악함을 막고 집을 보호하고자 했다.

마다 종규의 모습을 그린 그림을 붙인다.

신도(神荼)와 울루(鬱壘)는 귀신들이 드나드는 문을 지키는 신이다. 한나라 채옹(蔡邕)의 『독단(獨斷)』에 "바다에 도삭(度朔)이라는 산이 있는데, 위에는 복숭아나무가 삼천리 길이로 둘러 있다. 낮은 가지 동북쪽에 귀신들이 다니는 문이 있는데, 온갖 귀신들이 이리로 출입한다. 신도(神荼)와 울루(鬱壘) 두 신이 그 문에 살며 여러 귀신들을 감독했는데, 그 중 해악을 끼치는 귀신은 잡아 가두거나 호랑이에게 먹였다"는 기록이 있다. 이런 문을 지키는 두 신이 보검과 박쥐로 변해 종규를 위해 헌신하고 있다는 점에서 종규의 위력을 알 수 있다.

그런데 종규나 처용은 본래 인간신이라기보다는 자연신이었던 것으로 보인다. 위압적인 모습의 신은 감정이 없는 자연신의 상징이었다. 서울대 김학주 교수는 "그것은 원시인들이 대자연의 엄청난 위력 앞에 의지하고, 굴종하고, 어찌할 바를 몰라 하는 심리를 반영하고 있으며, 권력과 힘에 대한 숭배를 표현하고 있다"고 했다.

이 같은 힘에 대한 숭배 심리가 봉건 시대가 되면서 영웅으로 옮겨 갔다고 한다. 맹수의 입과 코, 이빨, 털을 지니고 있는 것은 이들이 본래 자연신이었음을 말해 준다는 것이다. 사회가 문명화되면서 자연신의 모습은 점차 정상인의 면모로 변해 갔다. 위풍당당한 무인의 얼굴이나 단정하고 우아한 학자의 모습으로 유형화되었다. 이 시대의 민중들에게 이런 종류의 위풍당당한 영웅은 흉포한 얼굴의 무인의 모습이든, 아니면 부드러운 학자의 모습이든 모두 불굴의 강인한 힘을 갖고 있어 자연계의 귀신들을 제압할 수 있고 인간 세상의 악마도 굴복시킬 수 있다고 믿어졌다.

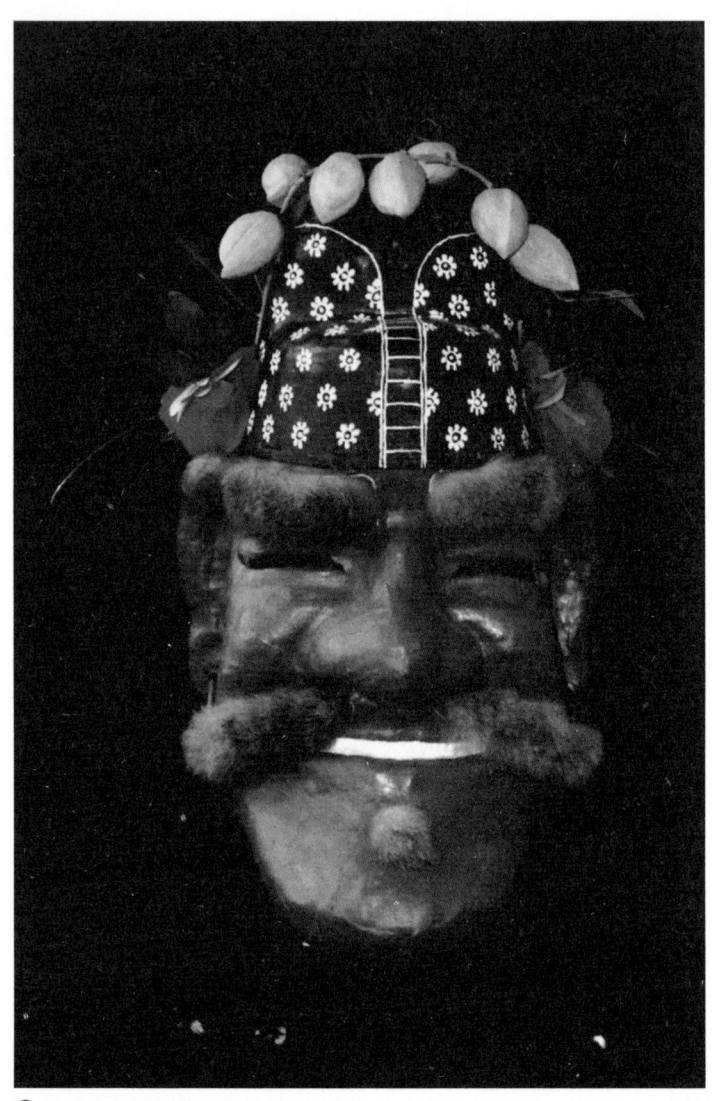

◐ 사악한 기운을 쫓는 붉은 얼굴과 복숭아, 풍요를 상징하는 모란 등으로 장식된 처용탈(이도열 제작)

## 조선 왕실에 전해진 처용

처용이 추었다는 춤은 처용무(處容舞)로 전하고 있다. 중요무형문화재 제39호로 지정되어 보호되고 있는 처용무는 고려 때도 즐겼다는 기록이 전한다. 조선 중기 성현(成俔)이 지은『용재총화(慵齋叢話)』에는 처용무가 본래 검정색 옷을 입고, 붉은 색 탈을 쓴 1인무였다고 기록되어 있다.

원래 붉은 탈을 쓰고 1인이 추던 처용무는 조선 세종 때에 와서 오방처용(五方處容)으로 바뀌었다. 신라 시대 불교에서 나타나는 오방신(五方神)과 고려 시대에 중국 송나라에서 오방춤이 유입되면서 처용무도 오방처용무로 정착하게 된 것이다. 처용무는 고려와 조선 시대를 거치면서 궁중의례로 자리 잡았으며, 기층 민중의 탈놀이로는 전승되지 않았다.

처용무는 주로 섣달그믐날 잡귀를 쫓는 나례의식에서 행해졌으며, 산대잡희(山臺雜戱), 중국 사신 접대, 궁중다례 때에도 연희되었다.『악학궤범(樂學軌範)』에 의하면 섣달그믐날 붉은색 옷을 입은 수십 명의 동자로 이루어진 진자(侲子)들의 축귀의식무(逐鬼儀式舞)가 끝난 뒤에 처용무를 추었다고 한다.

그런데 여기서 짚고 넘어가야 할 것이 바로 처용의 붉은 얼굴이다. 설화의 내용에 역신이 처용의 아내를 빼앗았고, 아내를 빼앗긴 처용은 아내를 빼앗은 자인 역신을 춤과 노래로 물리쳤다고 한다. 조동일 교수는 역신을 겨울의 상징으로, 처용은 여름의 상징으로 해석하고 있다. 여성은 풍요를 상징한다고 가정하고, 그 풍요를 사이에 둔 겨울과 여름의 전쟁이 설화로 구성되었다는 것이다. 풍요를 사이에 둔 두 남성의 싸움을 설정하고, 두

남성 중 하나는 물러가야 할 존재이고, 다른 하나는 물리치는 존재라는 점에서 겨울과 여름의 싸움의 전형적인 구성이라는 것이다.

ⓒ『악학궤범』에 그려진 처용무

ⓒ 궁중에서 행해졌던 처용무(송석하 사진)

## 겨울과 여름의 전쟁

겨울과 여름의 싸움은 붉은색으로 분장하거나 붉은색 가면을 쓴 여름을 상징하는 사람들이, 검은색으로 분장하거나 검은색 탈을 쓴 겨울을 상징하는 사람들을 몰아내는 방식으로 진행되는 굿판이었던 것으로 추정된다.

처용을 여름의 상징으로 보는 이유는 그의 외모에 있다. 역신은 겨울, 어둠, 죽음을 상징하는 검은색 복장을 하고 있는 데 반해 처용은 붉은색 탈을 쓰고 있다. 붉은색은 생명력을 상징하고 있는데, 서낭당 여신이나 각시의 치마도 붉은색이며, 제주도 입춘굿에서 밭에 씨앗을 뿌리는 농부의 탈도 붉은색이다.

동슬라브에서도 붉은색은 여자의 생식 능력을 암시하며, 불길한 기운을 막아 주는 주술에 이용되기도 한다. 사람들에게 붉은색은 탄생과 죽음과 연관되고, 대지의 풍요와 불길한 징조를 막아 주는 정화의 힘을 갖고 있다고 믿어졌다. 러시아 모스크바를 상징하는 붉은광장은 '세상의 중심이 되는 가장 아름다운 공간'이라는 의미라고 한다. 동슬라브에서는 붉은색이 악귀를 몰아낸다고 믿고 있어 붉은 장미, 붉은 고추 등은 액운을 막아 주는 주술에 이용되기도 한다.

그리고 동슬라브에서는 여름을 힘이 매우 강한 남자라고 믿었다. 여름은 수목이 우거지고 곡식과 열매들도 무르익기 시작하며, 낮의 길이도 길어지는 계절로, 식물들의 성장과 생식이 가장 절정에 달하는 시기이기 때문이다.

반면 겨울은 '쇠 이빨을 달고 있는 할멈의 계절'이라고 생각했다. 우리 탈놀이판에서 미얄할미가 겨울을 상징하고 있는 것과 유사하다. 이 겨울의 할미는 어둠의 정령들과 불길한 기운으로 가득한 얼음의 숨을 쉰다. 얼음, 서리, 눈보라 등의 부하들을 통해 온 세상을 얼어붙게 만들기도 한다. 겨울의 할미는 세상을 온통 하얗게 만들지만, 자신도 늙어서 하얗게 되고 말았다고 한다.

러시아에서도 겨울과 여름은 끝없는 전쟁을 한다고 믿었다. 계절의 변화를 빛(여름)을 상징하는 벨로보그와 어둠(겨울)을 상징하는 쵸르노보그의 대립으로 풀이했다. 유난히 길고 추운 슬라브의 어두운 겨울은 쵸르노보그가 벨로보그를 이겼기 때문에 생겨났다고 믿었다. 봄은 벨로보그가 승리한 결과이다. 죽음의 여신 마레나는 겨울의 암흑과 어둠을 대표하는 여신인데, 쵸르노보그의 아내라고 한다. 러시아에서는 긴 겨울의 추위와 어둠을 이겨내기 위한 동지 축제를 연다. 이때도 여름을 상징하는 벨로보그와 쵸르노보그의 대립을 축제로 즐겼다고 한다.

경남 창녕군 영산면에서 행해지는 문호장굿(文戶長)에서도 늙은 본처는 검은색으로 상징되고, 젊은 첩들은 붉은색으로 상징된다. 문호장이라는 영웅신은 본처를 버리고 첩과 관계를 맺는 내용으로 구성되어 있는데, 본처는 늙어 성행위를 할 수 없고 출산을 할 수 없으나 첩은 두 가지 모두를 할 수 있다.

굿에서 문호장은 본처의 사당으로 가기 전에 먼저 첩의 사당으로 가는데, 이것 때문에 본처의 무당이나 구경꾼들은 욕설을 퍼붓고 싸운다. 본처편 무당 한 사람은 머리를 산발한 채 입에는 거품을 물고 온 몸을 부들부들 떨다가 쓰러지기까지 한다. 윤리적인 관점에서는 당연히 옳지 못한 내용이지만, 조선 시대에도 이런 내용의 굿판이 전승되어 왔다는 사실은 당시에도 생산력을 매우 중시했음을 짐작케 한다.

조동일 교수는 "늙고 검은 것은 농사를 지을 수 없는 겨울이고, 젊고 붉은 것은 농사를 지을 수 있는 여름으로 해석된다. 겨울의 상징인 남성이 여성과 맺는 비정상적인 관계에서는 이루어지는 것이 없다. 물리치는 존재, 즉 여름의 상징인 남성이 여성과 맺는 관계에서는 풍요가 이루어진다고 보는 것"이라고 설명한다.

아내를 사이에 둔 처용과 역신의 관계는 탈놀이에서 그대로 나타난다. 소무를 사이에 둔 취발이와 노장의 싸움, 영감을 사이에 둔 각시와 할미의 싸움이 그것이다.

역신, 노장, 할미는 불길하며 생산성이 없는 존재들이다. 이들은 이성을 차지하고 성행위를 해 보았자 아이를 생산할 수 없다. 그래서 겨울로 분류된다. 노장이나 할미는 농사를 지을 수 없는 계절의 늙고, 검은 모습이고, 취발이나 각시는 농사를 지을 수 있는 여름의 젊고 붉은 모습이다. 노장과 소무 사이의 성행위에는 아무 것도 이루어지지 않지만, 취발이와 소무는 같이 살게 되자 바로 아이를 낳고 아이는 놀랄 만큼 빨리 성장하게 된다.

| 겨 울 | 풍 요 | 여 름 |
|---|---|---|
| 역 신 | 아 내 | 처 용 |
| 노 장 | 소 무 | 취 발 이 |
| 할 미 | 영 감 | 각 시 |

처용, 취발이, 각시는 생산력을 갖는 존재들로 여름의 상징성을 갖는다. 겨울과 여름의 싸움은 원래 농사지을 수 없는 계절인 겨울을 물리치고 농사를 지을 수 있는 계절인 여름이 빨리 오게 하기 위한 주술적인 굿이었는데, 점차 인간들 사이의 갈등을 중재하기 위한 역할로 확장되면서 극으로 발전하게 되었다. 처용무도 원래 굿이었다가 극으로 발전한 것으로 보인다.

## 최치원이 기록한 탈놀이

이외에도 신라 시대 유행하던 탈놀이들을 짐작할 수 있는 기록이 전하는데, 최치원(崔致遠)의 '향악잡영오수(鄕樂雜詠五首)'가 그것이다. 최치원은 탈놀이를 내용으로 '향악잡영시(鄕樂雜詠詩)' 다섯 수를 지었다. 금환(金丸)·월전(月顚)·대면(大面)·속독(束毒)·산예(狻猊) 등이 그것이다.

금환. "몸을 돌리고 팔 휘두르며 금환을 희롱하니, 달이 구르고 별이 흐르는 듯 눈에 가득 신기롭다. 좋은 동료 있다 한들 이보다 더 좋으리, 넓은 세상 태평한 줄 이제사 알겠구나."

월전. "높은 어깨 움츠린 목에, 머리털 일어선 모양, 팔 걷은 여러 선비들 술잔 들고 서로 싸우네. 노랫소리 듣고서 사람들 모두 웃는데, 밤에 휘날리는 깃발 새벽을 재촉하누나."

대면. "황금빛 얼굴 그 사람이, 구슬채찍 들고 귀신 부리네. 빠른 걸음 조용한 모습으로 운치 있게 춤추니, 붉은 봉새가 요 시대 봄철에 춤추는 것

같구나."
속독. "엉킨 머리 남색 얼굴 사람과는 다르네, 떼 지어 뜰 앞에 와서 난새 춤을 배우네. 북치는 소리 둥둥 울리고 겨울바람 쓸쓸하게 부는데, 남쪽 북쪽으로 달리고 뛰어 한정이 없구나."
산예. "1만 리 머나먼 길 서방 사막 지나 오느라, 털옷은 다 해어지고 티끌만 뒤집어 썼네. 머리와 꼬리를 흔드는 모습, 인덕이 배어 있도다. 영특한 그 기개 온갖 짐승 재주에 비할쏘냐?"

금환은 금칠한 공을 공중으로 던졌다 받는 묘기의 하나이고, 월전과 대면은 탈놀음의 하나로서 처용무와 연관시켜 생각해 볼 수 있다. 속독은 중앙아시아에서 유입된 것으로 탈을 쓴 무극으로 해석되며, 산예는 사자춤이다. 오늘날 하회별신굿놀이, 북청사자놀이, 봉산탈춤 등에서 사자춤을 볼 수 있다.

사자춤은 인도의 것이지만, 서역과 동방으로 전해지면서 지금까지도 우리나라와 일본에 전승되고 있다. 우리나라에는 본래 사자가 없었다. 하지만 신라 지증왕 때 이사부(異斯夫) 장군이 우산국(于山國)을 정복하면서 나무로 사자를 만들어 상대를 제압했다고 기록되어 있다.

이사부 장군이 울릉도를 정복하는 과정은 매우 흥미롭다. 나무로 사자를 만들어 우산국 사람들에게 겁을 주어 점령했다고 한다. 정말 그랬을까? 『삼국사기』에는 이사부가 뱃머리에 나무 사자를 내세워 우산국을 정벌했다고 기록하고 있다.

우산국을 정복하고 공물을 바치게 하라는 지증왕의 명령은 이사부를 난감하게 했다. 우산국은 절벽으로 둘러싸인 천연의 요새 속에 있었고 사람들은 거칠고 강했다. 공격하는 쪽에서 불리할 수밖에 없었다.

이사부는 기발한 방법을 생각해냈다. 우산국 사람들이 무서워하는 동물을 이용하기로 한 것이다. 이사부는 나무로 사자를 만들어 배에 실었다. 며칠 뒤 전투는 시작되었다. 예상대로 우산국 사람들은 매우 완강했다. 이사부는 사자를 뱃전에 내세웠다. 우산국 사람들은 날카로운 이빨을 드러낸 사자들이 뱃전에서 으르렁거리는 모습을 보았다. 이사부는 큰 소리로 "우리 왕의 명령에 따르지 않을 때에는 이 성난 사자를 풀어 놓아 한 사람도 남김 없이 몸을 찢어 버리도록 하겠다. 어떻게 할 것이냐?"라고 외쳤다.

그토록 사납던 우산국 사람들도 생전 처음 보는 괴물 앞에서 기가 죽었다. 우산국의 왕은 당장 항복하고 공물을 헌상할 것을 약속했다. 우산국 사람들이 사자상을 보고 항복한 것이 사실이라면 그 이유는 무엇일까? 이에 대해, 삼한 시대에 유포된 샤머니즘의 우상이 사자였기 때문이라는 주장이 있다. 김원룡 교수는 "우산국 사람들은 강원도와 경상도 바닷가 지방 출신들이라고 본다. 그랬기 때문에 나무 사자 거짓말이 통했다"고 보고 있다.

우산국 사람들이 사자에 대해 이미 알고 있었고, 사자탈이 전투용으로 이전부터 사용되어 온 것은 아닐까? 신라의 친위병 가운데는 사자대가 조직되어 있었는데, 이 역시 사자탈의 위력을 이용한 사례다. 맹수나 무서운 형상의 탈은 원시 시대부터 전쟁탈로 사용되어 왔는데, 이사부가 이를 잘 활용한 것이다.

이사부가 만들었다는 나무 사자도 문자 그대로 해석하는 것보다는 좀 더 상상력을 발휘할 필요가 있을 것 같다. 우산국 사람들이 바보가 아닌 이상 나무로 만든 사자를 보고 항복하지는 않았을 것이다. 오히려 이사부가 병사들의 얼굴에 사자탈을 쓰게 하고, 무시무시한 괴성을 지르게 하지 않았을까? 살아 움직이는 괴물들을 보고 사기가 꺾인 우산국 병사들을 손쉽게 제압하였을 것이라고 추정하는 것이 좀더 현실적인 것 같다.

북한학자 김일출은『조선 민속 탈놀이 연구』에서 "신라의 전사들은 전투에 앞서 사자탈을 쓰고 적을 잡아서 짓밟는 동작을 춤으로 표현했을 것이다. 혹은 승전을 축하하는 전사들의 흥겨운 놀이에 사자의 활발한 춤이 한몫을 했을 것이다. 온갖 짐승들을 위복시키는 사자의 용맹스러운 동작은 여기서 활발한 표현들을 가졌을 것"이라고 추정했다. 전쟁용으로 만들어진 사자놀이가 신라 백성들의 생활 감정에 알맞은 새로운 내용으로 변화되어 오늘날 사자놀이로 전승되었다는 것이다.

## 탈을 쓴 토우

탈과 관련한 신라 시대의 유물 가운데 주목할 것은 목심칠면탈과 토우이다. 목심칠면탈에 대해서는 셋째 마당에서 다루기로 하고, 여기서는 토우에 대해 살펴보고자 한다. 토우 가운데는 탈을 사용한 흔적을 뚜렷이 알 수 있는 모습이 있다.

주형토기에서는 배를 젓는 인물이 탈을 쓴 모습을 보이고 있다. 이난영 교수는『신라의 토우』에서 "두 다리를 쫙 벌리고 두 팔을 옆으로 벌려 뒤쪽으로 활짝 젖힌 모습을 하고 있는데, 그로테스크한 얼굴 모습은 아마도 탈을 쓴 것이 아닌가 짐작케 한다"고 밝혔다.

◐ 새의 탈을 쓴 토우

◐ 탈춤을 추는 토우

이난영 교수의 분석에 따르면, 주악상 중 춤추는 동작을 한 남자상에서도 탈을 쓴 인물이 발견된다고 한다. 눈이 얼굴 밖으로까지 벌어져 나갔으며, 눈동자도 그냥 푹 파버린 모습이 아니라, 눈 속이나 입속까지도 정성들여 다듬은 흔적이 보인다는 것이다. 또 한쪽 다리를 앞으로 뻗고 다른 한쪽 다리는 무릎에서 구부려 뒤로 젖힌 채 왼손을 앞으로 내민 모습은 탈을 쓰고 곡예를 하는 모습으로 풀이하고 있다.

학모양의 탈을 쓴 것도 있다. 이 인물은 두 손을 머리 위로 번쩍 치켜들고 두 다리를 벌리고 당당하게 서 있는데, 머리는 뒤통수에서부터 앞 이마 쪽으로 쭉 뻗어서 날카로운 학의 부리를 연상케 한다. 부산 동래지방에는 지금도 학이 날아와서 먹이를 먹고 노는 장면을 표현한 학춤이 전하고 있고, 학 모양의 탈을 쓰고 등에는 학의 날개까지 붙인 인물이 춤을 추는 그림도 전해오고 있다.

이난영 교수는 "신라의 토우들로 볼 때 적어도 죽은 사람을 저승으로 보내는 의식에서 새의 탈을 쓴 사람에 의한 장송(葬送)의 행렬이나 춤이 있었을 것으로 보아도 큰 잘못은 없을 것"이라고 하였다.

일본에서도 탈을 쓴 토우가 아오모리현(青森縣)부터 나가노현(長野縣)에 걸쳐 일본 동쪽지역에서 출토되었다. 탈을 쓴 토우가 발견되었다는 사실은 이 시기에 탈을 쓰고 연행을 하는 제사가 있었으며, 토우를 사용한 제사와 탈을 사용한 제사가 밀접한 관계가 있었음을 의미한다.

# 고려 시대

## 개국 공신의 탈춤

고구려로부터 백제, 신라 등으로 전승되어 온 탈놀이는 고려에도 그대로 전해졌다. 고려 시대 명장 신숭겸(申崇謙)의 행적을 기록한 문헌 『고려사』 권14, 「평산신씨장절공유사(平山申氏壯節公遺事)」 기록에 신앙탈에 대한 내용이 등장한다. 신앙탈은 신라 헌강왕 때 포석정에 출현했다는 남산신의 춤과 매우 유사한 흐름을 갖고 있다.

고려 제16대 왕 예종(睿宗) 15년 8월 서경의 팔관회(八關會)에 참관했을 때의 일이다. 허수아비 둘이 머리에 비녀를 꽂고 자색 옷을 입고, 홀(笏)을 잡고 금인(金印)을 차고, 말을 타고 뛰면서 뜰을 돌아다녔다.

예종이 이상히 여겨 신하에게 물었다. 신하들은 "허수아비 둘은 신숭겸과 김락(金樂)으로, 태조 대왕께서 견훤과 싸우다가 팔공산 전투에서 궁지에 몰렸을 때 대왕을 대신해서 죽은 공신들입니다"라고 설명하였다.

태조 왕건은 그들의 공을 높이고자 팔관회에서 추모하는 행사를 벌였지만, 그 자리에 두 공신이 없는 것을 애석하게 여겨 두 공신의 허수아비를 만들어 복식을 갖추고 자리에 앉게 하였다. 그랬더니 두 공신은 술을 받아 마시기도 하고 생시와 같이 일어나서 춤을 추었다는 것이다. 이러한 설명을 들은 예종은 감격해서 한시와 함께 작품을 지었는데, 이것이 '도이장가(悼二將歌)'이다.

북한학자 김일출은 두 공신의 허수아비를 탈로 단정했다. 그는 "허수아비가 말을 타고 돌아다닌다는 광경은 탈을 쓰고, 복식을 갖추고 말을 탄 사람들이 김락과 신숭겸의 장렬한 전투 장면을 보여 준 것이기에 탈놀음이 틀림없다"고 했다. 전경욱 교수도 "김락과 신숭겸의 허수아비에 탈을 씌웠는지 안 씌웠는지는 알 수 없으나, 두 공신의 모습을 나타내기 위해 탈과 유사한 얼굴 형상을 표현했을 것이 틀림없다"고 주장하며 허수아비를 탈로 보는 것은 무리가 없다고 했다.

고려 시대에는 중국에서 나례가 들어오기도 했다. 나례는 '구나(驅儺)·대나(大儺)·나희(儺戲)'라고도 하는데, 음력 섣달그믐날에 묵은해의 잡귀를 몰아내기 위하여 벌이던 의식을 말한다. 각 가정에서는 부뚜막을 새로 바르는 등 집안을 깨끗하게 청소하고 정돈을 한다. 자정이 되면 마당에 불을 피워 집안에 있는 잡귀들을 몰아내고 깨끗하게 새해를 맞이할 준비를 한다.

중국에서는 씨족사회 시기부터 이미 나희가 있어 왔다. 동물을 모방한 춤을 추어 역귀(疫鬼)들을 쫓아 버리는 것이었다고 전해진다. 『고금사류전서(古今事類全書)』 제12권에는 이렇게 적혀 있다.

옛날 전욱 고양씨(高陽氏)가 지배할 때였다. 전설에 의하면 전욱은 98세까지 살았으며 78년간 재위하였다고 하며, 죽은 뒤에는 반은 사람이고 반은 물고기로 변했다고 한다. 그는 역시 전설상의 인물인 황제(黃帝)의 손자인데, 그에게는 세 아들이 있었다고 한다.

그의 세 아들은 죽어서 모두 역귀가 되었다고 전한다. 하나는 강수(江水)에 살아서 익귀(溺鬼)가 되었고, 하나는 약수(若水)에 살아서 망량귀(魍魎鬼)가 되었다. 익귀는 물귀신이고, 망량귀는 전염병 귀신이다.『수신기(搜神記)』에 보면 망량귀는 말라리아를 일으키는 학질신의 형제라고 한다. 그리고 나머지 하나는 궁궐 남쪽에 살면서 아이들을 놀라게 하는 소귀(小鬼)가 되었다. 중국에서는 해마다 12월이면 제사를 맡은 관리에게 명하여 시나(時難)를 열어 온 궁궐을 뒤져서 역귀를 쫓아내도록 했다고 한다.

1973년 청해(青海)성 대통(大通)현에서 신석기 시기의 도기(陶器) 쟁반이 출토되었는데, 이 쟁반에는 춤을 추는 모습이 새겨져 있고, 그 위쪽으로 머리를 길게 땋은 인물이 짐승의 꼬리를 붙잡고 있는 모습이 그려져 있다. 중국 학자들은 이것이 초기 나(儺)의 모습일 것으로 추정하고 있다.

## 현전하는 탈춤의 기원

탈춤은 우리나라에 고려 정종(靖宗) 6년 무렵에 전래된 것으로 보인다. 『고려사』에 의하면 12세 이상 16세 이하의 사람을 뽑아 가면을 씌우고 붉은 옷을 입혔다고 한다. 그 중 한 사람은 방상씨(方相氏)탈을 쓰고 곰 가죽을 걸치고 검정 윗옷과 붉은 치마를 입었으며, 오른손에는 창, 왼손에는 방패를 잡았다. 다른 한 사람은 창수(唱帥: 주문을 외우는 사람)인데 역시 탈을 쓰고 가죽옷을 입고 몽둥이를 쥐었다.

악공들의 연주에 맞추어 춤을 추었는데 처용무도 추었다고 한다. 대궐에서 잡귀를 몰아내기 위하여 벌이던 나례는 조선 시대에도 계속되었는데, 조선 후기 이후에는 그 규모가 대폭 축소되었다.

나례는 그것을 관장하는 나례청이라는 기관이 있을 정도로 성대하게 거행하였다. 대궐의 인정전(仁政殿)·사정전(思政殿)·명정전(明政殿) 뜰에서 거행하였으며, 사람과 짐승의 여러 모습의 탈을 쓰고 진행하였다.

탈춤 연구 초기에 공연 현장에서 채록한 연희자들의 말에 의하면 탈춤의 기원이 고려 말이라는 이야기도 있다.

고려 말엽, 만석(萬石)이라는 늙은 도승이 살고 있었는데, 그는 세상 사람들로부터 살아 있는 부처(生佛)라 할 정도로 존경을 받았다. 그런데 취발이라는 방탕한 처사가 그만 만석을 타락시키고 말았다. 만석은 취발이의 계략에 빠져 미녀를 통해 파계하게 되었고, 그때 불교의 장례를 염려하던 뜻있는 사람이 일반인들의 풍습이 퇴폐하는 것을 경계하고자 탈놀이를 만들었다는 것이다. 양주별산대놀이나 봉산탈춤도 비슷하게 이야기되고 있다.

물론 고려 말부터 노장 스님 이야기가 형성되어 오늘에 이른다고 보기는 어렵다. 다만 고려 말에 산대놀이를 통해 다양한 잡극이 공연되었고, 노장 스님의 파계 이야기도 중요한 레퍼토리 중 하나였을 것이라는 추정은 가능하다.

그런데 탈하면 떠오르는 안동하회탈도 알고 보면 고려 시대에 만들어진 것이다. 서연호 교수는 하회탈이 만들어진 시기에 대해 고려 중기(11세기)까지 거슬러 올라간다. 고려 시대의 안동지역은 문화가 번창한 지역이었다. 당시 안동지역에는 3백여 개의 사찰이 있었으며, 중앙정부에서도 국력을 기울인 요새였다.

하회에는 예부터 '허(許)씨 터전에, 안(安)씨 문전에, 류(柳)씨 배판'이라는 말이 전해 온다. 하회에는 고려 중엽까지 허씨들이, 고려 말엽까지 안씨들이, 조선 시대부터는 류씨들이 주도권을 행사하며 살아오고 있다. 이 지역에는 탈을 만든 허도령 이야기가 전하고 있으며, 고려 허 정승(政丞) 무덤이 최근까지 있었다는 것으로 볼 때 하회탈 탄생 시기를 고려 중엽으로 볼 수 있다는 것이다.

『안동향토지』에 따르면 하회에서 처음 탈을 만든 사람은 허도령이라고 한다. 마을에 가뭄이 들고 사고가 잇따르는 등 재앙이 일어나자 마을사람들은 노심초사했다고 한다. 어느 날 허도령의 꿈에 산신령이 나타나서 12개의 탈을 만들어 제사를 올리면 마을의 재앙이 물러날 것이라고 했다. 허도령은 마음의 주산인 화산(花山)에 들어가 금줄을 치고 외부인의 출입을 막았다. 그리고 밤낮을 가리지 않고 정성스럽게 탈을 만들었다.

허도령에게는 사랑하는 처녀가 있었는데, 허도령은 "탈을 완성하기까지는 절대로 찾아오지 말고 기다려 달라"고 말하고 떠났다. 하지만 기다림에 지친 처녀는 사모하는 정을 가누지 못하고 허도령이 혼자 있는 집을 찾아가서 문구멍을 뚫어서 안을 들여다보게 되었다. 그러자 허도령은 부정을 타서 피를 토하고 죽었다고 한다. 열두 번째로 만들던 이매탈은 미처 턱을 각지 못한 미완성으로 남고 말았다. 하회탈이 어떻게 탄생했는가를 설명하는 이 이야기는 매우 비극적인데, 이런 비극성이 바로 이 탈을 더욱 신비롭고 신성하게 만드는 역할을 한다.

이 탈은 항상 공개되는 것이 아니었다. 마을에서는 별신굿을 할 때만 탈이 공개되었다. 만약 평상시에 탈을 보려면 산주가 먼저 고사를 지내고 상자를 열어야만 비로소 볼 수 있는 신성한 탈이었다. 오랫동안 사용하지 않아 탈에서 악취가 나면 향나무를 끓인 물로 씻었다고 한다. 양반, 선비, 초랭이탈에는 수염을 새롭게 심기도 했다. 주지탈에는 꿩털을 꽂고, 부네와 각시탈에는 찹쌀 풀에 분을 타서 발라 흰색을 내고 연지와 곤지를 찍었다.

ⓒ 1940년 주지탈(송석하 사진)

◉ 하회별신굿 백정   ◉ 하회별신굿 부네

◉ 하회별신굿 선비   ◉ 하회별신굿 양반

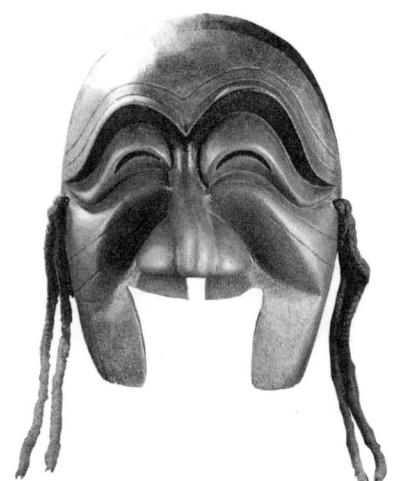

◐ 하회별신굿 이매

◐ 하회별신굿 중

◐ 하회별신굿 초랭이

◐ 하회별신굿 할미

## 하회탈과 쇠방울

하회탈을 보존해 온 장소는 마을 한가운데 있던 절이었다. 조선 시대에 들어와 절은 동사(洞舍)로 사용되었다고 한다. 동사는 동제를 앞둔 제관들이 합숙하거나 제의를 준비하기도 하는 장소인데, 1930년대 큰 불이 나 다 타 버렸다. 천만다행이도 다락에 보관했던 나무궤짝과 그 속에 넣어 둔 탈만 남았다. 현재 국보 제121호로 지정된 하회탈이 바로 그것이다.

하회지역 문화연구가인 류한상 씨의 기억에 의하면 겨울에 동사(洞舍)에 불을 때던 사람이 갑자기 간질병을 일으켜 의식을 잃은 사이에 불이 건물에 옮겨붙었다고 한다. 건물은 모조리 타 버렸으나 다락에 두었던 탈궤짝만 남아 있었다고 한다.

동사에는 탈과 함께 쇠방울도 보관되고 있었다. 별신굿에서 신의 강림을 기원하는 내림대에 달리는 주먹만한 쇠방울이 그것이다. 이두현 선생이 1964년 조사할 때만 해도 쇠방울을 볼 수 있었다고 하며, 동사에 탈과 함께 보관되어 있었다고 한다. 이 방울은 안동 권씨 마을의 동신에게서 가져왔다고도 하고, 옛날 어디선가 날아와 떨어졌는데, 그 떨어진 곳에 서낭당을 지었다는 전설도 있다.

안동 풍산읍 수동의 별신굿에서도 탈놀음이 진행되었다. 수동의 국신당은 고려 공민왕 내외의 신상을 나무로 깎아 당내에 모시고 음력 정월 보름에 마을 공동제사를 올리는 곳이다. 전설에 의하면 오래 전에 큰 홍수가 났을 때 벌판 가운데서 위패가 발견되어 그 자리에 모신 것이 국신당을 모신 계기라고 한다.

ⓒ 1940년대 하회마을 탈놀이패(송석하 사진)

3년에 한 번씩 별신굿을 한 뒤로부터 이 마을에는 재앙이 없어져 더욱 성대하게 굿을 하게 되었다고 한다. 인근에서는 "별신굿을 보지 않으면 죽어서 저승을 갈 수 없다"고 할 정도 유명했다고 한다. 별신굿에서는 제관, 농악대, 주민 등이 가장행렬을 했는데, 특히 호장 2명은 개가죽으로 만든 탈을 착용했다.

드라마 〈각시탈〉

2012년 허영만 작가의 만화를 원작으로 만든 드라마 〈각시탈〉이 방송되어 높은 인기를 얻기도 했다.

　드라마의 사건이나 핵심 에피소드들은 허영만 작가의 만화를 그대로 옮겨 놓았다. 강토와 각시탈의 숨막히는 추격 장면, 총에 맞은 각시탈이 몸을 숨기러 들어간 곳이 자신의 집인 것을 알게 된 강토의 비극적 모습 등이 그렇다. 또 강제 노역이나, 일제 순사에 고문당하는 민중을 극적으로 구해내는 에피소드들도 원작 그대로 거칠고 생생하게 그려냈다. 또한 뛰어난 택견 실력으로 적에 대항하는 원작의 강토처럼 드라마 속 주원 역시 스펙타클한 액션으로 영웅의 면모를 잘 보여 주었다.

　만화 속 사까다는 오로지 각시탈 처단에만 혈안이 되어 있는 냉혈한으로, 이강토는 항일정신이 뼛속 깊이 서린 영웅으로 강인함이 부각되어 그려졌다. 겉으로는 웃으면서도 속으로는 강한 마음을 지닌 이강토는 그야말로 선조들의 외유내강 정신을 고스란히 이어받은 한국형 토종 히어로인 셈이다. 허영만은 암울한 시대를 살아가야만 했던 우리 민족의 한을 짊어진 영웅 각시탈을 등장시켜 통쾌하게 일제를 응징하는 히어로를 탄생시켰다.

　그런데 각시탈의 모양이 어딘가 다르다. 만화 '각시탈' 속 각시탈은 얼굴 전체를 가리는 전통적인 각시탈인 반면, 드라마에 등장하는 각시탈은 얼굴의 상부만 가리는 형태로 원작과 큰 차이가 있다.

　이것이 만화와 드라마의 차이라고 볼 수 있겠다. 처음에는 만화처럼 얼굴을 모두 가리는 시안, 지금처럼 얼굴의 상부만 가리는 시안 등 여러 시안이 있었다고 한다. 그 중 상부만 가리는 시안을 택한 이유는 드라마이기 때문이었다고 한다.

▶ 일제를 통쾌하게 응징하는 영웅 각시탈은 허영만의 만화 작품이다.

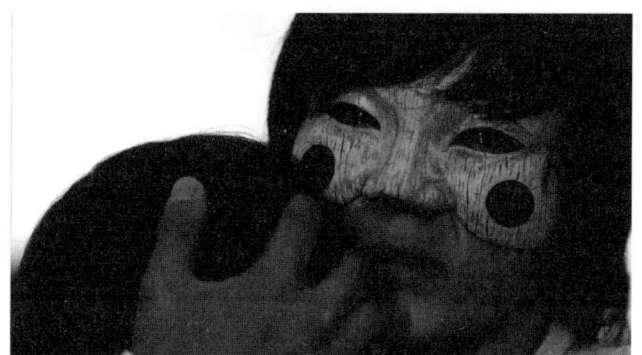

▶ 드라마 〈각시탈〉은 만화가 허영만의 작품을 극화하여 크게 인기를 얻었다.

첫째, 각시탈을 연기하는 배우들이 탈을 썼을 때 더욱 멋지고 돋보일 수 있어야 한다. 직접 써 보니 상부만 가릴 때가 비주얼적으로 좋았다는 것이다.

둘째, 배우들은 표정 연기를 통해 감정 전달을 해야 한다. 그런데 얼굴 전체를 가릴 경우 표정 연기가 불가능하다는 단점이 있다. 상부만 가리는 탈을 쓸 수밖에 없었던 것이다.

셋째, 만화의 경우 각시탈이 탈을 쓴 채로도 얼마든지 일본 헌병들과 일전을 벌일 수 있지만 드라마의 경우 얼굴 전체를 가리면 액션신을 촬영할 때 배우들의 호흡에 문제가 생긴다.

만화와 드라마의 각시탈은 재질도 다르다. 만화의 각시탈은 나무, 드라마의 각시탈은 특수 고무였다고 한다.

어쨌든 〈각시탈〉은 우리 전통문화가 낡고 고루한 것이 아니라, 오늘날에도 얼마든지 경쟁력 있는 문화상품이 될 수 있다는 것을 보여 준 좋은 사례라 할 수 있다.

# 조선 시대

## 정제된 궁중의 탈놀이

조선의 탈놀이는 두개의 공간을 나누어서 생각해 보아야 할 것 같다. 임금이 계시던 궁궐과 일반 백성들이 살던 공간은 비슷하지만 사뭇 다른 문화가 존재했다. 궁궐에서는 조선을 짓누르던 유교주의적 엄숙함이 극대화된 문화가 존재하고 있었다면, 민가에서는 자유롭고 일상에서 벗어나는 탈문화가 있었다.

먼저 궁궐부터 살펴보겠다. 궁중 문화와 예법의 주축을 이루는 것이 바로 유교문화다. 조선 시대의 가장 큰 특징은 유교가 정치뿐 아니라 일상생활에도 침투해 지배적인 가치관 및 예법으로 정착된 점이다. 특히 궁궐은 유교문화와 예법의 정수가 구현됐던 장소이다. 궁궐에서는 탈놀이 조차도 엄격하게 정제된 형식의 것만 남겨 놓았다.

신라 때부터 전해 온 처용무는 조선의 궁궐에서도 연희되었는데, 극히 정제된 형태로 남게 되었다. 처용무는 궁중에 연희가 베풀어질 때 추었다. 세모에 역귀를 쫓는 의식 뒤에 추던 향악의 춤이기도 하다. 파랑, 노랑, 빨강, 하양, 검정의 옷을 입은 무희가 각기 처용의 탈을 쓰고 다섯 방위로 벌려 서서 여러 장면으로 바꾸어 가며 춤을 춘다.

성현(成俔)의 『용재총화(慵齋叢話)』 권1에 따르면 처용무는 애초에 한 사람이 검은색 옷(黑布)을 입고 흑사모(黑沙帽)에 붉은색 탈(赤色面)을 썼던 것이었는데, 조선 세종 때 다섯 사람이 추는 오방처용무로 추어졌다고 한다.

『악학궤범(樂學軌範)』에 따르면 12월 회일(晦日) 하루 전날 궁중에서 나례(儺禮: 잡귀를 쫓기 위해 베풀던 의식)를 행한 뒤에 전도(前度)와 후도(後度) 두 차례에 걸쳐 처용무를 추었다. 전도처용무는 구나(驅儺: 악귀로 분장한 사람을 쫓아내는 의식) 뒤에 오는 의식적인 춤이고, 후도처용무에 이어 학춤(鶴舞) · 연화대(蓮花臺) 정재를 연출한 다음, 미타찬(彌陀讚) · 본사찬(本師讚) · 관음찬(觀音讚) 등 불교적 음악을 불렀는데, 이는 다분히 오락적인 것이었다.

현재는 불교 음악은 부르지 않고 춤만 추게 되어 있다.

처용탈은 붉은색의 여유로운 모습으로 만들어진다. 탈에 씌운 모자는 대(竹)로 망을 얽어 종이를 발라 만들고 모란꽃을 그린다. 두 귀에는 주석 고리와 납주(鑞珠)를 걸고 복숭아 열매와 가지를 단다.

## 처용탈의 상징성

처용탈의 얼굴이 붉은색을 띠고 있다는 것은 앞에서 설명했듯이 봄(여름)을 상징하기 때문이다. 모자에 그린 모란꽃은 풍요로움을 상징한다. 모란꽃에 대한 이야기는 신라 선덕여왕의 일화가 유명하다. 당 태종이 선덕여왕에게 모란꽃이 그려진 그림과 모란 꽃씨를 보내 왔다. 여왕은 당태종이 자신을 희롱한다는 것을 알아챘다. 그림의 모란꽃에는 벌과 나비가 없었기 때문이다.

모란은 부귀(富貴)를 상징하기도 한다. 조선 시대 궁중에서는 왕이 거처하는 어전이나 침전에 모란병풍이 설치됐다.

또한 모란은 즐거운 잔치뿐만 아니라 슬픈 의례 때도 널리 사용됐다. 모란은 삶과 죽음을 넘나드는 상징이었던 것이다. 상여는 모란꽃으로 뒤덮었고, 죽은 이의 극락왕생을 비는 사찰의 명부전에도 모란병풍이 세워졌다.

처용의 붉은 얼굴과 모란꽃은 봄의 풍요로움을 상징적으로 나타낸다고 볼 수 있는 것이다. 그렇다면 복숭아는 무엇을 의미할까? 예부터 복숭아나무는 행복과 부귀를 상징하는 나무로 여겼으며, 악마를 제거하는 힘이 있어 귀신을 쫓는 데 사용되었다. 귀신을 쫓는 데 사용하는 나뭇가지는 동남방으로 가장 많이 뻗어나간 것을 사용하는데, 양기를 많이 받아 힘이 있다고 여긴 것이다.

중국 신화에서 복숭아 열매는 위대한 여신 서왕모(西王母)가 있다는 곤륜산 요지(瑤池) 옆에 있으며, 불로장생의 능력을 주는 과실이다. 3천 년에 한 번 싹이 트며, 그 뒤 3천 년에 한 번 열매를 맺는 신목이다. 이 과실을 먹으면 몸이 가벼워져 하늘을 날 수 있다고 하는데, 인간 가운데 유일하게 동방삭(東方朔)이 이것을 먹고 일만 팔천 년을 살았다고 한다.

마지막으로 처용탈의 귀에 걸린 주석은 무엇을 의미할까? 고대의 인간들은 금속을 매우 희귀한 것으로 보았으며, 인간이 만든 것이 아니라 신의 세계의 신성한 물건으로 여겼다. 인류가 접한 최초의 금속은 아득히 높은 하늘에서 떨어진 운석이었으므로 운석을 천상의 신성성을 가진 것으로 믿을 수밖에 없었을 것이다.

많은 금속들 가운데 주석을 선택한 것은 무슨 이유에서일까? 주석은 인류가 발견한 금속 가운데 납 다음으로 오래된 금속이다. 인류는 기원전 3,000년경에 구리와 주석의 합금인 청동을 만드는 방법을 알아냄으로써, 청동기 시대로 도약하게 되었다.

신화학자 미르치아 엘리아데는 『대장장이와 연금술사』에서 "주석이 살아 있으며, 살아 있는 물질의 속성을 갖추고 있다고 믿었다. 주석은 어떤 지점에서 다른 지점으로 이동할 수 있으며, 자신을 재생산할 수 있으며, 특정한 사람과 사물에 대해서 특별한 공감·친화력을 갖고 있고, 그 반대도 가능하다고 믿었다"고 밝히고 있다.

그런데 합금에 있어 주석은 없어서는 안 될 요소이기도 하다. 구리가 청동으로 변신하기 위해서는 12%의 주석이 필요하다. 주석은 단독으로는 거의 사용되지 않고, 대부분이 합금과 화합물의 촉매제로 사용된다. 즉 주석은 그 자신을 희생하여 서로 다른 금속을 하나로 결합시켜 전혀 새로운 금속으로 창조하는 특성을 가지는 것으로 볼 수 있다.

결국 처용탈은 이승과 저승을 연결하는 연결고리로서, 양쪽 세계의 풍요로움을 창출해내는 상징성을 얼굴 전체에 담고 있는 것이다. 아무리 철저하게 유교의 예법을 따르고 의식화하고 있는 궁일지라도, 자신들의 권력을 유지하기 위한 일에 대해서는 초월했다는 것을 처용무를 통해서도 알 수 있다.

## 사신 영접을 위한 나례

이와 함께 잡귀와 역병을 쫓는 종교적 주술의식인 나례가 조선의 궁궐에서도 이어졌다는 것도 마찬가지로 이해할 수 있다. 나례 행사의 주관은 관상감에서 했고, 역신들은 모두 붉은색과 초록색의 옷을 입고 탈을 썼으며, 악공들은 복숭아 나뭇가지를 들고 뒤를 따랐다.

『문종실록(文宗實錄)』에는 나례에서 광대와 서인들의 줄타기, 방울던지기, 재주넘기 등과 광대들의 재담이 연희되었다고 했다. 『중종실록(中宗實錄)』에는 다음과 같은 잡기가 소개되고 있는데, 시부에 나오는 봉황새 탈이며, 산귀신들은 동물의 가죽을 뒤집어쓴 가장놀이를 말한다.

> 장대발 신고 걷는 모습이
> 산귀신들 뛰노는 것처럼 놀랍구나
> 사자와 코끼리를 꾸몄는데
> 모두가 벗겨서 만든 말가죽 덮어쓰고 있네
> 봉황새와 난새를 춤추는데
> 들쑥날쑥한 꿩깃을 모아서 꽂았네

조선 초기에는 산대나례라는 말보다 채붕나례, 산붕나례라는 용어가 더 많이 나타난다. 산대나례는 궁중에서 나례뿐만 아니라 사신을 영접할 때, 궁전의 낙성, 왕의 환궁 등을 축하할 때 연희되었다. 조선의 산대나례는 인조 즉위년에 나례도감을 폐지할 때 사신영접을 위한 나례로만 축소되었다. 사신영접을 위한 나례는 정조 때까지 이어졌으나 정조 8년 이후 보이지 않는다.

궁궐 내에서 연희된 탈놀음이 정형화된 것이라면, 민간에서는 자유분방한 탈놀음 문화가 활발하게 전개되었다. 조선왕조의 지배 계층은 싫어했겠지만, 민중들은 끈질기게 전통을 이어 왔다. 오늘날 전승되고 있는 중요무형문화재들이 대부분 이런 과정을 거쳐 살아남은 것들이라 볼 수 있겠다.

# 중국, 일본의 탈과 탈놀이

## 중국 탈과 탈놀이의 역사

중국의 탈과 탈놀이의 역사도 매우 오래되었다. 지금으로부터 3천년 전 상(商)나라 때 이미 탈과 탈놀이가 등장했을 것으로 짐작된다.

중국 섬서성(陳西省) 성고(城固) 지구에서는 고대 은(殷)나라, 상나라 시대의 청동 가면이 무려 48개나 출토되었다. 섬서성 서안(西安)의 노우파(老牛城) 등지에서도 비슷한 시기의 청동 가면이 출토되었다.

1986년 발굴된 사천성(四川省) 광한(廣漢) 삼성퇴(三星堆) 유적은 세계를 놀라게 했다. 삼성퇴 유적은 3000~5000년 전의 유적으로 알려져 있다. 세계 각국의 고고학자들은 이 유적을 풀리지 않는 수수께끼로 보고 있으며, 심지어 외계인이 만든 문화라고 주장하는 사람도 적지 않다.

삼성퇴에서 출토된 대량의 진귀한 유물은 휘황찬란한 고촉문명을 보여주고 있다. 이 가운데 가장 신기하고 사람들의 감탄을 자아내는 것은 청동 가면이다. 가장 큰 가면은 너비 168cm, 높이 80여cm의 것이며, 그 밖에 보통 크기의 것이 7, 8개가 있다. 그 중에는 순금을 얇게 입힌 가면도 한 개가 있다.

이 가면들은 대체로 놀이에 쓰였던 것이 아니라 신의 모습을 나타내는 것이었을 가능성이 많다. 상나라 시대의 갑골문(甲骨文)이나 금문(金文)에도 가면을 뜻하는 글자들이 있다고 한다.

중국에서도 탈은 놀이보다는 신성한 제의에서 먼저 등장했을 것으로 추정된다. 고대 제정일치(祭政一致) 시대에 제사장은 임금의 지위와 동일한 것이었다. 하(夏)나라 상(商)나라 때만 해도 임금과 관리가 모두 제사장의 역할을 했던 것으로 알려지고 있다.

제사장은 제의를 올릴 때 신(神)의 대리인이 되었는데, 이때는 탈을 쓰고 신의 행세를 했다. 혹은 탈을 쓰고 신에게 제사를 지내면서 가무(歌舞)를 하는 간단한 탈놀이도 했을 가능성이 많다.

탈놀이에 관한 기록이 등장하는 것은 주(周) 시대부터이다. 예기(禮記)의 기록에 의하면 주나라 때에는 봄·가을과 늦겨울에 봄 기운과 가을 기운을 왕성하게 하고 재난과 역귀(疫鬼)를 물리치기 위하여 '나(儺)'라는 축제를 했다고 한다.

주(周)나라에서는 연말이 되면 일 년 동안 농사를 짓는 데에 도움을 준 신들에게 감사를 드리는 제사와 가뭄에 비가 내리기를 기원하는 기우제(祈雨祭) 등에서도 탈을 쓰고 축제를 벌였을 것으로 짐작된다.

신성한 제의에서 출발한 나(儺)는 후세로 갈수록 놀이의 성격이 더욱 강해지며 다른 형태로 변화해 갔다. 진(晉)나라 때 기록을 보면 12월 8일 납일(臘日)에 북소리가 울리면 봄풀이 돋아난다고 했다. 이때가 되면 마을 사람들은 모두 장구를 치며 탈을 쓰고 금강역사의 모습을 하고서 귀신들을 쫓아내었다고 한다.

나(儺)라는 탈놀이가 등장한 이후 중국에는 노래와 춤으로 간단한 옛 이야기를 연출하는 가무희(歌舞戲)도 성행하였다. 이 가무희는 한(漢)대 이후로 더욱 발전하여 당(唐)대에 이르기까지 전통적인 연극으로 자리 잡았다. 가무희는 탈놀이가 중심을 이루고 있는 것이 특징이다.

중국 학계에서 탈놀이에 관심을 갖기 시작한 것은 의외로 얼마 되지 않았다. 최근에 와서야 탈놀이에 대한 관심과 연구가 열기를 띠고 있다. 중국 학자들은 대희(大戲)만이 중국의 전통 연극이라고 생각해 왔기 때문에 가무희나 탈놀이는 관심 밖에 있었다. 또한 연극학자들은 탈놀이가 이미 모두 없어지고 전해지지 않는다고 믿었다.

그런데 최근 중국 오지에서 전해지고 있는 탈놀이를 발견하고는, 그에 대한 연구의 필요성과 그 문화사적 의의가 강조되기 시작하였다. 그들은 새로 발견한 탈놀이를 나희(儺戲)라 하고, 자료를 수집하며 희극(戲劇)·종교·민속 등 여러 면에서 연구하기 시작하여 오늘에 이르고 있다.

## 일본 탈과 탈놀이의 역사

일본 탈의 역사는 고대 조몬 시대(繩文時代)부터 시작되었다. 조몬은 기원전 1만년 경부터 야요이(彌生) 시대가 시작되는 기원전 4세기까지 계속된 시대다. 이 시대의 토기에서 볼 수 있는 새끼줄 문양의 한자어 승문(繩文)에서 조몬(繩文) 시대라는 이름이 붙여졌다고 한다. 우리나라의 신석기 시대 또는 빗살무늬토기 시대에 해당한다.

이 시대의 탈은 현재 36개가 발굴되었다. 그 중 흙으로 만든 탈이 30개, 조개로 만든 탈이 1개, 탈을 쓴 토우(土偶)가 5개이다. 흙으로 만든 탈은 아오모리현(青森縣)에서 아이치현(愛知縣)에 이르는 일본 동쪽의 넓은 지역에서 출토되었다. 이 탈은 귀·코·입을 흙으로 만들어 가죽이나 천 등에 붙여서 부적처럼 지니고 다녔을 것이라 생각되고 있다.

조개탈은 규슈 구마모토현(九州熊本縣) 아타카패총(阿高貝塚)에서 출토되었다. 이타보가키(タボガキ) 조개껍질에 눈과 콧구멍을 뚫은 것이다. 한국에서는 이 패총보다 약간 오래된 부산 동삼동(東三洞) 패총에서 국자가리비에 눈과 입을 뚫은 것이 출토되었다. 부산 동삼동과 일본 규슈지역은 인접해 있어 고대 한반도에서 일본으로 건너간 뱃길이 있었던 것으로 추정되고 있다.

탈을 쓴 토우는 아오모리현부터 나가노현(長野縣)에 걸쳐 출토되었다. 탈을 쓴 토우가 발견되었다는 것은 이 시기에 탈을 쓰고 진행한 제사가 있었으며, 토우를 사용한 제의와 탈을 사용한 제의가 밀접한 관계가 있었음을 짐작케 한다.

일본에서 최초로 존재가 확인된 탈은 6세기경 불교문화와 함께 유입된 기악(伎樂)에 사용된 것으로 612년 백제 미마지 집단이 일본으로 건너가 전해 준 것이다. 현존하는 기악탈(기가쿠멘)은 호류사(法隆寺)에 전해 내려 온 31개, 정창원에 보관된 164개, 도다이사(東大寺)에 전해진 33개 등 모두 230여 개가 있다.

일본에서는 지방마다 다양한 축제들이 성대히 열려 왔다. 이 축제에는 일 년에 한번 이 세상을 방문한다고 여겨지는 신이 출현한다. 인간 세상을 방문하는 신들은 나름대로 장식을 하는데, 대다수는 탈을 쓰고 있다.

아카마타쿠로마타는 오키나와(沖繩)의 야에야마(八重山) 여러 섬에 풍작을 가지고 온다는 신으로 탈을 쓰고 등장한다. 음력 6월에 이루어지는 풍년제의 이튿날에 등장한다. 이 축제의 발상지라고 여겨지는 고미(古見)에서는 검은 가면의 부모신과 백적(白赤)탈의 자녀 부부신이 나타난다.

이상한 형상의 탈을 쓰고 신체에 풀과 나무를 두르고 있다. 마을 사람들은 이 신을 공경하고 두려워한다. 강릉의 관노가면극에 등장하는 정령(精靈) 장자마리와 매우 유사하다. 장자마리도 머리부터 자루 모양의 옷을 뒤집어쓰고 있는데, 이 옷에는 해초, 곡식 따위를 주렁주렁 달고 있다. 이런 사실로 볼 때 오키나와 축제의 성격이 풍요를 기원하는 것임을 알 수 있다. 그런데 이 축제는 일정한 자격을 가진 남성들만 참석할 수 있다. 그것은 이 축제가 고대로부터 특정한 권력을 가진 제사집단에 의해 진행되었다는 것을 의미한다. 지금도 이 제의는 외부의 것을 극단적으로 배제한 형태로 이루어지고 있다.

탈은 맨 얼굴을 가리는 것이거나, 무엇인가를 구체적으로 표현하는 기능을 갖는 것이 보통이다. 마윤가나시에서는 탈을 쓰지 않고 머리쓰개에 우산을 쓰는데, 이것은 얼굴을 감추기 위한 장치이다. 마을 사람에게 얼굴이 드러나면 신으로서의 위엄이 없어진다고 생각했기 때문이다.

세이노노마이는 일본 신화에 신궁(神宮) 황후가 신라(新羅)로 출정할 때, 이소라(磯良)라는 바닷속에 사는 정령(精靈)이 부름을 받아 추었다는 춤이다. 현재에도 이 춤은 신사에서 봉납되고 있다. 정령은 양쪽 모두 북을 달아 매고 하얀 천을 얼굴에 늘어뜨리고 춤을 춘다. 하얀 천을 얼굴에 늘어

ⓒ 영화 〈캐리비안의 해적〉에서 얼굴이나 몸이 바다 생물들로 뒤덮인 인물들

뜨리는 것은 이소라가 오랫동안 바닷속에 살아서 조개류가 얼굴에 붙어 너무나도 보기 흉했기 때문이라고 한다. 영화 〈캐리비안의 해적〉에서 문어처럼 얼굴이 바뀐 데비존스, 그를 위해 100년 동안 종속된 선원들의 얼굴이나 몸이 바다 생물들로 뒤덮인 것과 비슷한 상황이 아니었을까 한다.

일본의 탈 가운데는 얼굴에 쓰지 않는 것도 있다. 미야자키현(宮崎縣) 미야코노조시(都城市)의 이나리신사에 전해 오는 탈 중에는 안쪽이 평면이고 눈, 코, 입을 뚫지 않은 강한 표정의 탈이 있다. 또 안쪽면은 깎았으나 눈, 코, 입은 뚫려 있지 않은 탈도 있다. 이런 종류의 탈은 매우 오래된 시대의 것인데, 주로 신앙탈이다.

이들 탈은 신사 기둥에 걸거나, 신을 모시는 가마에 달거나, 손에 들거나, 나무 끝에 다는 것들이다. 얼굴에 쓰는 경우라도 얼굴에 맞게 쓰는 것이 아니라 머리 위에 쓰거나 얼굴 옆에 쓰는 것 등이 있다. 이들 탈은 비를 기원하거나(祈雨), 잡귀 쫓기, 벽제(辟除)를 목적으로 하는 경우가 많다.

탈 가운데 일부는 신성한 곳에 모셔지기 위한 것도 있다. 모셔지는 탈에는 신사에 신체(神體)로 모셔지는 것이나, 동북 지방의 민가에 조신으로 모셔진 것이 있다. 개성 덕물산 사당에 무서운 표정을 하고 있는 청계씨와 목광대탈이 모셔진 것과 비슷한 사례다. 가고시마현(鹿兒島縣)의 도공(陶工), 심수관가(沈壽官家)에서 소장하고 있는 탈도 모셔지는 탈이라 한다. 이 탈은 심수관 조상이 임진왜란 때 조선에서 일본으로 건너가면서 가지고 간 것인데, 조선 시대 초기의 탈로 알려져 있다.

벽사가면으로는 쓰이나멘(儺禮面), 사루가쿠(獲樂), 가구라(神樂)의 오니(鬼) 계통의 탈, 시시마이(獅子舞)의 시시(獅子)가 있다. 쓰이나멘은 나례의식에 사용하는 탈이다. 헤이안 시대 초기 궁중의 나례에서는 중국이나 한국의 나례의식처럼 곰 가죽을 뒤집어쓰고 황금사목의 가면을 쓴 방상씨가 등장해서 귀신을 쫓아냈다. 헤이안 시대 말기가 되자, 방상씨가 악귀로 여겨지게 되어 군신(君臣)들이 방상씨를 쫓아내게 되었다.

기온마쓰리(祇園祭) 행렬에는 인형을 얹은 수레들이 나오는데 그 인형에 탈을 씌우는 경우가 있다. 그 중에서 '기온마쓰리의 비너스'로 불리는 여신 가면이 유명하다. 신궁(神宮) 황후(皇后)의 인형에 탈을 씌우는데, 이 인형은 처음부터 여성이지만 그 위에 다시 여신의 탈을 씌우는 것이다. 탈을 씌워야만 비로소 인형은 신의 몸체(神體)가 되는 것이다.

 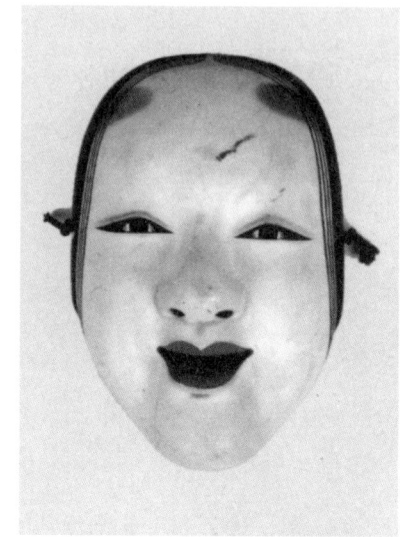

▶ 일본의 탈들

 일본의 가면극도 일본의 문화적 정체성을 잘 담아 낸 것으로 유명하다. 노가쿠라고도 불리는 가면극 노오(能)는 일본의 전통적인 연극 형식을 띠고 있다. 현존하는 연극 중에서 세계에서 가장 오래된 형식의 것으로 손꼽힌다. 무용과 음악을 결합한 노오는 연기자들이 모두 탈을 쓰고 전통의상을 입는다. 배우들은 대사를 읊조리며 매우 천천히 움직이는 것이 특징이다. 직접적인 표현 방법은 등장하지 않고 사건도 없다. 주제나 구성 줄거리보다는 감정의 기복과 조형미, 관능적인 음악미를 강조한다. 북과 피리 등의 반주에 맞춰 탈을 쓰고 춤을 추는 단순하고 간소화된 양식을 통해 가장 일본적인 정신세계를 담아 낸다.

# 셋째 마당
# 탈의 종류

# 신앙탈

## 신성한 신앙탈

탈은 쓰임새에 따라 신앙탈과 예능탈로 나누어 볼 수 있다. 탈하면 일반적으로 예능탈을 떠올리기 쉽지만, 신앙탈도 간과할 수 없다. 예능탈은 주로 춤추고 놀이할 때 사용되는 탈을 의미하며, 신앙탈은 그 탈에 제사를 지내거나 신성한 의례에 사용되는 탈을 의미한다.

최상수 선생은 『한국 가면의 연구』에서 "한국 가면의 분류는 크게 두 종류가 있다. 하나는 신앙가면이요, 다른 하나는 예능가면이다. 신앙가면이란 가면을 어떤 일정한 처소에 안치해 두고 그 가면에 제사를 지내거나 또는 가면을 얼굴에 쓰고 악귀를 쫓아내기 위해 사용하는 것을 말하며, 예능가면이란 가면을 얼굴에 쓰고 무용할 때나 연극할 때 사용하는 것을 말하는데, 이 예능가면도 신앙적 성격을 지니고 있다고 본다"고 밝혔다.

필자는 최상수 선생의 분류 체계에 동의하지만, 가면이라는 한자 용어보다는 우리 고유의 탈이라는 말을 사용했으면 한다. 가면이 단순히 얼굴을 가린다는 이미지를 가진 단어인데 비해, 탈은 가면이 가진 속성을 포함하면서도 '재앙' 등의 의미도 갖는 복합적인 단어이기 때문이다.

예능가면은 예능탈로, 신앙가면은 신앙탈로 불렀으면 한다. 덧붙이고 싶은 것이 있다면 창작탈이다. 창작탈은 전통적인 의미에서는 그 존재를 찾을 수 없었겠지만 오늘날은 상황이 달라졌다. 현대에 와서는 순수미술이나 창의력 향상을 목적으로 만들어지는 탈도 있다. 이런 탈들을 창작탈이라 이름 붙여 보았다.

신앙탈은 평범한 일상과는 다른 신(神)적인 성스러움을 가진 탈이라는 의미로 해석될 수 있다. 신(神)을 나타내던 탈이 차츰 인간을 나타내는 탈로 바뀌면서, 굿은 극으로 바뀌고, 지금 남아 있는 탈춤이 되었다. 이런 전환을 보여 주는 탈의 탄생에 관한 신화가 전하고 있어 주목된다.

옛날 옛적 대홍수 때의 일이다. 큰 나무 궤짝 하나가 초계 밤마리[栗旨]에 떠내려 왔다. 마을 사람들이 이것을 건져서 열어 보니 그 속에 가면이 그득하게 들어 있고, 그것과 같이 「영노전 초권」이라는 책이 한 권 들어 있었다. 그 당시 그 마을에서는 여러 가지 전염병이 돌고 다른 재앙들이 그치지 않았다. 탈을 쓰고 놀음을 하였더니 이상하게 재앙이 없어졌다고 한다.

경남 사천의 가산오광대 유래 신화도 비슷하다. 100년 전 어느 봄에 가산의 바닷가에 궤짝이 표류해 와 주민들이 열어 보니 탈과 놀이의 대사가 적혀 있는 문서가 들어 있었으며, 탈은 궤에 보관하다가 놀이 때만 썼다는 이야기이다.

이 신화들은 전형적인 영웅 탄생 신화의 모습을 하고 있다. 여기서의 영웅은 인간이 아니라 탈 자체이지만 말이다. 대홍수 때는 태초를 의미한다. 아득한 옛날, 하늘과 땅이 처음 생겼을 때처럼 오래전의 일을 의미한다. 시간대부터 쉽게 범접하기 어려운 신성성을 갖고 있음을 강조한 것이다. 물에 떠내려 온 나무 궤짝과 그 속에 든 탈. 어디선가 많이 본 듯한 장면이다.

유태 민족의 지도자 모세도 어린 시절 강에 버려졌다. 이집트에서 히브리 노예의 아들로 태어난 모세는 어머니의 손에 의해 바구니에 담겨 강물에 띄워 보내진다. 아기가 담긴 바구니는 이집트 공주의 손에 들어가 모세는 새로운 삶을 살게 된다.

신라 제4대 임금 석탈해도 태어나자마자 버려지는 운명에 처한다. 다파나국 왕비는 임신 7년 만에 큰 알(卵)을 낳았는데, 왕은 좋지 못한 일이라 하여 버리게 하였다. 왕비는 아이를 비단에 싸서 궤짝에 넣어 바다에 띄워 보냈다. 궤짝에 실린 탈해는 아진포(阿珍浦)에서 새로운 어머니에 의해 건져지게 된다.

이외에도 가야의 김수로왕, 신라의 김알지도 황금 궤짝에서 나왔다. 그리스 신화에서도 영웅 페르세우스는 어머니 다나에와 함께 나무 궤짝에 넣어져서 바다에 버려진다. 이 나무 궤짝은 세리포스 섬에 살던 어부 딕티스에게 구출된다.

밤마리 신화와 가장 유사한 신화는 경남 남해도의 미조(彌助) 무민사(武愍祠) 이야기인 것 같다. 미조에는 최영 장군을 모신 무민사가 있는데, 이 사당은 조선 중엽 세워졌다. 남해 첨사의 꿈에 신령이 나타나 "최영 장군의 영정과 칼이 미조 앞바다에 있으니 찾아 잘 모셔라"고 해 바닷가로 나가 보니 나무 궤짝이 있어 열어 보니 영정과 칼이 있었다고 전한다. 첨사는

ⓒ 경남 남해 미조(彌助) 무민사(武愍祠). 바닷가에 밀려 온 나무 궤짝에 담긴 최영 장군의 영정과 칼을 모신 사당이라고 한다.

영정과 칼을 사당에 모셨는데, 그곳이 무민사다.

 이런 신화들은 인간이나 탈이 태어날 때부터 특별한 존재들이었다는 것을 강조함으로써, 신성성을 확보하기 위해 만들어진 것들이다. 그렇다고 무작정 만든 이야기들은 아니다. 흐르는 물, 나무 궤짝 등을 통해 태어난 존재들은 일상적인 탄생이 아니라, 특별한 탄생, 재탄생을 의미한다. 밤마리의 탈은 신의 탈이고, 신의 탈을 쓰고 춤을 추는 행위는 인간과 자연의 갈등을 주술적으로 해소하기 위한 것이었다. 이 탈은 탄생에서부터 인간이 만든 것이 아닌, 신에 의해 만들어진(홍수에 떠내려 온) 신성한 탈이기 때문에 이것이 가능하다고 믿었다.

탈의 신성성을 가장 극적으로 드러내는 것이 데드 마스크다. 오늘날 우리가 흔히 사용하는 이미지(image)라는 용어도 '죽음의 탈(데드 마스크)'을 뜻하는 희랍어 이마고(imago)에서 나왔다고 한다. 이미지라는 용어는 이미 그 안에 죽음과 초월에 관한 관념을 담고 있다. 탈은 이미지의 힘을 원형 그대로 담고 있는 것이다.

고대의 인간들이 데드 마스크를 만든 이유는 무엇일까? 데드 마스크는 그가 저 세상 사람이라는 것을 나타내는 징표이다. 고대인들은 사람이 죽는다고 해서 영혼까지 사라진다고 믿지 않았다. 사람은 단지 몸만 죽을 뿐이며, 영혼은 저승 세계를 여행한다고 생각했다. 당시 사람들은 "영혼은 사라지지 않으며, 삶과 죽음이 하나의 고리로 얽혀 있다"고 믿었다.

탈은 오랫 동안 죽은 사람의 표상 역할을 해 왔다. 데드 마스크는 죽은

◐ 이집트의 투탕카멘의 황금 마스크

사람의 모습을 그대로 보존하기 때문에 새로운 조상신으로 등장할 수 있었다. 과거 뉴아일랜드 주민들은 6월이면 죽은 사람을 애도하기 위해 모였다. 이들은 죽은 사람의 가면을 썼고, 죽은 사람의 얼굴을 대할 때마다 그 사람의 이름을 부르며 곡을 했다.

탈을 쓰면 유령행세도 할 수 있었다. 아프리카 이보족 전통에서는 탈을 통한 짧은 부활도 일어난다. 죽은 자의 영혼은 땅에 묻힌 지 하루가 지난 뒤 창백한 가면을 쓴 모습으로 땅 위에 나타나 카주피리처럼 생긴 악기를 통해 말을 한다.

이집트의 투탕카멘의 황금 마스크는 무덤의 주인공이 이미 저 세상 사람임을 의미한다. 황금 마스크 아래는 새의 날개와 깃털로 장식되어 있는데, 이는 영혼이 하늘과 땅을 자유롭게 날아다니라는 것을 뜻한다. 마스크를 황금색으로 장식한 이유는 그의 영혼이 황금처럼 불멸의 존재이며, 인간이 죽음을 통해서 만나게 되는 삶의 신성함과 초월성, 존재의 신비를 드러내는 것이다.

우리 역사에도 고구려 시대에 황금 가면이 있었지만, 그 용도에 대해서는 기록이 전하지 않아 자세히 알 수 없다. 죽은 자를 인도하는 신앙탈 가운데는 신라의 목심칠면탈이 있다. 호우총에서 출토된 목심칠면탈은 푸른색 눈알을 가진 얼굴을 하고 있으며, 눈은 금색의 테두리로 감싸고 분노한 표정을 하고 있다.

이 탈은 무덤 속에서 발견된 것으로 장례용 탈로 보인다. 죽은 이를 위한 이 탈은 저승 세계에서 죽은 자를 보호하는 역할을 하는데, 중국의 방상씨(方相氏)탈과 비슷하다. 방상씨탈은 흔히 눈이 4개로 표현되어 있다.

ⓒ 호우총에서 출토된 목심칠면탈은 푸른색 눈알의 주변이 금색의 테두리로 감싸여 있으며, 분노한 표정을 하고 있다.

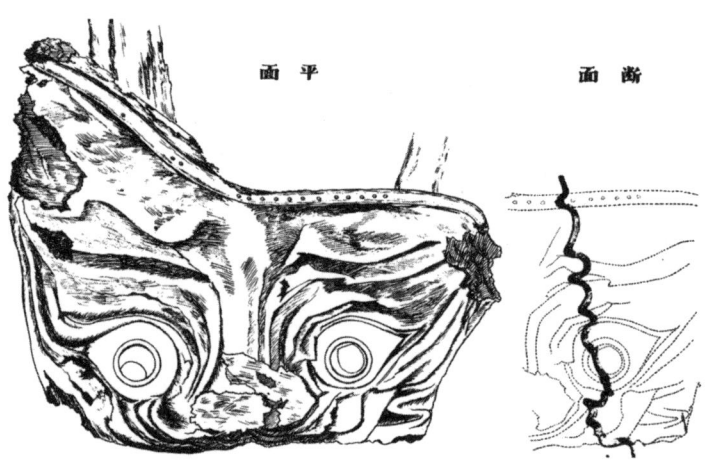

ⓒ 호우총에서 출토된 목심칠면탈. 발굴 당시 그린 그림

238 _ 셋째 마당 탈의 종류

ⓒ 방상씨탈

ⓒ 고종 국장 때 등장한 방상씨탈

신앙탈 _ 239

ⓒ 민간에서는 짚으로 만든 방상씨탈을 만들어 사용했다.

ⓒ 상여 앞에 서는 방상씨탈

방상이란 원래 질병들을 쫓아내는 고대의 신으로, 장례 때는 묘지에서 창을 들고 네 귀퉁이를 감시하고 엄호하는 역할을 한다.『주례(周禮)』권 31 하관 사마제사(夏官司馬第四)에는 다음과 같은 기록이 있다.

"방상씨는 곰 가죽을 뒤집어쓰고 황금빛의 네 눈을 지녔으며 검은 저고리에 붉은 치마를 입고 창을 들고 방패를 가지고 백예(百隸)를 거느리고 철에 따라 '나(儺)'를 행함으로써 집안을 뒤져 역귀(疫鬼)를 몰아내었다."

그런데 방상씨탈은 왜 4개의 눈을 가졌을까? 사방을 감시하기 위해서 라기보다는 이승과 저승을 보기 위한 눈일 가능성이 많다. 두 개의 눈은 이 세상을, 다른 두 개의 눈은 저 세상을 보기 위해서라는 것이다. 장례식 행렬에서 가장 앞자리에 이 탈을 세운 것을 봐도 그렇다. 방상씨탈은 죽은 사람의 저승길을 안내하고, 못된 귀신들로부터 막아 주는 신장 역할을 하고 있는 것이다.

중국에서 네 개의 눈을 가진 전설적 인물로 창힐이 있다. 창힐은 네 개의 눈을 가지고 있어 신비한 빛을 사방으로 쏘아 낼 수 있었다고 한다. 태어나면서부터 글을 읽고 쓸 줄 알아 문자를 발명한 인물로 알려져 있다. 문자는 인류의 문명에 있어 가장 중요한 발명이다. 창힐의 사당에 '네 눈을 밝히고 육서를 구분하니 영원한 문자의 시조이며, 한결같은 마음으로 하늘과 땅을 살피니 경원한 선비의 스승일세'라는 대련이 있다.

창힐이 네 개의 눈을 가졌다는 것은 그가 일반인들과 다른 특별한 것을 볼 줄 아는 눈을 가졌다는 것을 의미한다. 그는 아래로는 귀신의 세계와 통하며, 위로는 하늘의 세계와 통하였다고 한다. 그래서 새 발자국의 형상을 살펴, 아름다운 것들을 널리 모아 글자를 만들었다고 전해진다.

귀신들의 세상을 볼 수 있는 방상씨는 당나라나 송나라 시대 장례에서 빠질 수 없는 존재였다. 조선의 궁중에서도 방상씨탈을 앞세우고 장례를 치렀는데, 고종 임금의 장례 때도 방상씨탈이 등장했다. 전통적인 양반 가문에서도 방상씨탈을 장례에 사용했는데, 지난 1988년 1월 추연(秋淵) 권

◉ 네 개의 눈을 가진 창힐 역시 아래로는 귀신의 세계와 통하며, 위로는 하늘의 세계와 통하였다고 한다.

용현(權龍絃) 선생의 유월장(踰月葬)에도 이 탈이 등장했다. 이때에는 방상씨탈을 쓰고 긴 칼을 든 울긋불긋한 옷차림의 허수아비 하나를 만들어서 장례 행렬 앞에 세우고 수레로 끌어가도록 했다.

2007년 7월에는 영남 기호학파의 '거유(巨儒)' 화재(華齋) 이우섭(李雨燮) 선생의 전국 유림장(儒林葬)에 평소 좀처럼 보기 드문 방상씨탈이 재현되었다. 이때는 필자가 상주측의 의뢰를 받아 약 10일 동안 오동나무를 깎아 웃거나 입을 다물고 있는 40cm 크기의 방상씨탈 2점을 만들어 보냈다.

조선 시대 가례 지침서 사례편람(四禮便覽)을 보면 조정의 벼슬아치인 대부(大夫)는 눈이 4개인 방상씨탈을 만들고 선비는 눈이 2개인 방상씨탈을 만드는데, 이우섭 선생의 장례식에 쓰인 방상씨탈은 눈이 2개였다. 목심칠면탈이 방상씨탈과 같은 계통의 것인지는 아직도 불분명하지만, 죽은 사람을 위한 탈이며, 주술적인 목적을 가진 신앙탈임은 분명해 보인다.

탈은 그 출발부터 신성성을 띠고 탄생했다는 것은 첫째 마당에서 충분히 설명했다. 부산 동삼동에서 출토된 조개탈에서부터, 신라 시대의 처용탈, 고려 시대부터 시작된 하회별신굿탈, 조선 시대의 사자탈 등 제의(祭儀)와 관련된 탈들은 거의 모두 신앙탈이라 봐도 틀리지 않을듯하다.

## 장군탈

마을의 수호신 역할을 하는 장군탈은 붉은 얼굴과 화등잔만한 눈, 오방색(五方色) 눈썹이 보는 이로 하여금 두려움을 갖게 하기에 충분하다. 방상

경북 영천 신막의 장군탈

씨탈도 그렇지만 신앙탈은 대개 이와 같이 무서운데, 그 이유는 악귀를 쫓으려면 악귀 못지 않게, 아니 악귀보다 더 무서운 형상이어야 한다는 믿음 때문이다.

장군탈의 경우 악귀들이 가장 싫어하는 붉은색이 주류를 이루고 있고, 큰 눈은 악귀를 내려다보듯 아래로 깔고 있다. 붉은색은 봄을 상징하는 색이며, 검은색을 띠는 겨울의 악귀를 물리치는 역할을 한다.

눈썹을 오방색으로 칠한 것은 동서남북, 중앙의 악귀를 쫓기 위한 주술적인 표현이다. 무속 신앙에서 장군은 마을의 안녕을 지키는 수호신으로, 치성을 드리면 병든 사람은 낫게 해 주고 아들 없는 사람은 아들을 낳게 해 주는 영험을 지녔다고 여겨진다. 이 탈은 경북 영천의 한 신막에 있던 것이다.

# 예능탈

## 신앙탈이 발전한 예능탈

예능탈이란 주로 춤추고 굿하고 놀이할 때 얼굴에 쓰는 것이라 할 수 있다. 양반광대놀이, 비비새놀이, 소놀이굿, 거북놀이 등에서 볼 수 있듯이 다분히 즉흥적으로 만들어지는 것들이다. 탈을 신앙탈과 예능탈로 나누기는 했지만 실제로는 성격과 기능면에서 복합적으로 지니고 있다고 할 수 있다. 본래 먼저 생긴 신앙탈이 시간이 흐르면서 무용과 재담이 더해져 예능탈로 발전되었기 때문이다.

지금 무형문화재로 지정되어 보존되고 있는 탈놀음들도 그 출발은 신앙탈에서 시작되었으나, 현대에 들어와 예능적인 기능이 훨씬 강해지면서 탈의 성격이 바뀌었다고 볼 수 있다. 처용탈이 그 대표적인 예이다. 처용탈은 원래 나례에서 사용되던 신앙탈이지만 조선 궁중으로 들어가서는 예능탈로 자리 잡았다. 현재는 신앙탈의 성격은 완전히 벗어던지고 순수한 전통무용으로 전승되고 있다.

현재 전승되고 있는 서울 경기 지역의 양주별산대놀이 · 퇴계원산대놀

◉ 소놀이굿

◉ 탈놀이를 하던 남사당패

이·송파산대놀이, 황해도 지역의 봉산탈춤·강령탈춤·은율탈춤, 경상남도 지역의 수영야류·동래야류·통영오광대·고성오광대·가산오광대, 경상북도 지역의 하회별신굿탈놀음·예천청단놀음·자인팔광대놀음, 강원도 지역의 강릉관노탈놀이·동해안 별신굿탈춤, 전라도 지역의 진도다시래기, 함경도 지역의 북청사자놀음, 전국을 떠돌던 남사당패의 덧뵈기 등에서 사용되는 탈은 모두 예능탈로 볼 수 있겠다. 예능탈에 대해서는 넷째 마당에서 자세히 설명하기로 하고 여기서는 간단하게 언급만하고 넘어가고자 한다.

ⓒ 양주별산대

# 창작탈

## 새로운 탈의 세계

창작탈은 현대에 와서 새롭게 형성되어 가고 있는 탈의 영역이기도 하다. 하지만 그 출발은 역시 원초적인 탈에 있다. 탈의 본래적 기능인 '탈(재앙)을 막는 기능'에서 시작해서 '새로운 세계를 창조해 가는 기능'으로 확장되어 가고 있다.

예를 들어 마을 어귀에 서 있었던 장승을 보면 예전에는 무섭고 미신이라는 요소가 강했다면, 요즘 젊은이들은 사뭇 다른 시각으로 바라본다. 그들의 자유분방한 사고는 장승을 친근하고 해학적인 전통문화유산으로 받아들인다. 남녀노소, 내·외국인을 막론하고 그 어떤 문화유산을 체험하고 학습하는 일보다 매년 여름 이곳 고성탈박물관 주최로 열리는 장승학교에 더 많은 흥미와 관심을 갖는 것을 보면 그런 문화적 흐름을 읽을 수 있다.

전통적인 의미에서는 영험이 있다는 바위나 나무(당산나무)도 탈의 범주에 속할 수 있으며, 평범한 자연물에도 탈이 숨어 있다고 볼 수 있다. 나무나 돌 같은 자연물은 세월이 흐르면 자연스럽게 그 형태가 변하는데, 신기하게도 그 모습이 사람의 모습처럼 된 것들이 있다. 이런 자연물들은 마치 사람이 되고 싶어 하는 것처럼 보이기도 한다. 이러한 기묘한 형상을 보면 두려움을 갖게 되며, 그 두려움은 신성한 느낌으로 바뀌기도 한다. 사람의 모습처럼 생긴 나무나 바위는 조금만 다듬으면 탈이 된다.

따라서 창작탈은 탈의 근원을 찾아가는 여정에서 만날 수 있는 새로운 탈이라고 할 수 있다. 되풀이되는 감도 없진 않지만, 탈이라는 것은 나쁜 질병이나 잡신 등 탈 난 것을 막아 주는 것이라 할 수 있다. 우리 조상들은

ⓒ 쇠처럼 강하고, 돌처럼 단단한 사람이되라는 의미를 담은 쇠돌이탈(이도열 제작)

탈이 난 것을 막는다는 생각에서 탈을 만들고 믿어 왔다.

탈의 역사는 인류의 역사와 함께해 왔다고 할 수 있다. 대자연의 재앙으로부터 비롯되는 두려움, 인생의 고통과 고난을 극복하기 위해 인류는 탈을 만들고, 사용해 왔다는 것을 앞에서 설명했다.

탈은 세월이 흐름에 따라 주력(呪力)을 키우고 부적처럼 몸에 지니기도 하고 얼굴에 쓰기도 했다. 주력을 더욱 강하게 하기 위해 색을 칠하고 춤을 추기도 했다. 음악이 첨가되고 사람의 숫자가 늘어나면서 탈의 의미도 세분화되고, 놀이의 도구가 되기도 했다.

탈의 역사를 온전하게 살피면 새로운 창작의 힌트를 얻어 낼 수 있다. 고대의 탈은 오늘날 정의하고 있는 탈의 형태에서 상당 부분 벗어나 있다. 이곳 고성탈박물관에서 탈은 '탈을 막는 모든 것'으로 확대된다. 장승이나 바위도 탈이며, 얼굴 형태를 갖추지 않은 부적까지도 탈이라 할 수 있다. 이런 열린 사고를 가져야만 창작의 힘이 솟게 된다. '탈은 얼굴에 쓰는 것'이라는 고정관념을 깨는 것은 새로운 창작의 씨앗이 된다.

## 음양(陰陽)의 탈

망부석을 본떠 제작한 음양의 탈이다. 양은 돌출되고 음은 들어가는 것과 마찬가지로 서로 자연스럽게 조화로움을 표현하였다. 뭍(육지)에서 묻어 오는 큰 것, 작은 것, 보이는 것, 보이지 않는 것 등 음양으로 액과 탈을 막아 주는 탈이다.

⊙ 새생명의 탈(이도열 제작)

◑ 음양의 탈(이도열 제작)

## 자연생태계탈

자연생태계탈이란 대자연속에서 춘하추동 사계절이 변화하는 산, 나무, 돌 등이 나에게 보여 주는 자연법칙, 자연에 순응하거나 동화되는 지혜를 얻어 우리에게 탈이 나지 않게 한다는 의미를 지닌 탈이다. 즉 이 땅에 살아 남는 생존의 방법을 탈화시켜, 자연생태계탈이라고 명칭을 붙였다.

◐ 미얀마의 의식용 탈도 자연물을 그대로 활용한 탈이다. 자연의 원초적인 힘을 그대로 옮겨 놓기 위한 것으로 보인다.

◐ 자연생태계탈(이도열 제작)

## 도산할매탈과 도산할배탈

필자의 고향인 도산촌(道山村)에 있는 나무의 형상을 옮긴 것들이다. 이 나무는 마을의 수호신과도 같은 역할을 하는 것으로 수령이 1200년이나 되었다. 우측의 할배탈을 보면 근엄함을 느끼게 된다. 이것은 하나이면서도 각각의 표현 속에는 다시 21개의 탈이 숨어 있다. 만물이 태어나면 이 탈들이 21일 동안 천지인(天地人)을 가르쳐 준다는 의미를 담았다. 할매탈은 삼신할미와 같이 만물의 탄생을 도와주는 자연의 이치를 깨닫게 해 준다.

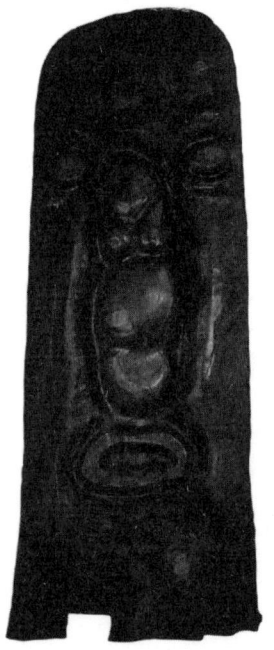 

◐ 도산할매탈(이도열 제작)   ◐ 도산할배탈(이도열 제작)

## 원천지탈(그림탈)

태초의 문자를 형상화시킨 탈이다. 원천지(元天地)란 천지의 으뜸으로 '가장 먼저 생긴 우주'를 뜻하는 말이다. 그때는 문자는 물론 언어도 없었을 것이다. 그렇지만 말과 글이 없다고 해서 아름다움이나 추함, 기쁨이나 슬픔 등이 없었다고 할 수는 없다. 바로 그러한 것들을 형상화시킨 것이 원천지탈이라는 작품이다. 글자 같기도 하고 그림 같기도 한 이 작품은 언뜻 부적을 떠올리게도 한다. 질병을 치료하는 데 도움이 된다고 한다. 원천지탈은 눈으로 느끼는 것이 아니라 마음으로 느끼고 전달하는 언어인 것이다.

ⓒ 원천지탈(이도열 제작)

그림탈도 원천지탈의 일종으로, 영성문자(靈性文字)라고도 한다. 이 그림탈은 귀로 듣는 언어 이전에, 또한 그저 눈으로 보는 수준을 넘어서서 마음으로 사물의 이야기를 듣고 보는 것이라고 할 수 있겠다.

즉 그림탈은 만물의 언어이다. 그림탈은 아주 오래 전, 인류에게 문자라는 의사 전달의 매개체가 생기기 이전에 상호간의 의사를 소통하는 도구로 사용되었던 것이라고 생각하면 이해가 빠르리라고 본다.

다시 말해 가장 단순하면서도 가장 오랜 역사와 가장 넓은 의미를 담고 있는 의사소통의 도구가 바로 그림탈이라고 하겠다. 탈의 의미를 깊이 이해하면 느낄 수 있듯이, 탈이란 인간만의 탈이 아니라 만물, 즉 모든 생명

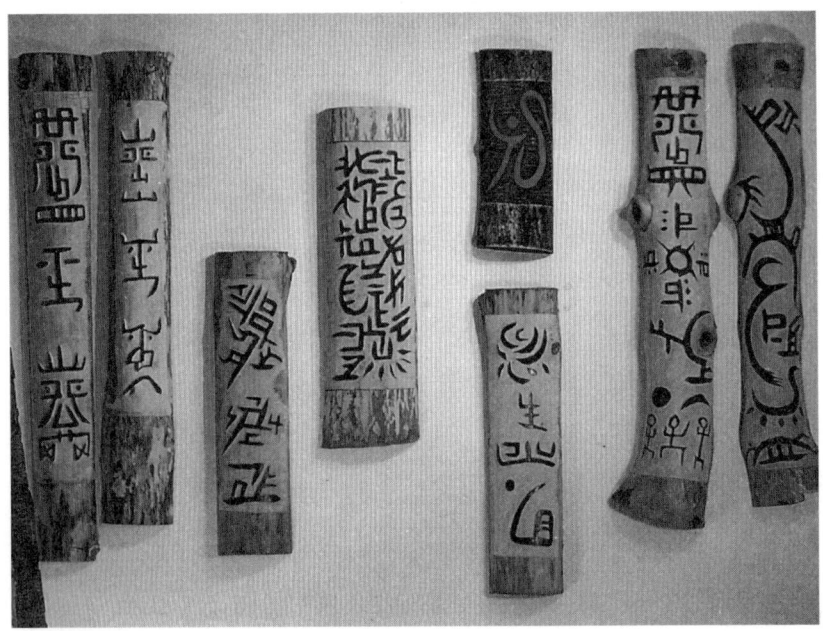

◐ 그림탈(이도열 제작)

체의 액과 탈을 막는 것이다. 인류를 포함하여 만물의 액과 탈을 막는 범우주적 역할이야말로 그림탈이 태어난 가장 큰 사명이기도 하다.

고대 인류가 풍요를 빌고 주술적인 의미에서 문자 이전의 언어인 암각화를 남겼듯이 그림탈의 의미도 이와 동일하다. 그림탈은 이처럼 옛 암각화의 주술적, 풍요 기원적 요소에 더하여 만물이 우주에 존재하는 형태와 동작, 생명력을 담았으며, 인류의 원시적 영성, 춤과 노래, 시와 그림 등을 담고 있다.

현재 제작되고 있는 그림탈에는 음양이 있어서 그림도 두 가지(음의 탈과 양의 탈)로 형성된다. 또한 같은 탈에 대해서도 사람에 따라 차가움을 느끼기도 하고, 뜨거움을 느끼기도 하는 등 탈 자체에 어떤 생명력이 있다고 확신하는 바, 이런 다양한 현상과 학술적으로 규명되지 않은 부분들에 대하여 앞으로 지속적인 연구가 있어야 할 것이다.

# 넷째 마당
# 탈놀이와 탈

# 1. 서울·경기도

## (1) 양주별산대놀이

경기도 양주군 주내면 유양리에 전승되고 있는 양주별산대놀이는 1964년 무형문화재 제2호로 지정되었다. 별산대(別山臺)란 이름은 이것이 산대놀이의 하나임을 알려 주는 것으로, 서울 녹번이나 아현 등지의 본산대놀이에서 파생되었음을 의미한다.

오늘날 본산대는 전승되지 않아 알 길이 없으나 별산대와 대동소이할 것으로 생각된다. 강이천(姜彝天)이 1779년 쓴 『중암고(重菴稿)』에는 사람의 형상의 손가락만하게 만들었다는 꼭두각시 인형극과 마당의 산대놀이가 나온다. 산대놀이에는 상좌, 노장, 소매, 취발이, 샌님, 포도대장, 거사, 사당, 할미 등이 탈을 쓰고 춤을 추고 연기하는 장면이 묘사되어 있다.

양주별산대놀이의 경우, 서울 사직골 딱딱이패에서 유래되었다고 한다. 산대란 말 그대로 산처럼 높은 무대를 의미하는데, 예전에는 산붕(山棚) 또는 채붕(綵棚)이라고도 했다. 여기서 채붕이라 한 것은 오색 비단을 장막으로 만들어 놓았기 때문이며, 신라 진평왕 때 팔관회에서 시작했다는 기록이 있다.

조선 시대에 들어와서는 광해군 때 나례도감 또는 산대도감을 두어 산대놀이를 관장하였는데, 중국 사신을 영접하거나 임금의 행차 시, 풍년이 들었을 때, 지방 관리를 환영할 때 등 광범위한 행사에서 놀이를 하였다고 한다. 1623년 인조가 즉위한 후에는 산대놀이의 경비가 너무 많이 드는 등 폐단이 커지자 국가 행사로서는 막을 내렸으며, 오늘날까지 이어 온 각종 산대도감 계통극은 민간에서 민속극으로 형성되어 온 것이다. 오늘날 산대놀이는 양주별산대놀이와 송파산대놀이가 전승되고 있으며, 이외에도 봉산탈춤, 해서탈춤은 물론 오광대와 야류 등도 산대도감 계통으로 분류된다.

양주별산대놀이는 아전들과 노비들에 의해 놀아졌으며, 이들은 봉산탈춤보다 더 낮은 신분으로 추정되고 있다. 양주별산대놀이의 중심인물은 이을축(李乙丑)인데, 최초의 탈제작자라고 한다.

첫째 마당 : 상좌춤
벽사(辟邪)의 의식무(儀式舞)이다.

둘째 마당 : 옴중과 상좌
옴중과 상좌의 재담으로 엮어진다.

셋째 마당 : 옴중과 목중
옴중의 의관과 얼굴에 대한 재담을 나눈다. 옴중은 자신의 지체를 높이려 하나 결국 옴이 오른 중임이 발각된다는 내용이다.

넷째 마당 : 연잎과 눈끔적이

초월적 능력을 가진 고승 연잎과 눈끔적이가 나타나 파계승 옴중과 목중을 벌한다.

다섯째 마당 : 팔목중놀이

염불놀이, 침놀이, 애사당북놀이의 3경으로 나누어져 있다. 염불놀이는 8목중이 염불의 형식을 빌려 그들이 타락한 중임을 보여 준다. 침놀이는 말뚝이의 자식, 손자, 증손자가 죽게 되어 신주부를 불러 침을 놓자 모두 살아난다는 내용이다.

여섯째 마당 : 노장

파계승놀이, 신장수놀이, 취발이놀이로 짜여 있다. 파계승놀이는 노장의 파계 과정을 춤과 동작으로 보여 준다. 신장수놀이는 노장이 두 소무에게 외상으로 신발을 사 주고, 신장수에게 외상값을 받으러 간 원숭이는 소무를 희롱하고 온다는 내용이다. 취발이놀이는 취발이가 등장하여 노장에게서 소무 한 명을 빼앗아 살림을 차린다. 늙음과 젊음의 대결에서 젊음의 승리, 자연의 풍요를 비는 제의적(祭儀的) 성격과 아울러 굿의 흔적을 보여 준다.

일곱째 마당 : 샌님

의막사령(依幕使令)놀이와 포도부장놀이로 이루어져 있다. 의막사령놀이는 하인 말뚝이가 쇠뚝이와 함께 양반들을 모욕하고 신랄하게 풍자한다. 포도부장놀이는 샌님이 자기의 첩 소무를 평민인 젊은 포도부장한테 빼앗기는 내용으로, 늙음에 대한 젊음의 승리를 보여 준다.

**여덟째 마당 : 신할아비와 미얄할미**
노인 신할아비가 부인 미얄할미와 다투다가 미얄할미가 죽자 아들과 딸을 불러 장사를 지내는데, 이때 딸이 무당이 되어 지노귀굿을 한다는 내용이다.

양주별산대놀이의 탈의 종류는 본래 22개이다. 상좌(2개로 첫째 상좌는 도련님 겸용)·옴중·4개의 목중(먹중)·연잎·눈끔적이·완보·신주부·왜장녀(해산어멈, 도끼누이 겸용)·노장·소무(2개로 애사당 또는 당녀 겸용)·말뚝이(신장수, 도끼 겸용)·원숭이·취발이(쇠뚝이 겸용)·샌님·포도부장·신할아비·미얄할미 등이다. 탈은 태우거나 부수어 버렸다는 이야기도 있지만, 약 60여 년 전부터는 사직골에 당집이 있어 탈을 당집에 보관하였다가 해마다 개장(改粧)하여 썼고, 당집이 없어진 뒤로는 연희자의 집에 보관해 오고 있다.

■ **양주본산대탈**

양주본산대놀이는 오늘날 전해지지 않으며, 탈은 남아 있다. 탈박물관에 전시된 탈은 1980년에 발간된 어느 미술 잡지를 보고 제작한 것이다. 옴중은 중이 계율을 어겨 옴에 걸린 것을 표현했다. 이때의 옴은 부정한 짓을 의미한다. 옴중의 눈썹을 보면 제법 도를 닦긴 했지만 엉뚱한 도를 닦아 결국 세파를 많이 겪는 복잡한 삶을 보여 준다. 한편 눈끔적이는 비상한 힘과 능력을 가진 자로, 놀이 중 눈을 깜박일 수 있다.

ⓞ 노장                    ⓞ 옴중(이도열 제작)

## (2) 퇴계원산대놀이

퇴계원은 조선 시대 강원도와 함경도에서 온 행인들이 동대문으로 들어가는 직통로였다. 한양으로 공급되는 숯, 장작, 건축재, 곡식, 채소, 연초 등이 이곳을 거쳐 나갔다. 연초가공업자와 장작상이 많아 담배와 장작을 서울에 공급하고, 우시장도 성행하였다. 왕숙천을 끼고 여관, 음식점, 푸줏

간 등 100여 호의 상점들이 자리한 퇴계원은 교통의 요충지이며 물화가 번성한 상업의 근거지로서 경기 일원에서는 부촌이었다.

이런 가운데 연초가공업자들은 돈을 대며 산대놀이를 지원했다. 사람이 모여야 장사가 되고, 사람을 모으기 위한 방편으로 산대놀이가 필요했던 것이었다.

연희패에서 활동했던 백황봉 선생의 증언에 의하면 퇴계원산대놀이는 200년 전부터 연희되어 왔다고 한다. 산대놀이가 있는 날은 보통 2000여 명의 사람들이 몰렸다고 한다. 퇴계원산대놀이는 1930년대까지 전승되어 내려 오던 전통 민속 예술이었으나, 일제의 민족문화말살정책으로 점차 쇠퇴했다. 3·1운동 때에는 퇴계원에서도 만세 운동이 있었는데, 주도자들이 거의 퇴계원산대놀이 연희자들이었다고 한다. 이들은 투옥되어 매도 많이 맞았다고 한다. 일제는 산대놀이가 벌어지면 사람들이 많이 모이기 때문에 그들의 탈과 의상, 악기 등을 빼앗아서 불태워 버렸다. 더구나 1920대 이후 상업폐지정책의 일환으로 민간의 연초가공업을 금지하는 동시에 미신 타파라는 명목하에 전통문화를 말살하면서 산대놀이도 역사 속으로 사라져 갔다.

퇴계원산대놀이를 복원하기 위해 퇴계원산대놀이보존회를 구성하고, 회장을 맡은 민경조 씨가 서울대 규장각을 찾았다. 그곳에서 퇴계원산대놀이의 가면 16개 가운데 먹중탈 뒷면에 양주군 퇴계원 산대도감 사용이라는 문구를 확인해 퇴계원산대놀이의 실제를 확인할 수 있었다. 그리고 직접 공연을 펼쳤던 백황봉 선생과 최사윤 선생의 증언과 고증을 통해 하나씩 복원해 나갔다. 20여 년을 노인들과 학자, 공연자들의 도움으로 탄탄하게 구성했다.

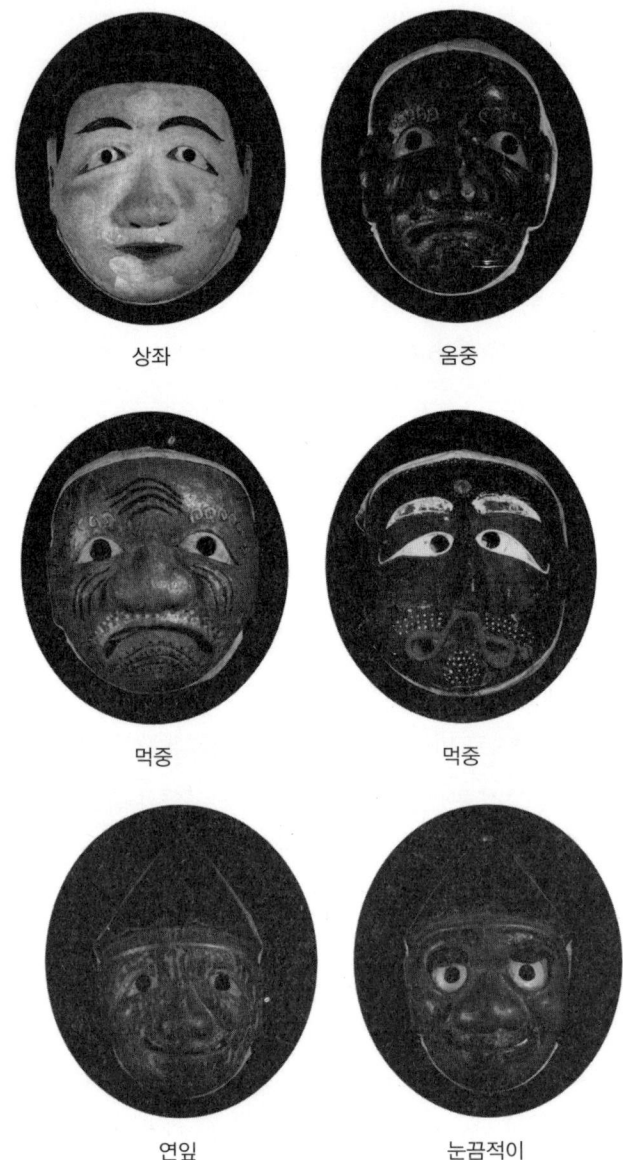

퇴계원산대놀이 탈(서울대박물관 소장)

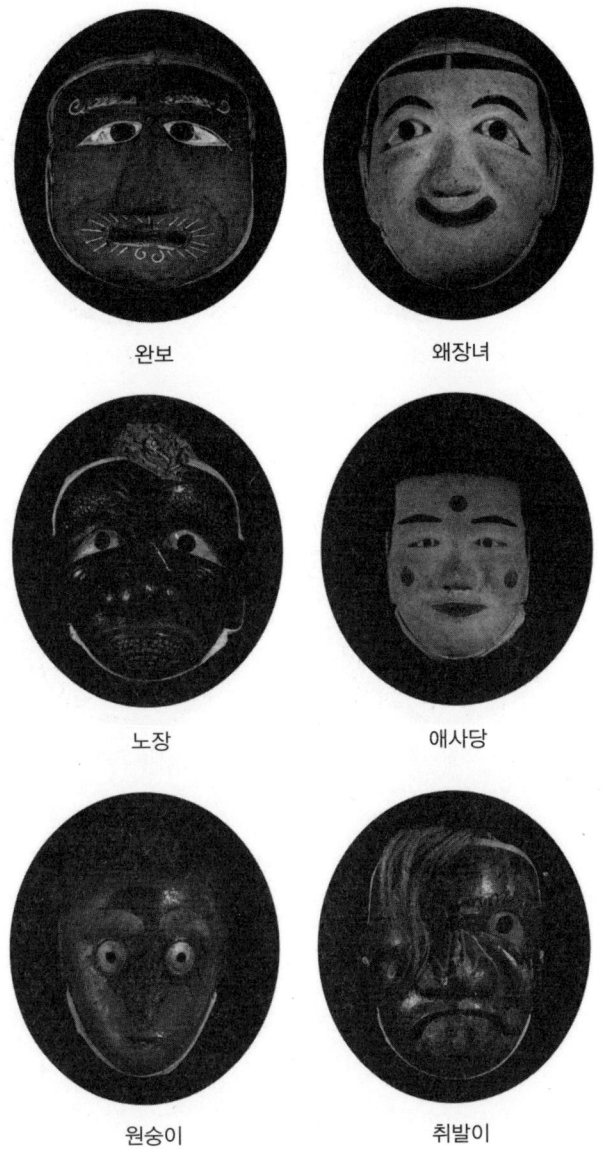

ⓒ 퇴계원산대놀이 탈(서울대박물관 소장)

퇴계원산대놀이 탈(서울대박물관 소장)

퇴계원산대놀이는 앞놀이(길놀이), 본놀이, 뒷놀이의 3단계로 구성되어 있다. 앞놀이는 대동놀이의 성격을 가진 것으로, 제(祭)의 성격과 신명놀이의 성격을 함께 가지고 있다. 본놀이에 앞서 유교식 고사를 지내고, 무당굿놀이를 통해 신명풀이와 한풀이의 실상을 그대로 보여 준다. 본놀이는 12마당으로 이루어진다.

첫째 마당 : 노장 이하 중들의 타락을 풍자한 과장

무념무상의 경지를 보여 주는 노승을 젊고 힘이 절륜한 취발이가 과감하게 격파하는 것이다.

둘째 마당 : 양반과 말뚝이의 대결

둘의 대결을 통해 상층과 하층의 계급 문제를 풍자적으로 보여 주고 있다.

셋째 마당 : 신할아비와 미얄할미의 갈등

신할아비와 미얄할미의 갈등을 통해 여름과 겨울의 다툼을 상징적으로 보여 주고 있다.

◑ 신할아비와 미얄할미 과장

뒷놀이는 일명 '뒤풀이'라 하는데 놀이꾼과 구경꾼이 하나가 되어 신명을 풀고 크게 화합하는 잔치의 성격이 크다. 퇴계원산대놀이는 파계승, 몰락 양반, 무당, 사당, 하인 및 선민들의 등장을 통해 현실 폭로와 풍자, 웃음과 탄식을 보여 준다. 물론 내면에는 벽사 의례와 풍요를 기원하는 의미가 담겨 있다.

### (3) 송파산대놀이

서울 송파 지역에서 전승되던 탈놀이로, 중요무형문화재 제49호로 지정되어 보존되고 있다. 송파산대놀이가 전승되어 온 송파나루는 배가 강원도까지 내왕하고, 육운(陸運)으로는 마행상인(馬行商人)들이 많아 전국을 돌았다. 조선 후기 전국에서 가장 큰 향시 열다섯 중의 하나였던 송파장이 서던 곳이다.

연초가공업자와 나무장수가 많아 담배와 땔나무를 서울에 공급하였으며, 상업 근거지로서 경기 일원에서는 가장 부유한 곳이었다. 송파산대놀이가 보존될 만한 경제적 여건을 갖추었다는 말이다.

연희자들은 송파에 탈놀음이 조선 초기부터 있었다고 주장하고 있다. 조선조 창업 당시 한양에 도읍을 창건하기 위하여 사방에 장승을 세우고, 송파 등지의 탈꾼들을 불러들여 도읍지의 잡귀를 쫓고, 왕조창성을 기원하는 굿판을 벌였다는 것이다. 오늘날 전하는 놀이 형태가 갖추어진 것은 약 200년 전 송파장이 가장 번성하던 때라고 한다.

1924년 큰 규모의 산대놀이판을 송파 장터에서 벌였는데, 이때 구파발,

애오개, 퇴계원, 의정부, 노돌나루 등에서 20여 명의 명연희자들이 모였다고 한다. 이때가 송파의 전성기라 할 수 있다. 이듬해 한강 대홍수로 송파마을 전체 270여 호가 완전히 유실, 산대놀이는 겨우 명맥만 이어오다 1973년 중요무형문화재로 지정돼 보존되고 있다.

송파산대놀이는 모두 7과장(科場)으로 구성되어 있다. 먼저 거리굿으로 송파장을 중심으로 마을을 한 바퀴 돌아오는데, 이때 탈과 의상을 갖추고 행렬을 짓는다. 마을을 한 바퀴 돌아 장터 놀이판으로 오면 개복청(改服廳)으로 들어간다. 다음으로 서막고사(序幕告祀)를 지내는데, 제사상에 탈들을 배열해 놓고 술을 따른다. 제사가 끝나면 놀이를 시작한다.

첫째 마당 : 상좌춤(上佐舞)

◐ 송파산대놀이

첫째 상좌와 둘째 상좌가 차례로 나와 타령 장단에 맞추어 화장춤, 곱사위춤 등을 춘다.

둘째 마당 : 옴중과 먹중
　둘째 상좌의 춤이 잦은 타령으로, 끝날 무렵 옴중이 뛰어들어 둘째 상좌를 물리친다. 옴중이 용트림, 멍석마리, 여다지춤을 추고 춤이 끝날 때쯤 먹중이 등장하여 옴중의 의관과 용모를 대상으로 재담을 한다. 재담이 끝나면 둘이 함께 대무(對舞)를 춘 뒤 퇴장한다.

셋째 마당 : 연잎과 눈끔적이
　연잎과 눈끔적이가 부채로 얼굴을 가리고 나타나 재비 옆에 서 있으면 팔먹중(1)과 팔먹중(2)가 차례로 나와 춤을 추다가 연잎과 눈끔적이의 얼굴을 보고는 놀라 달아난다.

넷째 마당 : 팔먹중
　북놀이에서는 먹중 둘이 나오는데, 하나는 북을 들고 하나는 북채를 들고 등장한다. 팔먹중들이 등장하여 춤을 추다가 나머지 먹중들이 땡땡이중임을 알고는 염불을 가르치려 하나, 한 먹중이 못하겠다며 먹중(1)의 곤장을 맞고 퇴장한다. 나머지 먹중들이 함께 어울려 춤을 추나 한 명씩 곤장을 맞고 내쫓긴다. 침놀이에서는 춤추던 팔먹중 하나가 쓰러지면서 시작된다. 재 너머 싸릿골의 신주부를 데려와 침을 놓아 벌떡 일어나니 모두 기뻐하며 타령곡으로 춤을 추며 퇴장한다.

다섯째 마당 : 노장

셋으로 나뉜다. 파계승놀이에서는 소무(小巫) 둘이 나와 춤을 추니 노장이 둘에게 유혹되어 함께 어울려 춤을 추다가 재비 옆에 가서 선다. 신장수놀이에서는 신장수가 노장에게 신을 외상으로 팔고 원숭이더러 신값을 받아오라고 하나, 원숭이는 소무와 희롱만 하다가 온다. 신장수는 화가 나서 원숭이를 때리며 원숭이와 함께 퇴장한다. 취발이놀이에서는 취발이가 푸른 나뭇가지를 들고 잔뜩 취한 모습으로 등장한다. 취발이가 노장과 싸워 내쫓으니, 노장이 소무 하나를 데리고 도망친다. 취발이는 남은 소무와 함께 놀며 춤을 춘다. 조금 후 소무가 임신을 하여 해산어멈을 불러 아기를 낳으니, 이름을 마당쇠라 짓고 얼르다가 소무와 함께 퇴장한다.

여섯째 마당 : 샌님 과장

의막사령놀이(말뚝이놀이)에서는 말뚝이가 샌님, 서방님, 도련님을 모시고 등장하여 돼지우리로 양반들을 몰아넣는다. 샌님과 미얄할미에서는 샌님이 소첩(소무)과 함께 등장하여 흥겹게 춤을 추는데, 본처인 미얄할미가 소첩과 싸우다가 샌님의 나무람을 듣고 퇴장한다. 샌님과 포도부장에서는 샌님과 소첩이 노는데, 포도부장이 나타나 소첩을 빼앗는다.

일곱째 마당 : 신할아비와 신할미

신할아비의 구박에 신할미가 죽어 버린다. 놀란 신할아비는 아들인 도끼를 시켜 도끼누이를 불러오게 하여 셋이서 무당을 불러 지노귀굿을 한다.

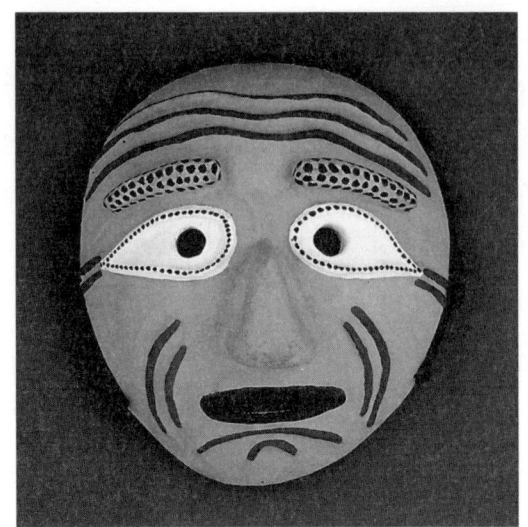

◐ 송파산대놀이 신할미(안동 하회탈박물관 자료)

◐ 송파산대놀이 옴중(안동 하회탈박물관 자료)

이 놀이에 소요되는 가면은 모두 32개로, 그 재료는 바가지, 소나무 껍질, 종이 등이 주가 된다. 바가지에 소나무 껍질로 요철(凹凸) 부위를 붙이고, 한지 조각으로 여러 겹 붙여 말린 다음, 단청으로 채색하여 보자기를 붙여 머리에 쓰고 묶는다.

## 2. 황해도

### (1) 강령탈춤

황해도 일대의 탈춤을 통틀어 해서탈춤이라고 한다. 강령탈춤·봉산탈춤·은율탈춤 등이 있는데, 이 중 강령탈춤은 황해도 강령 지방에 전승되어 오던 탈춤으로 6·25전쟁 뒤 월남한 연희자들에 의해 현재 서울에서 전승되고 있다. 1970년 중요무형문화재 제34호로 지정되었다.

강령 사람들은 강령탈춤이 삼한 시대부터 생겼다고 하지만, 신빙성은 없다. 18세기 평양감사의 부임을 축하하는 행사를 그린 그림에 등장하는 탈놀음이 아마도 해서탈춤인 것으로 보인다. 초록 저고리에 다홍치마를 입은 소무(小巫)를 둘러싸고 흰 장삼을 입은 네 명이 상좌춤을 추고 있다. 긴 담뱃대를 든 노인이 흰 도포를 입고 망건을 쓴 것으로 보아 이 인물은 양반탈을 쓴 샌님인 것을 알 수 있다. 얕은 둔덕에 세워진 흰 천 앞에는 할미탈이 부착되어 긴 소매를 흔들며 춤추고 있다. 학자들은 이 공연을 해서탈춤으로, 할미탈이 부착된 설치물은 전문 탈춤패의 길놀이용 깃발이라고 보고 있다.

강령탈춤은 해주탈춤, 봉산탈춤과 함께 한때 전성기를 누렸다. 강령은 해주에서 80리 가량 떨어진 작은 읍이었는데, 일제에 국권을 빼앗기면서 해주감영(海州監營) 소속 교방(敎坊)의 가무인들과 통인청(通人廳)을 중심으로 집결되었던 탈꾼들이 해산되자, 그 일부가 강령으로 모여들어 탈춤이 성행하게 되었다고 한다.

강령탈춤이 유명하게 된 데는 강령 부근에 오랜 전통을 가진 재인(才

◉ 강령탈춤 사자(송석하 사진)     ◉ 강령탈춤 소매(송석하 사진)

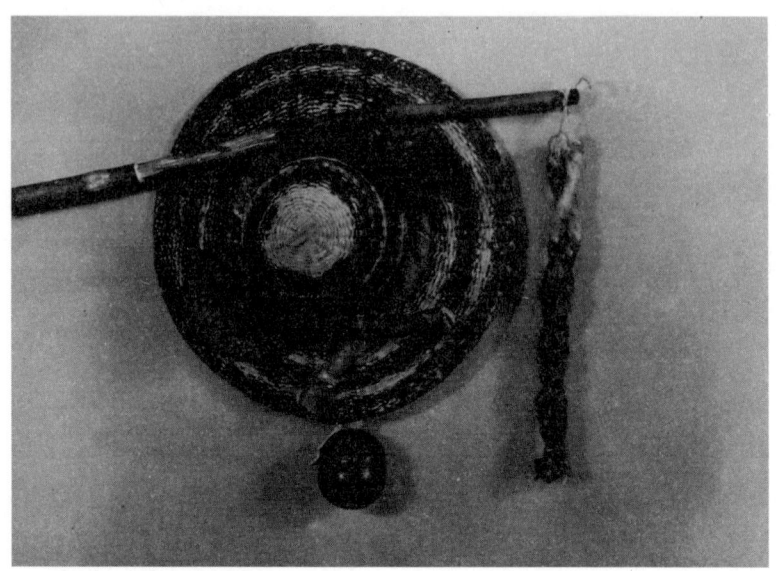
ⓒ 강령탈춤 말뚝이 도구(송석하 사진)

人) 마을인 강천리(康泉里)가 있었기 때문으로 보인다. 강령탈춤은 5월 단오놀이로 놀아 왔으며, 단오가 지난 뒤 10일 만에 뒤풀이라고 하여 이 놀이가 다시 연희되고, 모든 탈을 태워 버렸다. 놀이과장은 8과장으로 나눌 수 있다.

### 첫째 마당 : 사자춤
사자와 원숭이가 어울려 한바탕 춤을 추고 들어간다.

### 둘째 마당 : 말뚝이춤
말뚝이(1)과 말뚝이(2)가 무대의 좌우에서 중앙으로 달려 나와 서로 놀란 체하고 달아나는 춤을 3, 4회 되풀이하다가 퇴장한다.

### 셋째 마당 : 목중춤
목중들이 나와 춤을 추다가 일장 사설과 염불을 한 뒤 퇴장한다.

### 넷째 마당 : 상좌춤
상좌(1)과 상좌(2)가 각각 위와 아래쪽에서 등장하여 맞춤을 추고 퇴장한다.

### 다섯째 마당 : 양반춤
맏양반, 둘째양반, 재물대감, 도령이 등장하여 양반의 근본을 논하며 양반 스스로 조롱하는 모습을 보여 준다. 조롱이 끝나면 말뚝이가 등장하여 양반의 무능과 허세를 여지없이 드러낸다.

### 여섯째 마당 : 목중춤
목중이 나와 춤을 한바탕 추다가 퇴장하는데, 의상을 갈아입는 막간을 이용한 것이라고도 한다.

### 일곱째 마당 : 영감 · 할미 광대춤
오랫동안 헤어졌던 영감이 용산삼개집을 데리고 나타나 할미와 만난다. 영감과 할미는 세간 문제로 다투다가 나가 버린다.

**여덟째 마당 : 노승춤**

목중, 말뚝이, 마부, 남강노인, 취발이 등 8명이 춤을 추며 노래를 부르다가 엎드려 있던 노승을 소무가 있는 곳으로 인도해 주고 퇴장한다. 노승은 소무를 얻어 함께 춤을 춘다. 하지만 취발이가 등장하여 노승에게서 소무를 빼앗는다.

탈은 말뚝이(팔목중 겸용)·사자·원숭이·목중·상좌·마부·맏양반·둘째양반·셋째양반(재물대감)·도령·영감(셋째양반 겸용)·노승·취발이 등이며, 탈의 재료는 종이가 주(主) 재료이고, 대나무·개털(토끼털) 등이 쓰인다.

## (2) 봉산탈춤

탈놀음은 지역에 따라 부르는 이름이 다른데, 경상도(주로 경남 지방)에서는 오광대나 야류라 하고, 중부 지방에서는 산내놀이라 하며, 황해도에서는 탈춤이라고 한다. 봉산탈춤은 황해북도 봉산군(鳳山郡)에서 전승되다가 1915년 무렵 사리원으로 옮겨 전승되던 탈춤을 말한다.

황해도 일대의 탈춤을 통틀어 해서탈춤이라고 한다. 황해도에서는 오일장이 열리던 거의 모든 장터에서 1년에 한 번쯤은 탈놀이를 하였다고 하는데, 오늘날까지 그 명맥을 이어 오는 탈춤은 봉산탈춤과 강령탈춤, 은율탈춤 세 가지뿐이다. 그 중에서도 봉산탈춤을 최고로 꼽는다.

봉산탈춤이 다른 해서탈춤보다 더 유명해진 이유는 약 200년 전 안초목(安初目)이라는 사람이 중흥시켰기 때문이라 한다. 하급 관리였던 그는 전

1930년대 봉산탈춤 자료

라도의 외딴 섬으로 유배를 갔다 돌아와 나무탈을 종이탈로 바꾸고 탈춤의 내용도 개혁하였다고 한다. 오늘날까지 이어지는 탈춤은 이때의 것이 전승되어 온 것이라고 한다.

봉산탈춤은 공연 시기인 5월 단오를 앞두고 한달 전 봉산읍에서 가까운 백운암이란 곳에 가서 한달 정도의 기간 동안 합숙하며 가면을 제작하고 도구를 마련하였으며, 탈춤도 연습했다고 한다. 이런 합숙훈련 등은 고도의 예술적 기량을 갖춘 집단이 존재했음을 의미하는 것이다.

봉산탈춤은 54명이 등장하지만 탈을 겸용하는 배역이 있어서 탈은 26개가 사용된다. 상좌(4개)와 8개의 목중(먹중), 거사(6개)는 여러 명 등장하며, 사당과 무당탈은 소무탈이 겸용한다. 그 외에도 노장·신장수·원숭이·취발이·말뚝이·영감·미얄·덜머리집·남강노인·맏양반·둘째양반·셋째양반·사자탈이 있다. 팔먹중탈은 양주별산대탈과는 달리 귀면형으로, 요철 굴곡이 심하다. 놀이 내용은 총 7과장이다.

첫째 마당 : 4상좌춤
사방 신(神)에 대해 배례한다. 벽사의 의미를 갖는다.

둘째 마당 : 8목중춤
제1경 목중춤과 제2경 법고놀이로 이루어져 있다. 목중춤은 8목중이 사설과 춤으로 자기 소개를 하며, 법고놀이는 목중 1·2가 법고를 가지고 재담을 한다.

셋째 마당 : 사당춤

7명의 거사들이 등장하지만 홀아비거사가 사당을 희롱하다 쫓겨나며, 7명의 거사들은 질탕하게 논다.

넷째 마당 : 노장춤

제1경 노장춤과 제2경 신장수춤, 제3경 취발이춤으로 구성되어 있다. 노장춤은 생불(生佛)이라는 칭송을 받던 노장이 소무에게 유혹되어 파계하는 장면이 압권이다. 신장수춤은 현실적인 인물이 된 노장의 변화된 모

◐ 목중(이도열 제작)

습을 보여 준다. 취발이춤은 취발이가 노장과 대결하여 노장을 물리치고 소무와 사랑을 나눈 뒤 아이를 얻고서 아이를 가르치는 내용이다.

다섯째 마당 : 사자춤

파계승들을 벌하기 위하여 부처님이 보낸 사자가 내려온다. 사자는 목중을 잡아 먹으려고 하다가 목중들이 회개하겠다는 말을 듣고 용서하며 함께 춤을 춘다.

여섯째 마당 : 양반춤

말뚝이와 양반 3형제의 재담으로 이루어지는데, 말뚝이는 독설과 풍자로써 양반들을 신랄하게 욕보인다.

일곱째 마당 : 미얄춤

난리 중에 헤어졌던 영감과 미얄할미가 서로 만났는데, 영감이 데려온 첩 덜머리집 때문에 다툼이 일어나고 미얄할미는 영감한테 맞아 죽는다. 남강노인이 등장하여 무당을 불러 지노귀굿을 해 준다.

이와 같이 상좌춤으로 시작된 놀이는 미얄할미의 죽음으로 끝나는데, 탈놀이가 끝나면 탈은 불살라 버린다. 그것은 탈이 부정을 타지 않게 하기 위해서이다. 또한 풍년을 기원하고 마을의 안녕을 빌기 위해 탈을 제물로 바친다는 의미이기도 하다.

## (3) 은율탈춤

황해도 은율 지방에 전해 오는 탈놀음으로, 1978년 중요무형문화재 제61호로 지정되어 전승되고 있다. 강령탈춤과 마찬가지로 해서형(海西型) 탈춤이라 할 수 있다. 장용수 선생에 의하면 지금으로부터 약 200~300년 전에 나라에 난리가 났었고, 이때 난을 피해 섬으로 도망을 갔던 사람들이 고향으로 돌아오면서 얼굴을 가리기 위해 탈을 쓴 데서 비롯되었다고 한다.

탈춤판은 단오절을 중심으로 2, 3일 계속하여 놀았고, 그 밖에 사월 초파일과 칠월 백중놀이에 주로 놀았다. 은율 군수나 지역 유지들의 잔치 때도 놀았다고 한다. 단오, 초팔일, 백중 때 놀았다는 것은 이 탈춤의 성격을 짐작케 한다. 이들 특정한 날들은 계절적으로 씨앗을 뿌린 뒤 풍요로운 성장을 기원하는 날들로, 은율탈춤은 벽사(辟邪)와 기년(祈年)의 행사임을 알 수 있다.

### 첫째 마당 : 사자

크고 하얀 사자가 등장하여 한바탕 춤을 추고 들어간다. 사자춤으로 시작하는 것은 강령탈춤과 같다. 이 탈춤판이 벽사의 의미를 지녔다는 것을 말해 주는 마당이다.

### 둘째 마당 : 헛목(상좌)춤

헛목이 등장하여 사방에 배례하고 춤을 추고 퇴장한다.

셋째 마당 : 팔목중춤

8명의 목중들이 등장하여 순서대로 군무(群舞)를 추고 퇴장한다.

넷째 마당 : 양반춤

이 탈춤에서는 강령탈춤과 같이 양반춤으로 되어 있다.

다섯째 마당 : 노승춤

말뚝이와 목중 한 명이 소무를 데리고 나와 노승을 유혹하고, 최괄이가 나타나 노승을 내쫓고 새맥시와 어울려 춤춘다.

◐ 상좌(안동 하회탈박물관 자료)

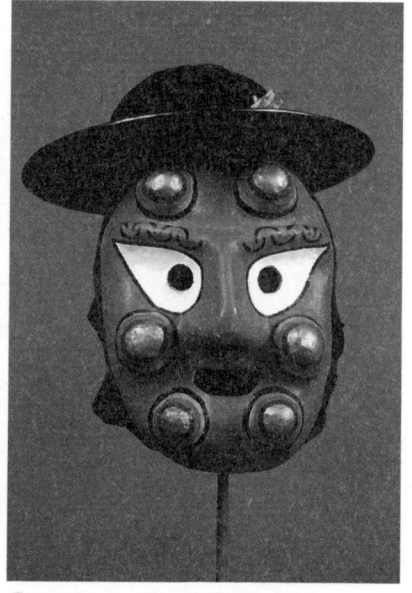
◐ 상좌(안동 하회탈박물관 자료)

여섯째 마당 : 영감·할미춤

영감을 만난 할미가 뚱단지집에 의하여 죽자 무당이 와서 지노귀굿을 한다. 양반춤과 영감·할미춤에서 호색적인 면이 심하다.

은율탈춤의 탈에는 혹이 달려 있다. 노승·말뚝이·최괄이·마부·목중·양반·영감들은 3, 4개씩 있다. 혹이 있는 탈들은 이른바 '목탈'로 귀면형(鬼面形)이다. 목중·노승·말뚝이·양반·영감탈 등 남자탈은 모두 요철(凹凸)이 있고 혹이 있는 목탈이다. 해주탈의 경우처럼 혹에 5색(황금색, 녹색, 붉은색, 흰색, 검은색)의 띠가 둘린 것도 있다.

목중·말뚝이·최괄이탈은 붉은색이고, 양반·영감·헛목·새맥시·뚱단지집 등의 탈은 흰바탕색으로 다른 탈과 같다. 노승탈은 흰색인데 반해 할미탈은 검으면서 흰점·붉은점 등이 나타나 있다.

## 3. 경상남도

### (1) 마산오광대

오광대는 오늘날 경남의 여러 지방에 분포되어 있는데, 특이하게도 낙동강을 사이에 두고 양쪽에서 부르는 이름이 다르다. 마산·통영·고성 등 서쪽에서는 오광대라 하고, 부산 등 동쪽에서는 들놀음(야류: 野流)이라 한다. 오광대나 야류는 등장인물과 대사가 비슷해 같은 탈놀이에서 전승된 것임을 알 수 있다.

경남 일대에 오광대놀이가 전승되는 곳은 거의 십 여 곳을 헤아리지만 중요무형문화재로 지정된 곳은 고성오광대(제7호, 1970년), 통영오광대(제6호, 1964년), 가산오광대(제73호, 1980년), 수영야류(제43호, 1971년)와 동래야류(제18호, 1967년)의 다섯 가지이다.

마산오광대는 경남 마산시 자산동에 전승되어 오던 탈놀음이다. 민속탈극으로서 20세기 초, 초계 대광대파가 마산 장터에 와서 노는 것을 김순일 등이 보고 배워 시작한 것이라는 설이 있다. 다른 오광대놀이가 모두 정월대보름에 공연되는데 비해 이 놀음은 음력 3월 별신굿 행사 직후나 4월

초순에 열리는 것이 특징이다. 오광대란 명칭은 다섯 광대가 나와 오방(五方)의 잡귀를 물리친다는 뜻에서 유래한 것인데, 마산에서만 있는 것이 아니라 고성과 진주·통영 등 경남 일대에 분포되어 있다.

오광대는 시초에 합천 초계 밤마리에서 비롯되었다고 한다. 밤마리는 지리적으로 경남의 중심지인 동시에 낙동강 중류에 위치한 상업과 무역의 중심지로, 이 지역 상인들의 후원으로 오광대놀이가 연행되었다고 한다. 밤마리 장터에서 탈놀음을 관람한 다른 지방의 사람들이 자기 지방에 가서 재연하면서 널리 퍼지게 되었다.

등장인물은 동방청제장군·서방백제장군·남방적재장군·북방흑제장군·중앙황제장군의 오방신장(五方神將)과, 노장·청보양반·차양반·말뚝이·문둥이·턱까불·홍백·초란이·눈머리떼·콩밭골손·영노·비비양반·영감·할미·제물집·상주5·상노군5·사자·담비·마을사람·아기 등이 있다. 이 중 마을사람들은 악사로서 옆에 앉아 할미와 영감을 상대로 대화하는 역할을 한다. 마산오광대의 과장(科場: 마당)은 다른 지방 오광대와는 달리 제7과장으로 구성되었다.

첫째 마당 : 오방신장

오방신장은 패랭이를 쓰고 긴 소매 두루마기를 입었는데, 노란 복색을 입은 황제장군이 중앙에, 푸른 복색을 입은 청제장군이 동쪽에, 붉은 복색을 입은 적제장군이 남쪽에, 흰 복색을 입은 백제장군이 서쪽에, 검은 복색을 입은 흑제장군이 북쪽에 나와 선다. 그 다음 네 신장이 황제장군에게 절을 한 뒤, 타령 장단과 굿거리 장단에 맞추어 춤을 춘다.

**둘째 마당 : 중**

고깔을 쓰고 소매에 홍백 끝이 달린 두루마기를 입은 상좌중이 먼저 나오고, 뒤이어 장삼을 입고 염주를 건 노장(老長)중이 나와 사방으로 돌아보면서 상좌중과 같이 한바탕 승무를 춘다.

**셋째 마당 : 문둥이**

문둥이가 한 다리를 걷어 올리고 왼손에는 북, 오른손에는 북채를 쥐고 험상궂은 문둥이탈을 가리고 타령 장단에 맞추어 등장한 뒤, 가렸던 손을 떼고 얼굴을 들고는 한바탕 타령 장단에 맞추어 춤을 춘다.

**넷째 마당 : 양반(말뚝이·양반)**

청보양반, 차양반, 홍백, 눈머리떼, 턱까불, 초란이, 콩밭골손, 말뚝이가 차례로 타령 장단에 맞추어 춤추며 등장한다. 한바탕 춤춘 뒤에 청보양반이 "양반의 자식이란 선(先)은 어떻고, 후(後)는 어떻고……." 하면서 말을 하다가 말뚝이를 부르자, 말뚝이는 자기의 근본은 양반이라는 것을 5대조에서 할아버지에 이르기까지의 벼슬한 것을 들어 설파한다. 그리고는 양반을 모욕한다.

**다섯째 마당 : 영노(영노·양반)**

영노가 양반의 뒤를 따라다닌다. 양반은 "네가 무엇이냐?"하고 묻는다. 영노는 "양반 아흔 아홉 명을 잡아 먹고, 너 하나가 있다는 말을 듣고 왔다" 한다. 양반은 자기는 양반이 아니라고 한다. 그리고는 자기는 개, 돼지 등

사람이 아닌 온갖 것이라고 둘러댄다. 영노는 그래도 잡아 먹겠다고 한다. 양반은 어떻게 하면 될까 하다가 "나는 너의 할아버지다"라고 하자, 영노가 "어찌 할아버지를 잡아 먹겠느냐"하여 위기를 모면한다. 양반을 개, 돼지보다 못한 존재로 비판하는 과장이다.

여섯째 마당 : 할미 · 영감

할미가 영감을 만났으나 영감은 젊은 마누라를 얻어 살고 있다. 영감은 젊은 마누라와 그녀가 낳은 아이만을 좋아하므로, 할미는 아이를 밟아 죽인다. 그러자 영감이 노하여 할미를 때려 죽인다. 아들들이 나와 할미의 초상을 치른다.

◐ 북방흑제장군탈(이도열 제작)   ◐ 서방백제장군탈(이도열 제작)

일곱째 마당 : 사자무(獅子舞)

사자와 담비가 타령 장단에 맞추어 춤을 추며 나온다. 사자가 고갯짓도 하고, 꽁지도 젓고, 목을 움츠려 앉기도 한다. 그렇게 하면서 춤을 추며 노는데, 담비가 사자 좌우로 돌아다니면서 약을 올리자 마침내 사자는 담비를 잡아 먹는다.

마산오광대에 사용되는 탈은 주로 바가지로 만들며, 때로는 나무로 만들기도 하였다. 이들 탈은 모두 턱이 움직이지 않지만, 그 중 턱까불탈만은 얼굴의 턱이 움직일 수 있게 만들었다. 이 오광대놀음은 타락한 중에 대한 풍자, 양반에 대한 조롱과 모욕, 남편이 첩을 얻음으로써 일어나는 가정 비극, 문둥이의 원한 등을 다룬 것이다. 마산오광대 역시 다른 탈극과 마찬가지로 벽사진경에 그 의의가 있다.

### 참고  문둥이

문둥병(나병)은 인류 역사에서 최악의 질병으로 기록되어 있다. 이스라엘에서도 나병에 걸리면 사람들과 격리하여 성 밖으로 쫓아냈다. 성 밖에서 산다는 것은 각종 위험에 내쳐진 존재라는 것을 의미한다.

나병을 흔히 '천형(天刑)'이라고 불렀던 이유는 이 병에 대한 원인을 알 수 없었기 때문이다. 옛날 사람들은 너무나 끔찍한 병은 환자의 죄에 대한 하늘의 천벌이라고 믿었다. 문둥이들은 살과 뼈가 썩어 가는 고통을 겪으며 정상적인 인간 사회로부터 추방되었다.

탈놀이판에서도 문둥이들은 인간으로 취급받지 못했다. 문둥이탈은 다른 사람의 끔찍한 고통을 웃음거리로 만들었다는 비판도 받을 수 있지만, 그 시대 사람들의 인식을 이해할 필요가 있다. 당시 사람들은 문둥병은 천형이고, 이들은 무엇인가 큰 죄를 지어 하늘로부터 벌을 받은 인간이라고 믿었다. 탈놀이판에서 문둥이의 복장은 검은 벙거지를 쓰고 더그레를 걸쳤으며, 손에는 부채와 북을 들었다. 탈은 마분지를 풀에 이겨서 울퉁불퉁 거칠게 만들었다. 통영(統營)오광대에서는 첫째 마당에 문둥이가 등장하여 흰 바지저고리에 왼쪽 바지를 걷어 올리고, 오그라든 양손에 작은 북과 부채를 들고 비틀거리며 등장하여 춤을 춘다. 그는 "병신이

ⓒ 문둥이탈

된 이 몸이 양반인들 무엇하며 재산인들 무엇하느냐"며 탄식한다. 가면은 검붉은 바탕에 희끗희끗한 종기를 두드러지게 만들었다.
양반에 대한 지독한 풍자가 아닐 수 없다. 신분 사회에서 가장 비천한 백정보다 못한 취급을 받는 문둥이를 양반에 비유한 것이다. 양반은 인간 취급도 할 필요가 없다는 의미인 것이다.
동래야류(東萊野遊), 가산(駕山)오광대놀이에도 문둥이들이 등장하는데, 이들은 각각 도(都)문둥이 · 절름발이 문둥이 · 손 오그라진 문둥이 · 입 비뚤어진 문둥이 · 코 빠진 문둥이로 불린다. 이들의 옷은 모두 회색이나 검은색의 초라한 평복이다.
검은색 계통은 희망과는 거리가 먼 어둠, 겨울, 죽음 등을 의미한다. 거기다 투전패까지 지녔고, 절름발이는 지팡이를 짚었다. 탈은 거의 검고 붉은 바탕에 검고 흰 반점이 있으며 자신의 이름에 맞는 부위가 비뚤어졌거나 없다.
탈놀이판에 문둥이처럼 오관이 바르지 못하고 우스꽝스러운 인물들이 등장하는 것은 어떤 의미일까? 언청이, 사팔뜨기, 벌어진 입, 유난히 큰 코, 과장된 표정에 울거나 웃는 모습의 저속하고 결함 있는 하찮은 사람들을 묘사한 이들 탈은 상징성을 가진 탈이라기보다는 오락적인 성격이 강한 탈이라고 할 수 있다.

## (2) 통영오광대

통영에서 오광대가 시작된 것은 대략 20세기 초인 것으로 알려지고 있다. 유입 경로는 초계 밤마리에서 수영·동래야류를 거쳐, 창원(마산) – 통영 – 고성의 순서였다고도 하고, 초계 밤마리 – 창원(마산) – 통영 – 고성의 순서대로 전파되었다고도 한다. 통영 사람들은 계를 조직하여 탈놀이를 하였는데, 처음에는 의흥계(義興契)였고, 난사계(蘭社契)와 춘흥계(春興契)가 계속적으로 전통을 이어 왔다.

통영오광대는 통영 지방의 매귀놀이와 사또(使道)놀음과 함께 놀았다. 매귀(埋鬼)란 말 그대로 풀이하면 '귀신을 매장시킨다'는 뜻으로, 정월 초 이튿날부터 대보름 사이에 농악대가 마을의 집집마다 돌아다니며 악귀를 물리치고 복을 빌어 주는 것을 말한다.

중국 귀주성에서도 주민들이 얼굴에 탈을 쓰고 집집마다 돌아다니며 귀신을 몰아내고 행운을 빌어 주는 행위를 한다. 소수민족 이족(彝族)들도 집집마다 돌아다니며 달걀과 이엉 엮는 풀을 얻어 간다. 북방의 몽골족은 정월 집집마다 찾아다니며 노래하고 춤추며 주인을 위해 길상을 축복한다. 16일 저녁이 되면 마을 밖으로 나가 마음껏 노래하고 춤춘 후 가면을 벗어 모닥불 속에 던져 태운다. 강령탈춤 등에서 축제가 끝난 후 탈을 불태워 버리는 것과 마찬가지다.

통영에서는 4월 초가 되면 봄놀이를 시작하는데, 탈놀이와 함께 사또놀음을 하기도 한다. 삼현육각을 앞세우고 영기를 휘날리며 삼도통제사처럼 사또가 서리와 역졸을 거느리고 출두한다. 이들의 뒤에는 팔선녀 등이 말

ⓒ 통영오광대 탈들(송석하 사진)

을 타고 뒤쫓았으며, 용화사에 올라가 한바탕 매귀를 치고 오광대놀이를 놀았다고 한다. 이때 사또역은 놀이 비용을 대는 물주가 맡았다. 이렇게 볼 때 매귀행렬은 야류의 길놀이와도 비슷하고, 사또놀음과 같은 독특한 놀이도 있으므로 오광대 역시 들놀음과 통하는 면이 많다 하겠다.

통영탈놀이에 사용되는 탈은 문둥이 양반·홍백가 양반·비틀 양반(삐뚜루미)·곰보 양반(손님 양반)·검정 양반·원 양반·둘째 양반·비비 양반·말뚝이·영노·할미 양반·할미·제자각시·봉사·큰 상제·작은 상제·몽돌이·포수·담보·사자·상좌·팔선녀 등이다. 놀이는 5과장으로 구성되는데, 특이한 것은 포수탈놀이가 있다는 점이다.

### 첫째 마당 : 문둥이

문둥이가 나와 춤을 추고 신세를 한탄한다. 조상들이 죄가 많아 불치의 병에 걸렸다고 한다. 양반 풍자와 문둥이의 비애를 표현한 것이다.

### 둘째 마당 : 풍자

다른 탈놀이의 양반 과장으로, 말뚝이가 나와 양반들을 조롱한다. 말뚝이가 첫째 양반은 선대에 기생이 여덟이고, 둘째 양반은 종의 자식으로 서출이고, 셋째 양반은 홍(洪)가와 백(白)가 두 아비가 만들었고, 넷째 양반은 어미가 부정을 타서 온 몸이 새까맣게 되었고, 다섯째 양반은 어미가 부정하여 손님마마(天然痘疫神)가 흔적을 내었고, 여섯째 양반은 중풍기가 심하여 전신이 비틀어졌고, 일곱째 양반은 보살인 어미가 서방질하여 낳았다고 양반들의 근본을 폭로한다. 말뚝이는 자신이야말로 대대손손 당상 벼슬의 양반이라고 호통을 치고 양반들을 조롱한다.

### 셋째 마당 : 영노

괴물인 영노가 등장, 양반을 잡아 먹으려 한다. 영노는 양반을 아흔아홉 명 잡아 먹고 마지막 너를 먹으면 용이 된다고 하자, 양반이 자기는 양반이 아니라고 하다가 결국 잡아 먹힐 판이 되어 영노에게 쫓겨 퇴장한다.

말뚝이(이도열 제작)

넷째 마당 : 농창

다른 탈놀이의 영감과 할미 과장과 같다. 두 상좌가 제자각시를 두고 춤을 추다가 할미 양반에게 쫓겨 퇴장한다. 할미 양반과 제자각시는 서로 정을 통해 아기를 낳는다. 영감 찾아 집 떠난 할미가 돌아와서 세 사람은 한 집에 살게 된다. 제자각시는 할미가 어린아이를 어르는 것을 시샘하여 할미를 넘어뜨려 죽이고 할미의 상여가 출상한다. 이것은 처첩 관계로 인한 가정 비극을 표현한 것이라기보다는, 아이를 낳을 수 없는 할미가 죽고 생산력이 높은 젊은 여성이 승리한다는 내용으로 보는 것이 좋을 것 같다. 즉 생산력이 없는 겨울과 생산력이 높은 여름의 싸움에서 겨울이 물러가고 여름이 승리한다는 내용으로 볼 수 있다는 것이다.

다섯째 마당 : 포수탈놀이

사자와 담비가 싸운다. 담비를 잡아 먹은 사자를 포수가 쏜다. 담비는 사자에게 잡아 먹히고 사자는 포수의 총에 맞아 죽는다. 악귀를 쫓고 복을 비는 벽사 의식이 변모된 것으로 보인다.

## (3) 고성오광대

경남 고성 지방에 전승되어 온 탈놀음을 고성오광대놀이라 한다. 고성오광대놀이는 1970년 중요무형문화재 제7호로 지정되었다. 오광대(五廣大)란 놀이 과장 중에 다섯 광대가 등장하는 것을 말하지만 일반적으로는 동, 서, 남, 북, 중앙의 다섯 방위(오방)를 상징하는 다섯 광대가 나와서 하는 놀이에서 유래한 것으로 보고 있다.

  고성오광대놀이는 오광대놀이 중 그 전파 시기가 늦은 편인데, 일설에는 19세기 중엽이라고도 하고, 20세기 초라고도 한다. 조선 말엽 고종 30년(1893년) 부사로 부임한 오홍묵(吳弘黙)은 음력 12월 30일 제석을 맞이하여 읍내에서 벌어진 세시행사를 목격한 후『고성총쇄록(固城叢鎖錄)』에 다음과 같이 기록하였다.

  "내가 풍운당을 돌아다보니 아전의 무리들이 나악을 갖추고 유희를 하고 있었다. 이것이 무엇이냐고 물어 보니 해마다 치르는 관례라고 한다. 이곳의 잡희는 함안의 것과 비슷하지만, 익살은 나은데, 복색의 꾸밈은 다소 떨어졌다."

  고성오광대놀이가 지금의 모습을 갖추게 된 것은 1920년경이라고 한다. 당시 고성 지방에 전염병이 번져 선비들이 고성읍에서 서북쪽으로 약 10km거리에 있는 무이산으로 피신을 가 시조나 노래를 하고 소일하다가 차츰 오광대놀이를 놀았다고 한다. 이때 놀이를 잘하였던 사람이 이윤희, 정화경이었다. 이들의 예능이 김창후, 홍성락, 천세봉 등으로 이어졌다.

  놀이에 사용하는 탈은 본래 오동나무로 만든 것들이었으나, 한일합방 이후 나라 잃은 울분을 참지 못하고 이 탈들을 모두 강이나 바다에 띄워 보냈다는 이야기가 있다.

  그 후 종이로 만든 탈을 사용했고, 오늘날에는 다시 나무탈도 만들어 함께 사용하고 있다. 고성오광대놀이는 주로 음력 정월대보름에 행하여 졌는데, 달 밝은 보름날 밤에 고성 장터의 넓은 마당이나 밤내, 무량리 잔디

밭이 주된 무대였다고 한다.

놀이는 모두 5과장으로 진행되는데, 첫째 마당은 문둥광대, 둘째 마당은 양반, 셋째 마당은 승무, 넷째 마당은 비비, 다섯째 마당은 제밀주(저밀주)이다.

한편 놀이에 앞서 길놀이를 하였는데, 마을의 집집마다 돌면서 풍악을 울리는 걸립을 하여 놀이 비용을 걷곤 하였다. 참고로 과장별 내용을 간략히 살펴보면 다음과 같다.

ⓒ 원양반(이도열 제작)

ⓒ 큰 어미(이도열 제작)

◐ 홍백 양반

◐ 초란이(이도열 제작)

◐ 작은 어미

◐ 비비

첫째 마당 : 문둥광대

문둥광대가 문둥탈과 벙거지를 쓰고 굿거리 장단에 맞춰 춤을 춘다.

둘째 마당 : 양반

말뚝이가 양반들을 모욕하고 같이 재담을 주고받으며 제각기 특징 있는 춤을 춘다.

셋째 마당 : 승무

고깔 쓰고 장삼을 입은 중이 제자각시를 유혹하는 교태스러운 춤을 추면 각시도 요염하게 맞춤을 춘다.

넷째 마당 : 비비

양반들이 흥겹게 놀고 있는데 비비가 등장하여 양반들을 놀려대며 혼을 낸다.

다섯째 마당 : 제밀주(저밀주)

제밀주(저밀주)와 살림을 차린 영감에게 본처인 할미가 나타나 질투한 끝에 아이를 죽인다. 제밀주도 화가 나 할미를 죽인다. 상여꾼들이 할미의 상여를 메고 나간다.

고성오광대에 등장하는 탈은 20개가 있는데, 박물관에 전시한 탈은 초랭이 · 젓양반(=젖양반 · 잿양반) · 말뚝이 · 문둥이 · 비비 · 적제양반 ·

백제양반·흑제양반·청제양반·황제양반(원양반) 등이다.

말뚝이
예능탈의 일반적인 말뚝이 탈은 매우 크나, 고성 지역의 말뚝이 탈은 보통 크기를 하고 있다. 경상도의 특색인 흙의 색과 오돌토돌한 건강한 피부를 지니고 호탕함이 돋보인다.

문둥이
대사 없이 춤만 추는 배역으로, 첫째 마당의 주인공이다. 고성 문둥이는 마음과 육체의 병을 춤을 통하여 풀려고 하며, 고통에서 벗어나려는 희망을 표현하고 있는 것이 특징이다.

◐ 젓양반(이도열 제작)

젓양반

고성오광대 둘째 마당 탈로서 원(元)양반과 혼용되기도 한다. 원양반에 대한 곁다리 양반을 말한다. 젓양반을 젓광대라고도 하는데, 이는 젖내가 나는 풋내기 양반이라는 뜻으로, 그 중에서도 으뜸인 양반으로 치고 있다. 색(色)은 황색(黃色)으로, 오방신 가운데 토신(土神)을 이야기하고 있다. 큰어미 탈보다 코가 매우 커서 미련함보다 따스함이 나타나 보인다. 극중의 성격을 보면 내면적으로는 오방신(중앙황제장군)으로 표현되고, 외면적으로는 젖내 나는 양반으로 표현되었다.

## (4) 진주오광대

오방신장과 다섯 문둥이가 특이한 진주오광대는 경상남도 진주 지방에 전해 내려오는 탈놀음으로, 진주에서 한량들이 음력 정월보름날 밤에 모여 즐기던 놀이에서 유래되었다. 진주 고을의 세시적인 대동놀이로 전승되다가 1920년대 말 쇠퇴하였으나, 1930년대 초 민족주의적인 향토문화부흥운동과 함께 부활하였다.

그러나 1936년 일제의 탄압으로 중단되었다가, 8·15 이듬해인 1946년에 재연되었다. 다른 탈춤처럼 춤이 주(主)가 되고, 재담·몸짓·노래가 곁들여진다. 꽹과리·북·장구·징·해금·피리·젓대 등이 등장하여 주로 굿거리 장단으로 연주하고, 이에 맞추어 덧뵈기춤을 춘다. 진주오광대는 독립적인 주제를 가진 다섯 마당으로 되어 있는데, 내용은 다음과 같다.

첫째 마당 : 오방신장무(五方神裝舞)

오방색에 따라 옷을 입은 다섯 장군이 등장한다. 동방청제장군(東方靑帝將軍)·서방백제장군(西方白帝將軍)·북방흑제장군(北方黑帝將軍)·남방적제장군(南方赤帝將軍)·중앙황제장군(中央黃帝將軍) 등 오방신장(五方神將)들은 염불 장단에 맞추어 등장하여 각기 동·서·북·남·중앙의 오방위에 서서 느린 굿거리장단에 따라 무언으로 진춤을 춘다. 이것은 오행설에 따른 벽사의 의식무(儀式舞)이다.

둘째 마당 : 문둥이

오색의 바가지탈을 쓴 다섯 문둥이가 등장하여 세마치장단에 맞추어 문둥이 춤을 춘 후 투전을 한다. 투전하는 자리에 무스러미라는 천연두 걸린 아이를 업은 어딩이가 반신불수같이 절룩거리며 나와서 구경하기도 하고 판돈을 훔쳐 달아나다가 잡혀 혼나기도 한다. 어딩이를 잡아 다그치자 아들 병을 고치는 데 썼다고 하여 용서하기도 하고, 포졸이 나와서 잡아가기도 한다.

셋째 마당 : 양반

말뚝이가 등장하여 채찍으로 다섯 문둥이를 쫓아내고 생원을 부르면, 생원·차생원·옹생원이 등장한다. 말뚝이는 이들 양반을 찾아다닌 경로를 말하면서 양반 집안의 도덕적 부패상을 폭로하고 양반 계층을 조롱한다.

넷째 마당 : 중
상좌(上佐)를 앞세운 중이 나와 소무(小巫)를 유혹하는 춤을 춘다. 파계승을 풍자한 마당이다.

다섯째 마당 : 영감 · 할미
영감 · 할미의 갈등을 풍자한 마당이다. 영감과 할미가 서로 찾다가 상봉하였는데, 영감이 첩을 데리고 왔다며 할미가 질투하자 영감이 할미를 발로 차서 기절시키고, 의원이 치료하여도 효험이 없어 무당을 데려다가 굿을 한다.

진주오광대는 오행설에 따른 벽사(사악한 귀신을 물리침)의 의식무와 그에 대비되는 다섯 문둥춤이 등장하는 등 오광대의 상징 체계가 비교적 잘 드러나 있으며, 극 내용에서 가산오광대와 비슷한 점이 많은 것이 특징이다.

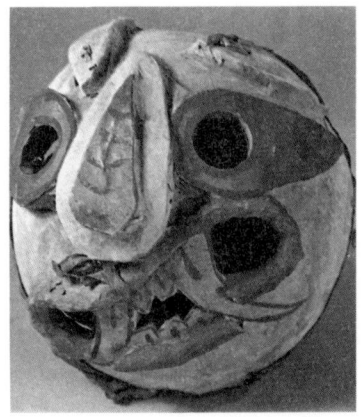
ⓒ 문둥이

## (5) 가산오광대

가산오광대(駕山五廣大)는 경상남도 사천시 축동면 가산리에 전해 오고 있는 탈놀음으로, 1980년 중요무형문화재 제73호로 지정되었다. 이 탈놀이는 약 200~300년의 전통을 가진다고 하지만, 문헌이나 기록은 없다.

합천 밤마리에서 유래된 오광대가 마산-통영-고성을 거쳐 사천 가산리까지 전해진 것으로 보이며, 약 100여 년의 역사를 가진 것으로 추정된다. 가산리는 조선 말기까지 조창(漕倉)이 있었던 곳으로 탈놀이가 전승될 만한 조건을 갖추고 있었다는 점은 분명해 보인다.

가산리에 전해지는 전설에 의하면, 옛날 어느 봄에 가산의 바닷가에 궤짝이 떠 왔는데, 주민들이 열어 보니 탈과 놀이의 대사가 적혀 있는 문서가 들어 있었다고 한다. 그 뒤 탈은 궤에 모시고 놀이 때에만 썼다고 한다.

이 놀이는 연희자들이 모인 가운데 양반 역이 간단한 고사를 지낸 다음 각기 배역의 탈을 가졌으며, 깃발을 앞세우고 말뚝이 · 양반 · 무당 · 풍물의 순으로 마을을 돌았다.

첫째 마당 : 오방신장무(五方神將舞)
중앙의 황제장군(양반)을 중심으로 사방신장이 제자리에서 춤을 춘다.

둘째 마당 : 영노
사자 모양을 한 영노가 '비-비'소리를 내며 등장하여 춤추고 있던 신장들을 차례로 물어 퇴장시키고 황제장군을 잡아 먹는다. 이때 영노는 포수

와 싸우다가 총에 맞아 쓰러진다.

셋째 마당 : 문둥이

눈·코·귀·입·팔·다리 등이 심하게 상한 문둥이 5명이 등장하여 장단에 맞추어 병신춤을 춘다.

넷째 마당 : 양반

말뚝이가 양반을 돼지에 비유하며, 또 양반의 마누라를 자기 배 위에 싣고 춤을 추었다고 희롱한다.

다섯째 마당 : 중

소무(小巫)가 서울애기를 데리고 와서 양반 앞에서 춤을 추는데, 상좌

가산오광대

(上佐)가 노장을 모시고 등장한다. 노장이 서울애기를 유혹하여 달아난다. 말뚝이에게 잡혀 온 노장은 매를 맞고 굴갓·염주·죽장을 차례로 던지고 탈까지 벗어던진다.

    여섯째 마당 : 할미·영감

    할미가 궁둥이춤을 추면서 등장하면, 아들인 마당쇠가 따라 들어와 외설스러운 대화를 주고받는다. 할미는 재산 분배 과정에서 영감과 싸우다 죽는다. 영감은 무당을 불러 오구굿을 한다.

    등장하는 탈은 오방신장·영노·양반·말뚝이·문둥이·노장 등 30개로 대부분은 종이로 만들었고, 양반·문둥이·말뚝이는 바가지로 만들었다.

### (6) 동래야류

동래야류는 1967년 중요무형문화재 제18호로 지정되었다. 야류(들놀음)는 경상남도 내륙 지방에서 행해지던 오광대가 바닷길을 따라 수영·동래·부산진 등에 전래된 것으로, 야류란 이름은 넓은 들판 같은 곳에서 놀기 때문에 붙여진 것이다.

    동래야류는 정월대보름 저녁에 벌어졌는데, 그 해 농사를 점치거나 풍년을 기원하는 의미로 행해졌다고 한다. 동래야류는 일반적으로 문둥이춤·양반과 말뚝이의 재담·영노춤·할미와 영감춤의 4과장으로 구성되어 있다. 놀이에 앞서 가면과 의상을 갖추고 음악을 울리면서 공연 장소까지 행진하는 길놀이를 하는데, 내용은 다음과 같다.

첫째 마당 : 문둥이
문둥이 두 명이 등장해 춤을 추고 뒹굴기도 한다. 이것은 문둥이의 원한을 보여 주는 것이다.

둘째 마당 : 양반
말뚝이와 양반들이 나와 재담을 펼친다. 하인 말뚝이는 양반들에게 불평불만을 토로하면서 양반을 모욕하는가 하면 때로는 곁말로 조롱하기도 한다. 나중에는 샌님의 대부인과 사통(私通)하였다고 하며 양반의 체면을 여지없이 손상시킨다.

▶ 동래 말뚝이(100여년 전 제작)

셋째 마당 : 영노

영노라는 괴물이 등장하여 양반을 한층 신랄하게 모욕하는데, 양반은 자신을 양반이 아니라고 부인하고, 나아가서는 사람이 아닌 짐승·똥 등 온갖 것이라고 한다.

넷째 마당 : 영감·할미

영감이 첩을 얻자 본처인 할미의 시기와 질투로 인하여 할미와 첩 사이에 싸움이 벌어지고 영감이 할미를 타살(他殺)한다.

등장인물로는 원양반·둘째(차)양반·모양반·영감·할미·제대각시·봉사·의원·무당·상도꾼 등이 있다. 줄거리는 양반에 대한 조롱과 모욕

◉ 할미(이도열 제작)

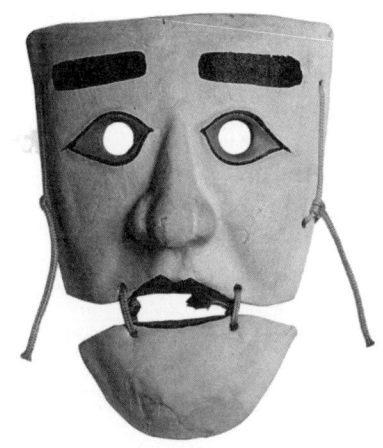
◉ 종가도령(이도열 제작)

이 주를 이룬다. 수영야류에 비하여 동래야류는 그 전승이 매우 약하였다. 그래서 1965년 이 놀이를 처음 재현했을 당시에는 놀이마당이 양반과장과 영감·할미과장의 두 가지만 복원되었고, 말뚝이의 재담이 놀이의 대부분을 차지하였다.

이런 이유 때문에 동래야류는 아예 말뚝이놀음이라고 부르기도 했다. 탈은 대부분 바가지로 만드는데, 양반들 탈의 턱 부분을 움직이게 하여 재담을 할 때 마치 살아 있는 사람의 얼굴처럼 턱이 움직이는 것이 특색이다.

반주 악기는 대체로 타악기를 사용하며 굿거리장단에 맞춰 추는 덧뵈기(탈놀이)춤이 주를 이루는데, 특히 말뚝이춤과 양반춤이 대표적이다. 다른 지역의 오광대 탈놀음과 비교하여 오방신장춤, 파계승에 대한 풍자, 사자춤 등이 빠져 있다.

## (7) 수영야류

야류(野遊)라는 말은 우리말로 '들놀음'을 한자로 표현한 것일 뿐인데, 탈춤이나 오광대놀이라고 쓰지 않는 이유가 있다. 현재 중요무형문화재(제43호, 1971년)로 지정되어 있는 수영야류를 보면 그 절차에 산신제, 지신밟기 등 탈놀이 이외에도 다양한 야외놀이들이 있어서 통칭하여 들놀음, 즉 야류라 부르는 것이다.

수영야류는 약 200년 전쯤 밤마리 광대의 영향을 받아 시작되었다. 당시 수영에는 오늘날의 해군기지라 할 수 있는 좌수영이 있었는데, 그곳의 대장인 수사가 밤마리 광대를 불러다가 탈놀이를 놀게 하였으며 후에는 군졸들이 배워서 계속 놀게 되었다고 전한다.

다른 탈놀이와 마찬가지로 주로 정월대보름에 놀았는데, 특이하게도 수영야류는 산신제와 함께 거행된다. 원수정이라는 우물에 고사를 지냈으며, 최영 장군을 모신 가묘에서는 묘제를 지내기도 하였다.

수영야류는 이처럼 다른 탈놀이보다 종교적 성격이 강한 편인데, 산신제와 여러 가지 고사를 지냈으며, 탈놀이에서 사자춤이 있음이 이를 뒷받침한다. 이 놀이의 과장은 넷으로 나뉘며, 내용은 다음과 같다.

첫째 마당 : 양반
주로 말뚝이와 수양반의 대담으로 엮어진다. 무식한 하인 말뚝이가 독설과 음흉하고도 신랄한 풍자로써 양반의 이중성을 폭로한다.

둘째 마당 : 영노
양반과장에서 양반에 대한 도전에 만족하지 않고, 하늘에서 내려왔다는 괴물인 영노가 수양반을 잡아 먹는다.

셋째 마당 : 할미·영감
본처인 할미의 시기와 질투로 인하여 할미와 첩 사이에 싸움이 벌어지고 영감이 할미를 타살(他殺)한다.

넷째 마당 : 사자무
사자와 범이 격투를 하다가 범이 사자에게 잡아 먹히는 무언극이다. 이

사자춤은 타지방과는 달리 수영의 지세에 연유하고 있다. 수영 동남쪽에 백산(白山)이 있는데, 그 형상이 마치 사자가 마을을 등지고 달아나는 모양이기 때문에 그 사자신(山神)을 위로하기 위하여 범을 공물로 바치는 것이라 한다.

문둥이 과장이 들어 있는 동래야류와 달리 수영야류에는 사자춤이 들어 있다. 놀이의 내용과 주제는 다른 오광대놀이와 별반 다르지 않다. 여기에 사용되는 탈은 수양반·차양반·셋째 양반·넷째 양반·종가도령·말뚝이(막둑이)·영노·영감·할미·제대각시·범·사자 등이 있다.

탈놀이는 해가 질 무렵 시작되었는데, 탈놀이가 시작되면 마을 사람들이 한데 어울려 마구잡이로 춤을 추는 덧배기춤을 한껏 추었다. 춤이 무르익을 때 양반탈을 쓴 광대들이 나타나 탈놀이를 본격적으로 시작하였다고 한다.

ⓒ 영노

ⓒ 사자

◐ 범

◐ 말뚝이

◐ 할미

◐ 종가도령

# 4. 경상북도

## (1) 하회별신굿탈

하회탈은 우리나라의 수많은 탈 가운데 유일하게 국보(국보 제121호, 병산탈 2개 포함)로 지정된 귀중한 우리의 문화적 유산이며, 탈(가면미술) 분야에서 늘 세계적인 걸작으로 평가받고 있다. 이와 같은 하회탈의 기원은 고려 시대로 거슬러 올라간다고 한다. 나무의 재질이나 머리 장식, 탈의 명칭, 중의 모습 등에서 그런 흔적들이 나타나는데, 특히 탈의 명칭을 보면 고려 때의 것이 분명해 보인다.

현재 전하지는 않지만 별채탈은 고려 때 벼슬의 하나인 별차(別差)에서 유래한 것이며, 탈놀이 대사 중에도 '문하시중'이란 벼슬이 등장한다. 문하시중은 고려 때의 최고 관직으로, 오늘날 총리에 해당한다. 또한 중탈의 형상도 고려 때의 것임을 알게 한다.

오광대나 양주별산대의 중탈들은 대개 세속에 찌든 형상이지만, 하회탈의 중탈은 이목구비가 반듯한 표정을 짓고 있어 그와 다른 형상을 보인다. 이것은 불교가 숭상되던 고려와, 다시 멸시되던 조선의 시대적 차이를 분명하게 보여 주는 예라 할 수 있겠다.

　국보로 지정된 하회탈은 오리나무로 만들었다고 하는데, 나무로 만들었다는 하회탈이 700여 년간이나 보존될 수 있었던 비밀은 무엇일까? 다른 탈들은 대개 탈놀이가 끝나면 태워 없애 버렸다. 하지만 하회탈은 신(神) 탈로서 신성시 여겼으므로 일정한 장소에 잘 모셔 보관해 왔다고 한다. 하회탈놀이는 '하회별신굿'으로 불리며, 1980년 중요무형문화재 제69호로 지정되었다.

ⓒ 하회 삼신당

◉ 부여 군수리 금동보살입상

◉ 각시탈의 머리 모양은 6세기 유물인 부여 군수리 금동보살입상과 유사함을 알 수 있는데, 각시탈의 출발이 고려 이전임을 짐작케 한다.

첫째 마당 : 각시의 무동마당

각시광대는 무동을 타고 꽹과리를 들고 구경꾼들 앞을 돌면서 걸립(乞粒)을 한다. 걸립으로 모은 돈이나 곡식은 모두 별신굿 행사에 쓰고, 남으면 다음 행사를 위하여 모아 둔다.

둘째 마당 : 주지놀이

여기서 주지는 절의 주지스님을 말하는 것이 아니라 사자를 뜻한다. 액풀이마당으로, 벽사(辟邪)의 의미를 지닌다.

셋째 마당 : 백정(白丁)

백정이 춤을 추다가 멍석을 뒤집어쓴 소를 죽여 소불알을 꺼내어 구경꾼들에게 판다. 이 돈도 행사에 쓰기 위한 것이다.

넷째 마당 : 할미

쪽박을 허리에 차고 흰 수건을 머리에 쓴 할미 광대가 등장하여 살림살이를 한다. 베를 짜면서 노래하고, 춤을 추는 것으로 고달픈 인생살이를 표현한다. 할미는 쪽박을 들고 걸립한다.

다섯째 마당 : 파계승

부네(妓女)가 오금춤을 추며 등장하여 치마를 들고 오줌을 눈다. 이때 중이 등장하여 이 광경을 엿보다가 흥분하여 부네를 옆구리에 차고 도망간다.

여섯째 마당 : 양반과 선비

양반이 하인인 초랭이를 데리고 나오고, 선비는 부네를 데리고 나온다. 초랭이가 양반과 선비 사이를 왔다 갔다 하며 양반을 풍자하고 골려 준다.

하회탈은 본래 12가지로 각시·중·양반·선비·초랭이·이매·부네·백정·할미·총각·별채·떡달이가 있었으나, 오늘날은 총각·별채·떡달이는 전하지 않는다. 1980년에는 주지 2점도 국보 제121호에 추가로 지정되었다.

하회탈은 사실적 조형과 해학적 조형을 합하여 신분적 특성을 각각 잘 표현하였으며, 그 특성에 합당한 관상까지도 지니고 있다. 또한 얼굴은 좌우를 비대칭적으로 만들어 고정된 표정을 피하고, 모두가 각 성격의 특성에 알맞은 표정을 짓도록 만들어졌다. 그래서 탈의 기능도 매우 뛰어나다. 특히 양반, 선비, 중, 백정탈은 턱을 분리시켜 인체의 턱 구조와 같은 기능을 갖게 하였는데, 말을 할 때 실제의 모습처럼 실감나게 느낄 수 있도록 만들었다. 이는 다른 탈에서는 볼 수 없는 특징이다.

중국에서도 탈을 살아 움직이게 하기 위해 턱을 매달고 눈을 움직일 수 있는 탈, 반쪽탈, 그리고 다층탈 등을 만들었다. 귀주성의 삼왕(三王), 용왕(龍王)탈과 운남성 소통(昭通) 지역의 이랑신(二郞神), 토지신탈 등이 그 예가 될 수 있다. 얼굴의 표정을 결정하는 것은 눈과 턱의 움직임이다. 턱은 또 말의 발성과도 연관된다. 탈을 살아 움직이게 하기 위해 예인들은 턱을 매달고 눈을 움직일 수 있는 가면과 반쪽 가면을 창조했다. 턱을 매달면 입 부분을 움직일 수 있기 때문에 표정도 지닐 수 있고 발성도 편하다.

눈이 움직이게 되면 표정이 더욱 살아난다. 사자놀이나 인형극에서 보편적으로 사용하는 턱을 매달고 눈을 움직이는 인형도 이런 종류의 탈이라 할 수 있다. 눈을 끔적끔적할 수 있도록 만든 눈끔적이탈도 마찬가지다.

## (2) 병산탈

시원하고 간결한 느낌의 별신굿탈인 병산탈은 하회탈과 함께 1964년 국보 제121호로 지정되었다. 병산은 하회의 옆 마을이고, 제작 시기가 비슷함에도 불구하고 하회탈과는 매우 다른 느낌을 준다. 특히 탈의 얼굴에 칼집을 몇 번 내지 않고 제작해 느낌이 시원스럽고 형태가 간결하다.

전해지기로는 다섯 개의 나무 탈이 있는데 오리나무로 만든 두 개 이외에는 하회탈을 모방하며 소나무로 만들어진 모조품이라고 한다. 그래서 두 점만 국보로 지정되어 있다. 이 두 점의 탈 이름은 한동안 밝혀지지 않아 '갑, 을'로 불러 왔으나 1980년에 선비와 양반으로 지정되었다. 선비탈과 양반탈은 둘 다 턱이 없다. 턱이 없는 이 병산탈은 하회탈의 이매처럼 미완성이 아니라, 본디 아래턱 없이 탈꾼의 턱이 탈의 아래턱 역할을 하면서 자유로이 재담을 했던 것으로 추정하고 있다.

이 중에서 양반탈은 얼굴이 달걀 형태이며 미소를 짓고 있다. 이마·눈·볼이 두드러지도록 처리하였으며, 그 한복판에 큰 코가 솟아 있다. 미소를 띤 입의 표정과 구멍으로 된 눈이 있는데, 눈 언저리는 깊이 파진 선을 돌려 쌍꺼풀을 지었다.

또한 선비탈의 원본은 본래 이마와 오른쪽 눈 부분이 깨져 있고, 콧등도

ⓒ 선비

ⓒ 양반

선을 따라 금이 가 있다. 얼굴 형태는 양반탈처럼 달걀형이나 더 길쭉하고 미소는 그보다 약하다. 눈썹 언저리 위 이마 쪽은 달무리처럼 둥근 선을 파서 눈썹이나 이마의 선과 같은 효과로 우아한 표정을 짓고 있다.

대체로 소박한 느낌을 주는 양반탈에 비해 전체적으로 섬세한 느낌을 주며 보다 지성적이다. 원래 병산면에는 예로부터 하회별신굿처럼 병산별신굿이 전해 내려왔다고 한다. 그러나 오늘날 하회별신굿은 전승되고 있는 반면 병산별신굿은 탈만 전해지고 있다.

## (3) 예천청단놀음

청단(靑丹)놀음은 경상북도 예천군 예천읍에서 전승되어 온 탈놀이이다. 청단이라는 명칭의 어원은 가면의 색상에서 왔을 듯하나 분명하지 않으며, 이 극이 언제부터 놀아 왔는지도 알 수가 없다. 다만 청단놀음은 대사(臺詞)가 전혀 없는 가면묵극(假面默劇)으로, 모든 내용이 춤으로써 표현된다는 점으로 볼 때 상당히 오래전부터 전해 내려온 것이 아닌가 추정된다.

이 지역의 전설에 의하면 옛날 전라도의 어느 부호가 잃어버린 부인을 찾기 위하여 탈을 만들고 춤이 능한 자를 모아서 놀이판을 벌이며 전국 방방곡곡을 돌아다녔는데, 이름하여 '청단'이라 하였다. 부호는 예천읍 동본동(東本洞)에서 부인을 찾아 고향으로 돌아갔다고 한다.

그런데 그 뒤부터 예천읍에 화재가 빈번하게 일어나기 시작했다. 지역 유지들은 청단 때문이라고 생각하고, 청장년을 모아 탈놀음을 재연하게 하였다고 한다. 그 때부터 읍내에서는 불이 나지 않았고, 이 놀음이 전승되어 왔다.

　이 놀이는 음력 정월보름께에 놀기도 하는데, 주로 초여름이나 팔월 한가위 때 백사장에서 장막을 둘러치고 진행된다. 사용되는 탈은 박으로 만든 것이 19개, 키(箕)로 만든 것이 4개이다. 탈과 의상은 모두 한량들에 의해 만들어졌고, 탈놀음도 그들에 의해 연희되었다. 전체 여덟 마당으로 짜여져 있다.

**첫째 마당 : 광대**
광대 2명이 북을 치며 춤을 춘다.

**둘째 마당 : 주지**
2명의 주지가 저마다 주지판을 들고 부채질을 하면서 춤을 춘다.

**셋째 마당 : 행의**
양반과 사대부가 즐겁게 춤을 추며 노는데 기생인 쪽박광대가 나타나서 양반과 사대부를 유혹한다.

**넷째 마당 : 학춤(鶴舞)**
학이 나와 춤을 추면 박쥐와 제비가 차례로 나와서 함께 어울려 춤을 춘다.

**다섯째 마당 : 지연광대**
키로 만든 커다란 탈을 쓴 4명의 지연광대가 긴 수염을 휘날리며 춤을 춘다.

여섯째 마당 : 파계승

탁발승이 쪽박광대의 유혹에 빠져 놀아나는데 초랭이가 나와 호통을 친다.

일곱째 마당 : 바라춤

여승 2명이 고깔을 쓰고 바라를 들고 춤을 춘다.

여덟째 마당 : 무동(舞童)

이동무 4조와 삼동무 2조가 농악에 맞추어 춤을 춘다.

흥미로운 것은 청단놀음의 성격이다. 전설로 보아 시장에서 벌이는 놀이마당인 듯하지만, 어느 계통인지 분명하지 않다. 노는 시기와 세시풍속과도 별로 관계가 없다. 사대부나 파계승에 대한 풍자 등은 다른 지방의 영향을 받은 듯하다.

## 5. 강원도

### (1) 강릉관노(江陵官奴)가면극

강릉단오제 때 행해지는 탈놀이인 강릉관노가면극은 1967년 중요무형문화재 제13호로 지정되었다. 대부분의 탈놀이들이 산대도감 계통인 것에 비해, 강릉관노가면극은 하회별신굿과 마찬가지로 제의적 성격을 띤 서낭제 탈놀이라 할 수 있다. 탈놀이의 기원이 예능에 있는 것이 아니라, 제의에 있음을 입증하는 탈놀이가 아닐 수 없다.

음력 3월 20일에 신주(神酒)를 빚는 데서부터 시작하는 강릉단오제가 본제(本祭)로 들어가는 5월 1일 강릉관노가면극이 시작되어, 단오날까지 놀았다. 그런데 강릉관노가면극은 고대 제의연희의 전통을 이어받은 신화극인 동시에 제의연희(seasonal ritual drama)로서 토착성을 시사하고 있다. 그래서인지 대담하게 양반을 조롱하고 모독하는 내용은 없다. 관노(官奴)라는 이름이 붙은 것은 이 탈놀이의 연희자들이 원래 관노들이었기 때문이다.

그 정확한 기원은 알 수 없으며, 기록으로 전하는 것은 광해군 때 허균

(許筠)의 문집에 단오제를 구경하였다고 한다. 강릉관노가면극의 기원이 최소한 조선 중기 이상으로 거슬러올라 간다는 점은 분명해 보인다.

첫째 마당 : 장자마리

시꺼먼 보자기탈을 뒤집어 쓰고, 허리에는 대나무테를 두르고, 그 테에 해초(海草)와 색포(色布) 같은 것을 주렁주렁 달았으며, 청회색의 먹장삼을 입고 막대기를 든 장자마리가 등장한다. 장자마리는 혼자, 혹은 둘이서 익살스럽고 외설스러운 춤을 춘다. 외설스러운 춤은 원초적 생명의 풍요를 상징적으로 나타내는 행위라 할 수 있다.

둘째 마당 : 양반과 소매각시의 사랑

관을 쓰고 청색 도포를 입고 긴 담뱃대를 물고 수염을 쓰다듬으면서 등장하는 양반이 연지를 찍고 노랑저고리에 분홍치마를 입은 소매각시와 함께 춤을 춘다.

셋째 마당 : 시시딱딱이의 훼방

검붉고 험상궂은 탈을 쓴 시시딱딱이 둘이 나와 소매각시를 끌고 간다. 양반이 크게 노하여 소매각시를 도로 끌고 온다. 양반의 분노에 당황한 소매각시가 양반의 긴 수염에 목을 매어 죽는다.

넷째 마당 : 소매각시의 소생

양반이 소매각시를 용서하고, 소매각시는 소생한다.

ⓒ 소매각시와 양반

ⓒ 시시딱딱이

이 탈놀이는 원시적 풍요기원제의 벽사의 의미를 갖고 있다. 장자마리나 시시딱딱이라는 인물도 원초적 자연을 상징하는 것으로 보인다. 해초, 긴 말치를 달고 나오는 장자마리는 토지신(土地神)이나 식물의 의인화 등 유감 주술적 상징 의미를 갖춘 것으로 생각된다.

시시딱딱이란 인물은 방상씨가면(方相氏假面)을 쓰고 나오는데, 사방의 악귀를 몰아낸다. 시시딱딱이란 말은 '시시'와 '딱딱이'의 복합어인 것 같다. 방망이(방패)를 쥐고 이곳저곳을 "시(쉬), 시(쉬)"하고, 또 방망이로 이곳저곳을 "딱딱" 때리는 데서 시시딱딱이란 이름이 붙은 것이 아닌가 한다.

## (2) 동해안별신굿

동해안별신굿(東海岸別神)은 남부 동해안 일대에 전승되는 마을굿으로, 중요무형문화재 제82-가호로 지정되었다. 이 굿은 부산 동래에서부터 강원도 고성군에 이르는 동해안 지역에서 행하는 마을굿인데, 풍어제·풍어굿·골매기당제 등이라 불리기도 한다.

동해안 일대 주민들은 마을의 풍요와 다산(多産), 안녕과 번창을 기원하기 위하여 골매기신에 제의를 올린다. 이 별신굿은 지역의 세습무(世襲巫)들에 의해 진행된다. 이 굿에서도 탈을 쓰고 진행하는 탈굿이 일부 남아 있어 탈의 기원을 짐작케 한다.

1977년 11월 20일에 김석출 일행이 연희한 탈굿을 이두현 교수가 조사한 내용을 정리하면 다음과 같다. 경북 영덕군 병곡면 백석동은 성황지신(맹씨할배)과 토지지신(장씨할배)을 위해 5년마다 한번씩 별신굿을 한다.

백석동 별신굿에서는 용왕굿 다음에 탈굿(말놀음굿)을 한다.

동해안별신굿 기능 보유자인 김석출 씨의 증언에 의하면 "아버지 대에는 바가지탈을 썼지만 근래에는 종이탈을 쓰는 것이 보통"이라고 한다. 김석출은 1922년 경북 영일군에서 무가(巫家)인 김성우의 둘째 아들로 태어났다. 김씨 일가는 조부(祖父) 김천득 이래로 70여 명의 무인(巫人)을 배출한 무가이며, 동해안 일대에서 제일 알려진 무가이다.

첫째마당 : 서울애기

양반의 소실인 서울애기가 나와 춤을 추고, 30여 세의 노총각인 양반의 큰아들 말뚝이와 그 동생인 싹뿔이가 나와 노총각 타령을 한다. 말뚝이는 동생에게 "아배가 재산 다팔아 서울애기에게 갖다 주고 술을 사 먹으니, 우리도 서울애기한테 술 사 먹으러 가자"며 투전놀음과 뒷풀이를 한다.

둘째 마당 : 양반

양반이 등장하여 서울애기와 더불어 춤을 춘다. 말뚝이와 싹뿔이가 나와 방해하지만, 양반과 서울애기는 계속 춤을 춘다.

셋째 마당 : 할미

영감을 찾아 할미가 등장한다. 할미는 치마를 걷고 오줌도 누고, 몸을 긁다가 이도 잡는다. 영감을 찾다가 셋째 아들 어둥이와 말뚝이, 싹뿔이를 만난다. 아들들과 함께 영감을 찾아 서울애기를 상대로 싸운다. 영감은 자기 성질에 못 이겨 졸도한다.

넷째 마당 : 무당

양반이 쓰러지자 의원을 부르고, 봉사를 불러 독경을 해도 소용이 없다. 무당을 불러 존신을 정좌시키니 양반이 일어난다. 이어 재비가 "이 굿판은 옛날 옛적에 오입장이 놀던 어르신네 귀신을 모시는 곳입니다. 이 귀신을 불러 줘야 동네 잡성스러운 일이 일어나지 않는다 하지요"라고 설명한다.

탈놀이가 끝난 다음 굿거리장단에 맞춰 춤을 추며 범이 등장한다. 큰 바가지로 만든 호랑이탈을 쓰고, 누런 옷으로 온 몸을 가린 범이 나와 춤을 춘다. 양반과 할미, 말뚝이, 싹뿔이가 횃불을 들고 나와 범을 쫓는다. 범이 달아나면 모두 퇴장한다.

ⓒ 영해별신굿탈(안동 하회탈박물관 자료)

# 6. 함경도

## (1) 북청사자놀음

북청은 함경도에 있는 군이다. 북청군에서는 마을마다 사자놀이가 있었는데, 북청읍의 사자계, 가회면의 학계, 옛 양천면의 영락계 등의 사자놀이가 유명했다고 한다.

우리나라에는 본래 사자가 살지 않았다. 그럼에도 불구하고 사자와 관련된 이야기는 삼국 시대부터 전해 오고 있다. 사자는 뭇 짐승들의 왕이라 하여 옛 사람들은 사악함을 물리칠만한 동물로 여겼으며, 사자놀음을 통하여 악귀를 쫓고자 했다. 그 놀이 가운데 유명한 것이 바로 오늘날까지 이어져 전승되는 북청사자놀음이다.

북청사자놀음이 언제부터 시작되었는지는 정확히 알 수 없다. 다만 이사부가 우산국을 정벌할 때 활용했다는 목우사자나 일본에 있는 사자탈 그림 같은 것을 미루어 보아 신라 시대부터 있었음을 추정할 수 있다.

사자놀음의 주 목적은 잡귀를 쫓기 위함이었다. 집집마다 순회하며 춤을 추는데, 앞뜰을 거쳐 안방문을 열고 큰 입을 벌려 무엇을 잡아 먹는 시늠을 하였다. 부엌에서도 그렇게 했고, 앞뜰로 나와 춤을 추다가 돈이나 곡식을 받으면 다시 다른 집으로 이동했다. 아이를 사자에 태워 주면 수명이 길어진다 하여 태워 주기도 했다. 무병장수를 빌어 오색 헝겊 조각을 사자 몸에 매어 주기도 했다.

북청사자놀음은 사자춤만 있는 것이 아니다. 여러 탈들이 등장하여 다양한 춤을 추며, 반주 음악에 사용하는 악기도 여러 가지였다. 북청사자놀음에 쓰이는 탈은 사자(2개)·양반·꼭쇠·꼽새·사령(2개) 등이며, 기타 등장인물인 무동·사당·중·한방의(韓方醫)·거사 등은 가면 없이 복색만 갖추고 나온다. 가면의 주재료는 바가지이고, 사자가면의 경우 피나무

ⓒ 1936년대 북청사자놀이(송석하 사진)

에 사자의 얼굴 모양을 조각하였다. 반주 악기는 퉁소·장구·소고·북·꽹과리·징이다. 그런데 하회탈(河回) 가운데 주지탈은 사자탈을 뜻하는 것이다. 그 탈에 꿩털을 꽂아 사자의 갈기로 사용하였는데, 중국 남방계 사자에서도 그런 예가 있다.

북청사자놀음에서는 가장 먼저 애원성춤을 춘다. 애원성춤이란 간절히 애원하는 소리를 내며 추는 춤일 것이다. 애원성춤이 끝나면 마당놀이가 펼쳐져 양반과 하인인 꺽쇠가 나오고 악사가 따른다.

양반은 사당과 무동, 꼽추 등을 불러 춤을 추며 사자를 불러들인다. 사자가 춤을 출 때는 상좌가 함께 춤을 춘다. 사자가 퇴장한 후에는 마을사람들이 신고산타령 등 함경도민요를 부르며 집단으로 춤을 춘다. 북청사자놀음은 1967년 중요무형문화재 제15호로 지정되었다.

# 7. 제주도

## (1) 제주입춘굿

입춘에 제주도에서 베풀어지던 굿놀이가 제주입춘굿이다. 입춘굿은 무당 조직의 우두머리였던 수신방(秀神房)이 맡아서 하며, 많은 사람들이 굿을 구경하였다.

수신방은 도황수(都行首/都鄕首)라고도 했는데, 1910년대까지 제주도 내의 심방들을 아우르는 조직으로 있었던 심방청의 우두머리였다. 심방청은 도내 심방들을 엄격하게 관리하는 곳으로, 심방들이 굿을 서툴게 하는 경우, 심방청 모르게 굿을 하는 경우, 미가입 심방들이 굿을 하는 경우, 비행(非行) 등을 저지르는 경우에 처벌을 내리기도 하였다. 도황수는 입춘굿을 할 때 제주목 동헌 마당에서 제주목사와 나란히 앉아 담배를 나누어 피울 정도로 대등한 지위였다고 한다.

입춘굿은 농악대를 앞세우고 가가호호를 방문하여 걸립을 하고, 상주(上主), 옥황상제, 토신(土神), 오방신을 제사하는 의식이 있었다. 입춘굿은 관에서 주관하여 치러지던 무속의 하나였지만, 지금은 볼 수 없다. 24절기의 첫 번째 절기인 입춘은 새로운 철로 접어드는 날이라는 민족적 의미를 지닌다.

따라서 서민들은 이날 농사짓는 과정을 흉내 낸 굿거리로 풍년을 기원했다. 입춘 전날, 수신방이 관덕정 또는 동헌에 모여 미리 만들어 둔 목우(木牛: 나무로 만든 소)에 제를 지낸다. 이튿날 아침 호장(戶長)이 예복을 입고 나와 목우에 쟁기를 메우고, 그 앞에 악기를 든 사람들과 기장대·엇광대·빗광대·초란광대·갈채광대·할미광대 등이 나아가고 그 뒤에 어린 기생들이 호장을 호위하며 관덕정 앞마당에 이른다.

호장은 심방들을 민가에 보내 여러 가지 곡물을 얻어 오게 하여 곡식의 여분 상태를 보거나 보리를 뽑아 오게 하여 보리 뿌리의 돋아남을 보며 새해 농사의 풍흉을 점친다.

동헌에 이르러 호장이 쟁기와 따비를 잡고 와서 밭을 가는 시늉을 하면 한 사람은 긴 수염을 붙인 빨간 탈을 쓰고 씨앗을 뿌린다. 다른 한 사람은 새털과 같이 꾸민 옷을 입은 뒤 새로 가장하고 곡식을 주워 먹는 시늉을 한다. 또 다른 한 사람은 가죽옷을 입은 포수(사농바치)가 되어 그 새를 쏘는 채 한다.

사농바치와 농부가 말장난을 하는 사이에도 새는 먹이를 계속 쪼아 먹는다. 사농바치와 새의 숨바꼭질이 이어지고 결국 새가 총에 맞아 웅크리는데, 잡으러 다가서는 순간 새는 날아가고 만다. 여자 탈을 쓴 두 사람은 서로 씨앗 다툼을 한다. 남자 탈을 쓴 사람이 이를 말리는 시늉을 한다. 이때 목사가 술과 담배를 베풀며 관민과 어울려 논다. 호장이 물러가고 심방들이 춤을 추다가 초감제본풀이를 구송하고 태평과 풍년을 빈 뒤 헤어진다.

◐ 영등굿 구삼 할망탈 제의 모습

◐ 제주목 관아에서 펼쳐진 제주도의 탈놀이

◐ 제주 입춘굿 농부(이도열 제작)

◐ 제주 입춘굿 양반(이도열 제작)

◐ 중앙선녀(이도열 제작)

제주 영등굿에서도 탈이 등장한다. 영등굿은 바람의 여신인 영등에게 마을의 안녕과 바다에서의 안전, 풍어 등을 기원하는 종교 의식이다. 칠머리당 영등굿에서는 마지막에 '영감놀이'를 하는데, 어부를 위한 풍어굿이다. 영감놀이는 선박의 신이며 어부들의 수호신인 영감신(도깨비)을 대접하여 보내는 굿으로, 소박한 종이탈을 쓴 영감신이 짚으로 만든 배를 들고 등장한다. 영감놀이가 끝나면 짚으로 만든 배에 신들이 먹을 음식을 잔뜩 실어 보낸다.

영감탈은 치병굿에서도 등장하는데, 여기서 영감은 병을 옮기는 도깨비신을 의미한다. 제주 사람들은 병이 걸리는 것이 도깨비신이 사람에게 붙어 생긴다고 생각했고, 도깨비가 떠나면 병이 낫는다고 믿었다. 제주도

◉ 제주도 도깨비탈

전설에 의하면 영감은 본래 서울 허정승의 일곱째 아들이었는데, 제주도에 놀러와 여인들에게 달라붙어 해악을 주는 잡놈이었다고 한다. 놀이판 밖에서부터 영감탈을 쓰고 나타나는 인물들은 영감의 형들로써, 동생을 환자들로부터 데려감으로써 병을 낫게 한다는 행위를 연출하는 것이다. 치병굿에 사용되는 도깨비탈은 흰색 종이로 만든 것이다.